王阳明

绝处逢生的大智慧

常海峰 著

青岛出版集团｜青岛出版社

图书在版编目（CIP）数据

王阳明绝处逢生的大智慧/常海峰著. —青岛:青岛出版社,2023.5
ISBN 978-7-5736-0997-7

Ⅰ.①王… Ⅱ.①常… Ⅲ.①王阳明（1472-1529）-人物研究
Ⅳ.①B248.21

中国国家版本馆CIP数据核字（2023）第045081号

WANG YANGMING JUECHUFENGSHENG DE DA ZHIHUI

书　　名	王阳明绝处逢生的大智慧
作　　者	常海峰
出版发行	青岛出版社（青岛市崂山区海尔路182号）
本社网址	http://www.qdpub.com
邮购电话	18613853563
责任编辑	贺　林　李文峰
特约编辑	侯晓辉
校　　对	郭金乔
装帧设计	蒋　晴
照　　排	梁　霞
印　　刷	唐山市铭诚印刷有限公司
出版日期	2023年5月第1版　2024年8月第2次印刷
开　　本	32开（880mm×1230mm）
印　　张	9
字　　数	234千
书　　号	ISBN 978-7-5736-0997-7
定　　价	48.00元

编校印装质量、盗版监督服务电话 4006532017　0532-68068050

目　录

第 一 部 分　龙场悟道　　　　001

第 二 部 分　格物致知　　　　019

第 三 部 分　知行合一　　　　033

第 四 部 分　南京讲学　　　　049

第 五 部 分　南赣剿匪（上）　067

第 六 部 分　南赣剿匪（下）　085

第 七 部 分　赣州讲学　　　　105

第 八 部 分　江西平叛（上）　123

第 九 部 分　江西平叛（下）　143

第 十 部 分　忠泰之变　　　　165

第十一部分　致良知　　　　　197

第十二部分　绍兴论道　　　　221

第十三部分　广西平叛　　　　249

第十四部分　此心光明　　　　271

第一部分
龙场悟道

公元 1508 年，王阳明先生被贬谪到贵州龙场。这一切，源于两年前朝廷的一场政局动荡，以大学士刘健、谢迁为代表的文官集团败在以刘瑾为代表的宦官集团手下，正德朝拉开了荒唐昏暗的序幕。面对权阉当道、忠臣被贬的局面，面对龙场艰苦的难以生存的环境，阳明先生何去何从？他在这艰难困苦中没有沉沦，反而绝处逢生，终于成就了龙场悟道。

公元 1508 年，明正德三年春，贵州龙场崎岖湿滑的驿道上走来了一位被贬谪的官员。从此，这片偏远荒凉之地便与一个伟大的名字紧紧地连在一起。

他，就是阳明先生。

阳明先生姓王，讳守仁，字伯安，号阳明，学者尊称阳明先生。阳明先生是浙江余姚人，后迁居绍兴山阴县。

阳明先生来到贵州龙场源于一年前那场朝局的混乱。

公元 1505 年，弘治十八年。

明朝为数不多的明君之一——弘治皇帝朱祐樘驾崩。弥留之际，弘治皇帝嘱咐以刘健为首的内阁大学士："先生辈辅导良苦，东宫聪明，但年尚幼、好逸乐，先生辈常劝之读书，辅为贤主。"[①]

东宫，就是太子，也就是后来的正德皇帝朱厚照。朱厚照即位时才十六岁，他的父皇弘治皇帝说他"好逸乐"没有说错，即位不久，他"好逸乐""好骑射"的本性就显露无遗。

正德元年正月，正德皇帝任用宦官刘瑾管理五千营，五千营负责禁卫军的操练。

弘治年间，刘瑾在东宫服侍太子，讨得太子——现在的正德皇帝——的欢心。正德皇帝刚即位时，他执掌钟鼓司，地位低微。

但是，刘瑾这个人既聪明又狠毒，与马永成、高凤、罗祥、魏彬、丘聚、谷大用、张永等七个太监投正德皇帝所好，每天以鹰犬、歌舞、摔跤取悦皇帝，还带着皇帝偷偷出宫玩耍。很快，他就取得了正德皇帝的信任，得到了升迁的机会。由此，他开始走向权力中心。

正德皇帝与八个太监玩得顾不上早朝，也不处理政事。刘瑾等

---

① 张廷玉：《明史》卷一百八十一，列传第六十九，中华书局，1974，第 4813 页。

人还怂恿皇帝下令各地镇守太监进贡万金，这进贡的金银是太监们搜刮的民脂民膏。他们又在京畿附近置办皇庄三百多处，皇庄是有明之一大弊，《明史·食货志》称："管庄官校招集群小，称庄头、伴当，占地土，敛财物，污妇女。稍与分辨，辄被诬奏，官校执缚，举家惊惶，民心伤痛入骨。[①]"

这些行为自然引起了大学士刘健等人的不满。

六月，郊坛禁门、太庙脊兽、奉天殿鸱吻被雷击。按照古人"天人感应"的说法，这表明朝中出现了大问题。于是，大学士刘健、谢迁、李东阳乘机接连上疏，请求诛杀刘瑾等八个大太监。

他们上疏之后，正德皇帝置之不理。

十月，户部尚书韩文与内阁和朝中大臣商议后，率领九卿廷臣上疏，请求诛灭乱政的八个太监：

> 伏睹近岁以来，太监马永成、谷大用、张永、罗祥、魏彬、刘瑾、丘聚、高凤等，置造巧伪，淫荡上心。或击球走马，或放鹰逐兔，或俳优杂剧错陈于前，或导万乘之尊与人交易，狎昵媒亵（xiè xiè），无复礼体。日游不足，夜以继之，劳耗精神，亏损圣德……前古阉宦误国，汉十常侍，唐甘露之变，是其明验。今永成等罪恶既著，若纵而不治，为患非细。伏望陛下将永成等缚送法司，以消祸萌。[②]

正德皇帝舍不得杀刘瑾等八人，但内阁大学士刘健、李东阳、谢迁支持朝臣意见，司礼监太监王岳、范亨、徐智做内应协助，不由得

① 张廷玉：《明史》卷七十七，志第五十三，中华书局，1974，第1887页。
② 谷应泰：《明史纪事本末》卷四十三，中华书局，2015，第630～631页。

正德皇帝不答应。

刘瑾等人一看大事不好，赶紧跑到正德皇帝那里哭诉："狗马鹰兔，怎么影响皇上了？这些文臣不把陛下放在眼里，是因为司礼监无人。如果司礼监太监听皇上的，谁敢乱说话！"

正德皇帝一听，勃然大怒，连夜命刘瑾掌管司礼监兼提督团营，丘聚提督东厂，谷大用提督西厂，张永等并司营务，分据要地，并星夜把原司礼监太监王岳、范亨、徐智赶到南京听用。

内阁大学士刘健、李东阳、谢迁大失所望，一气之下请求致仕还乡，正德皇帝马上允许，只留下李东阳在内阁办事。《明武宗实录》记载："戊午，少师兼太子太师吏部尚书华盖殿大学士刘健、少傅兼太子太傅礼部尚书武英殿大学士谢迁求去位，许之。"[①]

按照惯例，像内阁大臣这样的重臣致仕，皇帝必须再三挽留，以示尊重，实在坚辞才准许致仕。像刘健、谢迁这样一上疏就允许致仕，等于皇帝说"你早该走了"，一点儿面子都不给。

赶走了内阁大学士还不算，刘瑾又派人追到临清，将太监王岳、范亨杀死，徐智被打折胳膊，幸免一死。

这件事引发了朝野震动。南京户科给事中戴铣、御史薄彦徽等二十一人上疏，请求"斥权阉，正国法，留保辅，托大臣，以安社稷"，正德皇帝命锦衣卫将这些人捉拿进京问罪。

在明代，给事中、御史是言官。古代有一个不成文的规定，朝廷为避免言官不敢说话，即便言官说错话，都不能治罪，最多认为他不适合这个职位，予以调离，因为言路阻塞则国家衰亡。而现在，皇帝居然要拿问言官了。

---

① 《明武宗实录》卷十八（七），"中央研究院"历史语言研究所校，北京大学图书馆藏本，第543页。

时任兵部主事的阳明先生上《乞宥言官去权奸以章圣德疏》。"乞宥言官"就是请求宽宥言官,"去权奸"当然是去掉刘瑾等大太监,"以章圣德"意思是只有这样才能彰显皇帝的圣德。这篇奏疏让文官们击节称赞,却让刘瑾等人勃然大怒,马上派锦衣卫将阳明先生抓进诏狱。

诏狱,即锦衣卫北镇抚司监狱。明末官员瞿式耜(sì)曾说:"往者魏、崔之世,凡触凶网,即烦缇(tí)骑;一属缇逮,即下镇抚;魂飞汤火,惨毒难言。苟得一送法司,便不啻天堂之乐矣。"[1]法司的监狱也就是评书小说里的"天牢",犯人被从诏狱转押"天牢"如上天堂一般幸运,诏狱之凶险由此可见一斑。

自长大成人读书做官以来,阳明先生第一次卷入如此严重的政治危机,在幽暗的诏狱中,他夜不成寐。

> 天寒岁云暮,冰雪关河迥。
> 幽室魍魉生,不寐知夜永。
> 惊风起林木,骤若波浪汹。
> 我心良匪石,讵为戚欣动![2]

阴暗潮湿、惨叫连天的诏狱犹如人间地狱,如何能让阳明先生不为之惊心呢?!这样的朝局、这样的皇帝,又怎能不让人失望至极呢?"匡时在贤达,归哉盍耕垄!"或许,归隐田园才是他正确的选

---

① 瞿式耜:《瞿式耜集》,江苏师范学院历史系、苏州地方史研究室整理,上海古籍出版社,1981,第20~21页。

② 王守仁:《王阳明全集》,吴光、钱明、董平等编校,上海古籍出版社,2015,第567页。

择吧？

阳明先生没有记述他在狱中受刑的过程。但《明武宗实录》记载："守仁具奏救之，下镇抚司考讯狱具"，既然"下镇抚司考讯狱具"，先生受刑恐是难免。

一个月后，阳明先生从诏狱中被提出来，廷杖四十。这四十廷杖，将阳明先生打得"既绝复苏"，差点儿将他活活打死。

余恨未消的刘瑾又将阳明先生贬谪为贵州龙场驿驿丞。

驿丞是什么官呢？驿丞，负责驿站中仪仗、车马、迎送等事务，是连从九品都算不上的不入流的杂职。

阳明先生从身居要职的正六品京官一下子降为荒山野岭间的卑末小吏。

就在这个月，阳明先生的父亲王华也被赶出政治中心京师，到南京任职了。

王华，字德辉，号实庵，学者尊称其为龙山公，晚号海日翁，成化十七年辛丑科状元，授翰林院修撰，历任翰林院学士、詹事府右春坊右谕德、詹事府少詹事、礼部右侍郎，正德初年晋礼部左侍郎。可以说，王华一路平步青云，眼看着就要入阁拜相了。

这次王华受阳明先生牵连，被明升暗降为南京吏部尚书。不久，刘瑾又借王华参与编纂的《大明会典》中的小谬误，迫使王华致仕。王华说"从此可以免祸矣"，归田侍奉老母，以读书自娱。

正德二年春天，阳明先生踏上去贵州的行程。面对如此朝局，阳明先生心灰意冷：投荒万里，还是退隐山林？

不久，杭州传出了一个惊人的消息：为了躲避刘瑾的追杀，王守仁投江自尽。

一个月后，阳明先生却出现在武夷山中。

根据阳明先生的年谱及弟子黄绾的记载，阳明先生来武夷山时还有一段传奇的经历：

阳明先生行至杭州，发现有人在后面跟踪。刘瑾暗杀太监王岳、范亨的事情已经尽人皆知，阳明先生马上意识到，这可能是刘瑾派来追杀自己的人。

怎么办？面对孔武有力的锦衣卫，他要想逃脱太难了。阳明先生急中生智，趁跟踪之人不备，跑到钱塘江边，将鞋子脱在岸边，自己跳入江中，藏在一艘商船上。

那几个人追上来一看，岸边有阳明先生的鞋子，人却不见了，以为阳明先生已经投江，赶紧找人打捞，结果一无所获，只好回去复命。阳明先生投江自尽的消息就传出去了。

阳明先生则跟着商船到了舟山，在海上又遇到台风，漂荡了几天几夜后才上岸，一问，已经到了武夷山。阳明先生在山中走了几十里路，天色已晚，便到一座寺庙投宿。当时，山中有盗贼出没，僧人听到有人来投宿却怕有诈，夜半不敢开门，让他到附近的一座野庙暂住。

阳明先生无奈，只好在野庙香案下休息一夜。他不知道这座野庙原来是虎穴。夜半时分，寺庙的僧人听到野庙方向的虎吼声，心想那位投宿之人一定被老虎吃掉了。第二天早晨，僧人到了野庙，看到廊檐下到处都是老虎的足迹，而阳明先生还在香案下熟睡。

僧人大惊失色，说："这个人一定不是常人。不然，为什么老虎都不敢伤害他呢？"僧人便把阳明先生唤醒，请入寺中。

在寺中，阳明先生遇到了一位二十年前的故友——南昌铁柱宫的道士。

那年，阳明先生十七岁，奉父亲的命令，到南昌完婚，妻子是江西参议诸养和的女儿。诸养和也是浙江余姚人，与阳明先生的父亲王华是故交。

结婚那天，阳明先生忙里偷闲出了府门，信步进了一座道观——铁柱宫，他看到一位道士在那里打坐，就跟道士聊起养生来。聊了一会儿，他们就面对面打起坐来，这一坐就是一宿。

直到新人进洞房，大家才发现新郎官不见了，诸养和赶紧派人寻找，找了一宿也没有找到，第二天早晨阳明先生才从铁柱宫回去。二人由此相识。

道士听完阳明先生的遭遇，就问："你打算怎么办？"此时，阳明先生已经决定远遁山林，就将自己的打算告诉道士。

道士问他："若刘瑾恨意未消，诬蔑你南走粤（指安南）、北走胡（指蒙古），因此降罪令尊，怎么办？"

这一问把阳明先生问住了，他没有想到这一层。看来，自己连远遁山林的选择都没有了，难道只能去龙场做驿丞吗？于是他占了一卦，卦象为"明夷"。

明夷是《周易》六十四卦中第三十六卦，据说文王被拘羑里，就是卜得此卦。这个卦象象征政治环境险恶，世道黑暗，昏君在上，光明正大之人必受伤害，君子应当持正守节，不轻易用事。

"大隐隐于朝，中隐隐于市，小隐隐于野"，龙场半朝半野，驿丞半官半民，可进可退，倒是不错的选择。

阳明先生顿时感觉柳暗花明，决定赴谪遂题诗壁间：

> 险夷原不滞胸中，何异浮云过太空？
> 夜静海涛三万里，月明飞锡下天风。①

此时，阳明先生的父亲王华已被迫致仕返乡。阳明先生先回绍兴探望父亲，正德二年末重新踏上赴谪之路。正德三年春到达龙场。

---

① 王守仁：《王阳明全集》，第1006页。

龙场，在贵州西北万山丛中，植被茂密，人烟稀少，瘴疠流行，当时尚属荒蛮未化之地。

龙场驿始建于明洪武十七年，是彝族女英雄、水西宣慰使奢香夫人所设，由水西宣慰使司负责房屋修葺和物资供应。

此时的水西宣慰使叫安贵荣，是奢香夫人的八世孙。他对朝廷在贵州设驿站非常不满，认为这是朝廷把手伸进自己的辖区。但他又不敢废除驿站，就以消极的方式对待，房屋破败也不修理，粮食、食盐供应也不及时。龙场驿逐渐衰落，已经名存实亡。

作为贬谪之地，对龙场驿的穷荒僻远，阳明先生是有心理准备的。然而他跋山涉水来到这里，面前的景况仍然让他大吃一惊：孤零零的几间破屋已经无法居住，还不如那些荒山野庙。

贵州春季多雨。料峭的春寒，加上绵绵阴雨，让人难以忍受。为了遮蔽冷风凄雨，阳明先生和仆人不得不自己动手搭建了几间草棚栖身：

草庵不及肩，旅倦体方适。
开棘自成篱，土阶漫无级。
迎风亦萧疏，漏雨易补缉。
灵濑响朝湍，深林凝暮色。[①]

从这首《初至龙场无所止结草庵居之》的诗中，我们能看出当时环境的荒凉和条件的艰苦。

由于物资供应匮乏，常常断粮，阳明先生不得不学习开荒种地来维持生计。

---

① 　王守仁：《王阳明全集》，第 582 页。

谪居屡在陈，从者有愠见。

山荒聊可田，钱镈（bó）还易办。

夷俗多火耕，仿习亦颇便。

及兹春未深，数亩犹足佃。

岂徒实口腹，且以理荒宴。

遗穗及鸟雀，贫寡发余羡。

出来（lěi）在明晨，山寒易霜霰。[1]

大概开荒无法完全解决眼前的饥荒，阳明先生还要到山上去挖野菜充饥。

采蕨西山下，扳援陟（zhì）崔嵬。

游子望乡国，泪下心如摧。

浮云塞长空，颓阳不可回。

南归断舟楫，北望多风埃（āi）。

已矣供子职，勿更贻亲哀！[2]

面对这样的困境，想起南京的老父亲和家乡可能还不知情的老祖母，阳明先生心如刀割。

采薪勿辞辛，昨来断薪拾。

① 王守仁：《王阳明全集》，第583页。
② 同上。

晚归阴壑底，抱瓮还自汲。[①]

米粮尚且不供应，何况柴火？阳明先生举炊所用的柴火，需要自己上山拾，他还要亲自去潭边打水。

更令人难以忍受的是吃不上盐。盐在历朝历代都是国家专营，明朝时期也是如此。即便是江南富庶之地，普通老百姓吃盐都成问题，何况这万里炎方。阳明先生诗中说"蛮居长叹食无盐"，这里面包含着多少无奈。

艰难的生活让阳明先生的仆人支持不住，接连病倒了。阳明先生亲自劈柴做饭，照顾两位仆人。

他们病倒，除了水土不服，何尝不是怨气所致？为了化解仆人的怨气和思乡之情，阳明先生还唱起家乡的小曲，逗仆人们开心。

阳明先生的家乡浙江余姚是江南鱼米之乡，王家自六世祖王纲之后，虽不曾出仕为官，但也耕读传家，不失为小康。先生的父亲龙山公王华考中状元后，更是一路平步青云，官至礼部侍郎。阳明先生大概此前都不曾想过要为生计操心。"游子望乡国，泪下心如摧"是对家乡，对老父亲、老祖母的思念，又何尝不是委屈呢？

如果确实犯罪，无论受到怎样的惩罚，他都心甘情愿。但自己因为一片忠心，做了臣子当做之事，却落得下诏狱、遭廷杖、逃难武夷、贬谪荒边的下场，在这蛮烟瘴雨之地，无庐可居，无米可炊，无盐可食。

难道朝廷就是这样对待忠臣的吗？！

在幽暗的诏狱中，无眠的深夜里，阳明先生也曾经无数次问这样

---

① 同上书，第588页。

的问题。阳明先生从《易经》中读出，面对这样顽劣的昏君，忠言直谏未必符合道，应该小心翼翼保全自己，或许逃离朝堂，隐居山野才是上策。

隐居山野，自己连隐居山野的机会都没有。他不是没有想过隐居武夷山，可是道士的一番话又让他打消了隐居的念头。

路过湘江、沅江时，阳明先生想起了两千年前的屈原。屈原何等高洁，又何等忠心，可惜遇到了楚怀王这样的昏君，最后怀石投江。为何忠心耿耿的臣子总是遭受灾殃，那些谄媚取上的小人却受褒奖？！

苍天，这难道公平吗？！

想到屈原，想到自己的遭遇，阳明先生涕泗如雨，作了《吊屈平赋》以吊之。从屈原悲惨的遭遇中，阳明先生看到了自己的影子。

以"弃妇"为题材的诗篇，最早见于《诗经》。文人被皇帝贬斥，与妇人被夫君抛弃相似。"弃妇诗"也从起初的闺怨转变为文人的哀叹。历代都有以此为题材的诗篇。

阳明先生的《居夷诗》中有《去妇叹五首》。"楚人有间于新婚而去其妇者。其妇无所归，去之山间独居，怀缱不忘，终无他适。予闻其事而悲之，为作《去妇叹》。"① 阳明先生是借"弃妇"题材，表达自己的愤懑、愁苦、哀伤和无奈。

"委身奉箕帚，中道成弃捐。苍蝇间白璧，君心亦何愆！"因微不足道的错误，丈夫就将自己的妻子赶出家门，这不过是嫌弃妻子的夫君找的借口罢了。

"依违出门去，欲行复迟迟。邻姬尽出别，强语含辛悲。"虽然被抛弃，妻子仍然依依不舍，伤心欲绝。

----

① 王守仁：《王阳明全集》，第580页。

"妾命如草芥，君身比琅玕（gān）。奈何以妾故，废仓怀愤冤？无为伤姑意，燕尔且为欢。"妇人自己被抛弃，还要祝福夫君新婚燕尔，这是何等痴情？

"冈回行渐远，日落群鸟飞。群鸟各有托，孤妾去何之？"一个孤苦伶仃的弃妇在山野之中，无家可归，与龙场中的阳明先生何其相似？

"空谷多凄风，树木何潇森！浣衣涧冰合，采苓山雪深。离居寄岩穴，忧思托鸣琴。"凄风苦雨，寄居岩穴，这不是阳明先生龙场生活的写照吗？

从京城一路行来，他小心翼翼地躲避追杀，逃难武夷，溯长江，历洞庭，经湘沅，越荒山，颠沛流离，艰辛困苦。

据《阳明先生年谱》的记载，他一路奔波，两年愁苦，世态炎凉，人情冷暖，让阳明先生超越了得失荣辱。如果说他尚有最后一丝挂碍，那就是"生死"二字。

矮矮的草庐无法遮挡贵州晚春的冷风凄雨。阳明先生在龙场驿东南的小山丘下发现了一处洞穴，此洞分左右两个洞穴，可容纳七八人，比简陋的草庐强上许多。

于是，主仆三人住进山洞。阳明先生在此推演周易，因名"玩易窝"。

左侧洞穴中有一石罅，状如棺椁，阳明先生决定就住在这个山洞里，就住在石椁之中。

不需要再逃了，他已经逃无可逃！不需要再退了，他已经退无可退！

一切都没有了：他没有了"政治新星"的光环，没有了父慈子孝的温暖，没有了锦衣玉食的生活，没有了诗歌唱答的浪漫。除了这苟延残喘的性命，他一切都没有了。他的命运已经跌到了谷底，上天关上了所有的大门。

"天将降大任于斯人也，必先苦其心志，劳其筋骨，饿其体肤，空乏其身，行拂乱其所为，然后动心忍性，增益其所不能。"老天是不是将降大任呢？"君子居易以俟命"，他就在石椁之中，体会上天的旨意吧！

若文王、孔夫子处在今天这样的朝廷，在今天龙场这样的困境，会如何想，如何做？

圣人处此，更有何道？！

阳明先生之所以提出这个命题，就在于它少年时便已倾慕圣贤。

十二岁那年，阳明先生随父亲在京师读私塾，一日他问私塾先生："何为第一等事？"

私塾先生看这位总角孩童能问出这样的问题，满心欢喜，捋须含笑，回答："当读书登第耳！"你就应如你父亲一样，读书中进士，如果能中状元，那就更好。

阳明先生迟疑道："先生，我觉得好像还不是。"

先生饶有兴趣地问："哦？那你说说何为第一等事？"

阳明先生回答："当读书做圣贤。"

不几日，龙山公王华也听说了儿子在私塾的这段对话，笑着问阳明先生："听说你要学做圣贤？"

阳明先生年方十二岁，在今天也就是上小学五六年级的年龄，如何能有"读书做圣贤"这样的志向？甚至，这样小的年纪，他知道"圣贤"是什么意思吗？

《阳明先生年谱》载，从六世祖王纲一直到阳明先生的父亲王华，王氏家族从来都没有离开诗书，阳明先生的父亲更是高中状元，"耕读传家"四个字恰如其分。

大概只有这样的家庭环境熏陶，才能让一个懵懂少年心中有"做圣贤"的梦想吧。

十八岁那年冬天，阳明先生携妻从南昌回家乡，路过广信府。当时，广信府有一位大儒，名叫娄一斋。

娄谅，字克贞，别号一斋，江西广信府上饶人，是当时有名的大儒。阳明先生登门拜访，向娄一斋请教圣贤之学。娄一斋与阳明先生谈的是朱子格物之学，二人相谈甚欢。

带着"圣人必可学而至"的信心，阳明先生回到家乡，之后遍读《朱子全书》，这一读就是三年的时间。但是阳明先生并未在其中找到成圣成贤的路径。对朱子讲的"格物"，他也不知如何下手。

一日，阳明先生读到"众物必有表里精粗，一草一木，皆涵至理"，恍然有悟。既然"一草一木，皆涵至理"，那亭前的竹子当然也蕴含至理。阳明先生决定"格竹"，以期寻求至理。

结果，"格竹""格"了七天，毫无所获，自己反而累得病倒。他灰心起来，怀疑圣贤自有才分，自己怕是没有圣贤资质。

有后人怀疑"格竹"的真实性，认为以阳明先生之聪慧怎么能做这么愚蠢的事情呢？"格竹"应该是真实的：

第一，《阳明先生年谱》完稿之后有数位同学参与审订，钱德洪断不至于胡编乱造。

第二，阳明先生《语录拾遗》中记载了阳明先生这样一段话：

> 众人只说格物要依晦翁，何曾把他的说去用？我着实曾用来。初年与钱友同论做圣贤要格天下之物。如今安得这等大的力量？因指亭前竹子，令去格看。钱子早夜去穷格竹子的道理，竭其心思，至于三日，便致劳神成疾。当初说他这是精力不足，某因自去穷格。早夜不得其理，到七日，亦以劳思致疾。遂相与叹圣贤是做不得的，无他大力量去格物了。及在夷中三年，颇见得

此意思，乃知天下之物本无可格者，其格物之功，只在身心上做。决然以圣人为人人可到，便自有担当了。这里意思，却要说与诸公知道。①

由此可知，阳明先生"格竹"的真实性当毋庸置疑。至于以阳明先生之聪慧何以下这样的笨功夫，这反倒是阳明先生的过人之处。

试想，普通人若读到"众物必有表里精粗，一草一木，皆涵至理"大概会额首称是，有几人肯去真"格"？故而有"懂得那么多大道理，却仍过不好这一生"的感叹。那不是真懂，只是听说过而已。

二十七岁那年，阳明先生一次读到朱子《上光宗疏》中有"居敬持志，为读书之本，循序致精，为读书之法"，意识到自己所学虽博，却并未循序以致精，于是潜心再读《朱子全书》。

这一次读书他确实有非常大的收获。但是有一个最根本的问题萦绕在他的心中：朱子言"格物致知"乃"格，至也。物，犹事也。穷推至事物之理，欲其极处无不到也"，即便将事事物物之理穷尽，又如何而诚意、正心？事物在外，心在内，格物、致知之后怎么就能诚意、正心？

阳明先生不断沉吟思索，然"物理吾心终若判而为二"，最后因用心太过又累得病倒了。

三十一岁那年，已经官至刑部主事的阳明先生政绩斐然，前景一片光明。可是他厌倦了案牍劳形、诗歌唱答的生活，"吾焉能以有限精神为无用之虚文也"，遂上疏告病还乡，在会稽山阳明洞天筑精舍修炼导引术。

---

① 王守仁：《王阳明全集》，第105页。

钱德洪在《阳明先生年谱》中记载：

> 遂告病归越，筑室阳明洞中，行导引术。久之，遂先知。一日坐洞中，友人王思舆等四人来访，方出五云门，先生即命仆迎之，且历语其来迹。仆遇诸途，与语良合。众惊异，以为得道。[①]

阳明先生另一位弟子王畿在《滁阳会语》中记载：

> （先生）筑洞天精庐，日夕勤修炼习伏藏，洞悉机要。其于彼家所谓见性抱一之旨，非惟通其义，盖已得其髓矣。自谓尝于静中内照形躯如水晶宫，忘己忘物，忘天忘地，与空虚同体。光耀神气，恍惚变化，似欲言而忘其所以言，乃真境象也。[②]

当时，很多人大加赞叹，认为谓阳明先生得道了。但是阳明先生不久后有所省悟：此簸弄精神，非道也。

弘治十七年，阳明先生又回到朝中任兵部主事。十八年弘治皇帝驾崩。正德元年，他因上疏直谏得罪权奸刘瑾，才被贬龙场。

《阳明先生年谱》记载，一天中夜，朦胧之中阳明先生仿佛听到有人跟他说话，阳明先生呼跃而起："圣人之道，吾性自足。向之求理于事物者误也！"另一个洞穴中酣眠的仆人被惊醒，跑过来，看到主人手舞足蹈，口中喃喃："圣人之道，吾性自足。"

这就是龙场悟道！

---

① 王守仁：《王阳明全集》，第1004页。

② 王畿：《王畿集》卷二，吴震编校，凤凰出版社，2007，第33页。

这一夜，灿烂的星河中定有华光闪过；这一夜，历史长河掀起巨大的浪花；这一夜，中华文化这棵老树发了新芽。

龙场悟道，五百年后仍然让人如此向往，如此热血沸腾。

到这里，按说"龙场悟道"的故事已经结束了。但是，数百年来，人们不断追问：

龙场悟道，阳明先生到底悟到了什么呢？

第二部分

格物致知

阳明先生"龙场悟道"到底悟到了什么？几百年来人们都在不断寻求答案。可惜的是，阳明先生对这个话题似乎从未谈及。真的是这样吗？不。通过对《阳明先生年谱》《传习录》抽丝剥茧地追问，我们才知道阳明先生从来没有隐瞒，龙场所悟之道就是推翻了千百年来人们对"格物致知"的误解，揭示其真义，也是他成就"立德""立功""立言"真三不朽功业的根本。

想追问阳明先生到底悟到什么，或许我们应该再回到正德元年那混乱的朝局。我们来看有关这一年的几段记载：

> 弘治十八年五月乙酉，弘治皇帝驾崩。①
>
> 丙寅，正德皇帝即位。②
>
> （正德元年）冬十月丁巳，户部尚书韩文帅廷臣请诛乱政内臣马永成等八人，大学士刘健、李东阳、谢迁主之。戊午，韩文等再请，不听……刘健、李东阳、谢迁乞去，健、迁是日致仕。
>
> （正德元年）冬十月壬戌，吏部尚书焦芳兼文渊阁大学士、吏部侍郎王鏊兼翰林学士，入阁预机务。
>
> （正德元年）十一月甲辰，罢韩文。③
>
> （正德元年）十二月乙丑，降兵部主事王守仁为贵州龙场驿丞④。
>
> （正德二年春）闰月庚戌，杖给事中艾洪、吕翀（chōng）、刘蒨及南京给事中戴铣、御史薄彦徽等二十一人于阙下。
>
> （正德二年）三月辛未，以大学士刘健、谢迁，尚书韩文、杨守随、张敷华、林瀚五十三人党比，宣戒群臣。⑤

如果将这几段记载用一句话来总结的话，那就是：满朝士大夫被

① 《明武宗实录》卷一（二），"中央研究院"历史语言研究所校，北京大学图书馆藏本，第3页。

② 《明武宗实录》卷一（六），"中央研究院"历史语言研究所校，北京大学图书馆藏本，第11页。

③ 张廷玉：《明史》卷十六，本纪第十六，中华书局，2000，第135～136页。

④ 谈迁：《国榷》卷四十六，张宗祥校，中华书局，1958，第2877页。

⑤ 张廷玉：《明史》卷十六，本纪第十六，中华书局，2000，第136页。

一群太监打得满地找牙。

我们可以说这些太监太阴险毒辣；可以说皇帝站在太监一边，裁判员变成运动员……但是无论如何，在这次朝廷斗争中士大夫们败了，败得一塌糊涂！而阳明先生是其中一员，微不足道的一员！

最初阳明先生心中是充满了委屈和抱怨的，但他没有停留在委屈和抱怨上。如果他停留在那里，也就没有了后来的阳明先生。阳明先生大概也没有将自己标榜为一位悲剧英雄，如果那样他可能真的成了悲剧英雄。

子曰："射有似乎君子。失诸正鹄，反求诸其身。"如果君子不去反省失败的真正原因，只是将责任推给太监，推给皇帝，谈何修身？！

满朝文武都是饱学之士，读的是圣贤之书，修齐治平的道理烂熟于胸。像刘健、谢迁这样的内阁大学士对朝廷忠心耿耿，像戴铣、薄彦徽这样的言官可以舍生取义，但为何在关键时刻不能解决问题？

士大夫治国平天下，总不能像大厨炒菜一样，要求油盐酱醋准备好，菜切好，火烧旺，只等着掌勺吧？！

士大夫连一群太监都平不了，何以平天下？！这是一个真问题。

危机出现了！

这不是阳明先生个人荣辱得失的危机！

这甚至不是大明王朝兴衰更替的危机！

这乃是中华文化命脉的危机！

一句话总结：修身、齐家、治国、平天下，到底行不行得通？是古圣先贤的杜撰，还是毋庸置疑的真理？！

这是信仰的危机！比个人荣辱生死要严重得多得多的危机！

阳明先生在龙场要面对这个危机！这份痛苦和压力难以想象。故而，阳明先生喊出："圣人处此，更有何道？"这是天问！

这份痛苦不是个人遭遇的痛苦，而是整个信仰体系的崩塌！

只有崩塌，才可以重建。

阳明先生不得不重新审视自己从小就奉为圭臬的经典，如此，中华文化道统的枯树才有机会发出来新芽。

这一刻，阳明先生就如烘炉中的钢铁，要么成为精钢，要么成为废铁！

幸运的是，阳明先生终于悟道，拯救了自己，拯救了大明王朝，更拯救了中华文化命脉。这就是"为天地立心，为生民立命，为往圣继绝学，为万世开太平"！

不是所有人都能担此重任。

正德初年，那么多人被贬，那么多惨剧就发生在眼前，有谁意识到这一使命的到来？！

仅凭此，阳明先生被后世如何崇敬都不为过！

阳明先生到底悟到了什么？从阳明先生后来的讲学记录之中，我们或许能够窥得一二。

根据《阳明先生年谱》记载，阳明先生"大悟格物致知之旨"，也就是说阳明先生真正悟的是《大学》的"格物致知"。

既然如此，我们就从"格物致知"这一线索开始，去探寻阳明先生的龙场悟道：

"格物"到底如何"格"，历史上诸家训释聚讼纷纭。南宋著名理学家朱熹先生训为"即物穷理"，后因朱子之学被定为官学，故而"即物穷理"也就成了定论。

但是，正如前文所述，阳明先生曾经"格竹"，虽然没有"格"出理来，但并没有怀疑朱子，还认为是自己的问题。后来，先生推演"格物、致知、诚意、正心"，但是"物理吾心，终若判而为二"，这也是阳明先生在二十七岁那年遇到的最大困惑。

后来，阳明先生批评说："众人只说'格物'要依晦翁，何曾把他的说去用？我着实曾用来。"你说他是，凭什么说他是；你说他非，凭什么说他非？

阳明先生的"格物"与朱子的有何不同呢？我们就从《传习录》中去寻找线索吧。

《传习录》载"格物是止至善之功，既知至善，即知格物矣"。换言之，"格物"是路径，目的是止于至善。当我们明白什么是至善的时候，就明白了如何"格物"。

那什么是至善呢？

阳明先生在《传习录》中说"不动于气，即无善无恶，是谓至善"，也就是说"至善"就是超越了善恶的"无善无恶"。

如果对"至善"还有疑问的话，我们通过阳明先生在《传习录》这段话中再去深入体会：

> 问："先生尝谓'善恶只是一物'。善恶两端，如冰炭相反，如何谓只是一物？"
>
> 先生曰："至善者，心之本体。本体上才过当些子，便是恶了。不是有一个善，却又有一个恶来相对也。故善恶只是一物。"[1]

在我们一般人看来，善与恶乃是截然相反的，完全对立的，但阳明先生说它们是"一物"，也就是说善与恶源于一，既无所谓善，也无所谓恶。之所以有了善恶的分别，是因为"本体上过当些子"。此时，恶便产生了，善的观念也同时随之而来。

这里需要特别注意的是，善不是单独产生的，恶也不是单独产生的。善与恶是比较而言的，没有恶也就无所谓善。在没有分别善恶之前，就是"至善"。

---

① 王守仁：《王阳明全集》，第 85 页。

譬如，在一张白纸上画一个圆圈，问"圆圈里有什么"，答案是"什么都没有"。如果将这个圆圈按照太极图的样子，将一半涂成黑色，再问，答案就是"一半黑，一半白"。这"一半白"，就是伴随着"一半黑"而来的。为什么一开始不会回答"圆圈里全是白色"？因为整张纸都是白的，没有比较，所以圆圈里的"白色"就被忽略不计了。

既然恶产生了，如何去除恶呢？我们来看恶的本质是什么。要想治病，必须辨症，我们只有知道恶的本质，才有可能去除恶。《传习录》载：

> 先生尝语学者曰："心体上着不得一念留滞，就如眼着不得些子尘沙。些子能得几多？满眼便昏天黑地了。"

> 又曰："这一念不但是私念，便好的念头，亦着不得些子。如眼中放些金玉屑，眼亦开不得了。"①

阳明先生这段话点出了"恶"的本质，那就是"留滞的念头"，我们权且叫它执着、执念。眼睛里如果进了沙子，眼睛就睁不开了；心上如果执着了，"心眼"也睁不开，也就是不知道审时度势，不懂变通。

譬如，我们都知道开车遵守红绿灯信号，这才是正确的，但这个前提是在正常情况下。如果你所在的车道后面有一辆救护车在赶时间，你还静静地等绿灯，那就要被处罚了。经常有报道，出租车为了救人闯红灯，还被表扬呢。

对错要在具体的时空下讨论。如果将此时空内对的观念放在彼时空内，可能就是错的。

"刻舟求剑"已经是为人所熟知的寓言故事：

---

① 同上书，第108～109页。

楚人有涉江者，其剑自舟中坠于水，遽契其舟曰："是吾剑之所从坠。"舟止，从其所契者入水求之。舟已行矣而剑不行，求剑若此，不亦惑乎！[1]

这位楚人在剑之所坠处刻上记号，刻的位置对不对？是对的。但他为什么成了笑柄？因为船已经走了，时空已经发生变化了。船离开了，楚人还从这个记号处捞剑，便是"执念"了。

刻舟求剑的故事出自《吕氏春秋·察今》一文。《察今》一文就是反对抱着固有观念不放：

凡先王之法，有要于时也，时不与法俱至。法虽今而至，犹若不可法。故择先王之成法，而法其所以为法。先王之所以为法者，何也？先王之所以为法者，人也。而己亦人也，故察己则可以知人，察今则可以知古，古今一也，人与我同耳。[2]

刻舟求剑的故事，我们上小学的时候都学过，都知道那个楚人是个傻子。但是有没有人想过，在生活中我们可能已经无数次"刻舟求剑"了。

企业家从成功的企业那里取来"真经"，不加变通地用在自己的企业里，可能把自己的企业搞坏；父母从"哈佛女孩"那里学到经验，用在自己孩子身上，可能逼得孩子得抑郁症；别人吃某种药治好某种病，自己也买来吃，可能越吃问题越大……类似的事情在生活中屡见不鲜。

"真理只要向前一步，哪怕是一小步，都可能成为谬误。"再正确的念头、观点，只要脱离了它的时空和对象，就可能变成谬误。

这些执念成为我们基本观察力、判断力的障碍，从而使我们做出

---

[1] 许维遹：《吕氏春秋集释》，中华书局，2009，第393页。

[2] 许维遹：《吕氏春秋集释》，第391页。

错误的决定。故而，阳明先生说不但"不好的念头"，连"好的念头"也不能留滞。

任何念头的留滞都是思想的桎梏。不好的念头如此，好的念头也是如此。当去掉这些桎梏的时候，没有了自以为是的臆想、理所应当的必需、固执不变的想法、自私自利的念头，我们的心就会变得空灵、敏锐起来，因而真相就会呈现在我们面前。这就叫作"至善"，就是良知本体的呈现。

去掉执念就叫作"格物"，这样良知本体就呈现出来了，这就是"致知"。后来阳明先生进一步揭示为"致良知"。

也许有人担心，如果只听从内心的声音，是否会善恶不分，天下大乱了？这就涉及一个根本性命题：我们判断善恶的标准，也就是儒家所说的"天理"，来自哪里？

北宋大儒二程说："天下物皆可以理照，有物必有则，一物须有一理。"[1] 他们又说："穷理亦多端：或读书，讲明义理；或论古今人物，别其是非；或应接事物而处其当，皆穷理也。"[2]

朱子继承了二程的观点，认为"未有天地之先，毕竟也只是理。有此理，便有此天地；若无此理，便亦无天地，无人无物，都无该载了！有理，便有气流行，发育万物"[3]。

换言之，宋儒认为有一个独立的"理"在，而且这个理又能在万事万物之中得以体现，即每个事物中存在自己的一个理。所以，宋儒才会提出"一草一木，皆涵至理"，格物就是穷理，就是搞明白先天

---

[1] 程颢、程颐：《二程集》卷十八，中华书局，2004，第193页。

[2] 同上书，第188页。

[3] 黎靖德编《朱子语类》卷一，王星贤校，中华书局，1986，第1页。

地而存在的理。

阳明先生认为，天理在哪里？在我们心里。"此心无私欲之蔽，即是天理。""私欲之蔽"就是前文所说的"留滞的观念"，格物就是去除私欲之蔽，通向超越了善恶的"至善"的心之本体，在孟子那里就叫作"良知"。

孟子说：

> 人之所不学而能者，其良能也；所不虑而知者，其良知也。孩提之童，无不知爱其亲者，及其长也，无不知敬其兄也。亲亲，仁也；敬长，义也。无他，达之天下也。[①]

良知对是非的判断，是不需要学习的，是天生的。为此孟子还举了一个例子：一个小孩子掉到井里，这情景被人看到了，这个人必生"怵惕恻隐之心"，也就是说，他会感觉到惊恐、同情，想办法来救这个孩子。他这样的念头乃是一瞬间发生的，不是想让这个小孩子的父母感激他，也不是怕乡亲们说他不好，而是自然而然的。

这个良知，孔子叫作"仁"，在《大学》里叫作"明德"，在《中庸》里叫作"天命之性"。是非善恶不是外在的规定，而是内在生命情感的自然觉知。

这种生命情感的自然觉知，不以外在因素为条件，也没有外在规定的标准。见孺子入井，怵惕恻隐之心自然而起，这是天性使然。恻隐、羞恶、辞让、是非之心皆是心之本体的自然觉知，这就是天理。

问题是，良知有时是"不在线"的，也就是被"留滞的念头"遮

---

① 《国学经典大字注音全本（第二辑）孟子》，邓启铜注释，南京大学出版社，2014，第219页。

蔽住了，这就需要"格物"。这就是阳明先生为何说"格物是止至善的功夫。既知至善，即知格物矣"。通过格物，人们将留滞的念头去掉，良知就"在线"了，自然事事皆顺应天理良知，"良知是天理之昭明灵觉处，故良知即是天理"。

宋儒说"天理"在先天之前已经有了，那谁来觉知天理，谁来判断这是天理？还是我们的内心。

由此，我就明白阳明先生悟道之时所说的那句话："圣人之道，吾性自足，向之求理于事物者误也。"到此，"格物致知"之旨就豁然贯通了。

所以，后来阳明先生对弟子说："在龙场三年，当我明白了格物致知的道理，这天下的物哪里需要格，格物功夫是在我们身心上做。我也由此确信，人人都可以做圣贤。"

或许有人要问，"致良知"是阳明先生晚年提出来的，现在掺杂进来理解龙场悟道是不是有问题？

《阳明先生年谱》载："吾'良知'二字，自龙场以后，便已不出此意，只是点此二字不出，于学者言，费却多少辞说。今幸见出此意，一语之下，洞见全体，真是痛快，不觉手舞足蹈。"可见，龙场所悟之道与致良知并无二致，只是"致良知"表达出来更简洁、更准确而已。

如果不弄清"格物致知"之旨，我们对阳明学的许多概念，大概还是"望文生义"，自然谈不上真下"格物致知"的功夫了。阳明学对我们而言，就成了小说家言，真如阳明先生在《象山文集序》中所言"如矮人之观场，莫知悲笑之所自"，岂不悲夫！

《阳明先生年谱》中记载，阳明先生悟道时，"寤寐中若有人语之者"，好像有人跟他说话一样，"不觉呼跃，从者皆惊"。其实，这并不神秘，是思虑至深的一种自然现象，常人偶尔也有这种经验。"若有人语之者"，其实有的时候我们也分不清是梦中有人告诉我们什么，还是我们在大脑中"自言自语"。

后世好事者编出更加传奇的故事：一天晚上，阳明先生梦见自己拜谒孟子，孟子降阶相迎。阳明先生向孟子请教，孟子为阳明先生讲"良知"一章，说得非常仔细，阳明先生恍然大悟。

这个故事虽然是演绎，但也不能说完全错，因为，龙场悟道本质上是对孔孟儒学的复兴。

前文提到，宋儒认为理在先天之前，没有天地之时，先有理在。而孟子则说"恻隐之心，仁也；羞恶之心，义也；恭敬之心，礼也；是非之心，智也。仁义礼智，非由外铄我也，我固有之也"，换言之，"仁义礼智"都来自我们内心的良知，不是从外面获得的。

孔子则特别强调"仁"。孔子的"仁"与孟子的"仁"有所不同，它不是与义、礼、智并列的美德，而是一切美德的根源。

《论语》载：

> 子曰："人而不仁，如礼何？人而不仁，如乐何？"[1]
> 子曰："礼云礼云，玉帛云乎哉？乐云乐云，钟鼓云乎哉！"[2]

这两句话反映了孔子的"礼"的思想。"礼"的核心是什么？仁。

礼乐不是那些玉帛、钟鼓等外在形式。如果失去了"仁"，礼就不是礼了，乐也不是乐了。孔子要表达的就是外在的"礼"其本源是"仁"，离开了"仁"的礼，就成了空洞的外在行为，也就不称其为礼了。所以，孔子呼吁的"克己复礼"不是恢复礼仪，当时礼仪还是在的，要恢复的是礼的核心——仁。

仁在哪里？我们再来看《论语》中的这一段对话：

---

① 绍南文化编《学庸论语》，厦门大学出版社，2000，第44页。

② 同上书，第141页。

宰我问："三年之丧，期已久矣！君子三年不为礼，礼必坏；三年不为乐，乐必崩。旧穀既没，新穀既升，钻燧改火，期可已矣。"

子曰："食夫稻，衣夫锦，于女安乎？"

曰："安。"

"女安则为之。夫君子之居丧，食旨不甘，闻乐不乐，居处不安，故不为也。今女安，则为之！"

宰我出。

子曰："予之不仁也。子生三年，然后免于父母之怀。夫三年之丧，天下之通丧也，予也有三年之爱于其父母乎？"①

宰我跟孔子讨论三年之丧。古代父亲去世，儿子要服丧三年。宰我认为，服丧三年太长了，如果三年不行礼乐，那就礼崩乐坏了，服丧一年就够了。

孔子没有跟宰我讨论是否应该服丧三年，而是问他："父母去世没满三年，就吃好的，穿好的，你的心安吗？"宰我说："安。"孔子说："既然你的心安，那就做好了。"可是宰我一出去，孔子就感慨："宰我这个家伙不仁啊！孩子生下来，父母要抱在怀里三年，所以，三年之丧是天下的通丧。宰我的父母难道没有抚养过他吗？"

可见，"仁"不是外在的规定，乃是内在的生命情感。具体到这段对话的场景，"仁"体现在儿女对父母的孝之情感中。

《中庸》云："仁者，人也，亲亲为大。"什么是"仁"？就是人之所以为人的依据。我们看到某人品行恶劣，骂他"不是人"，并不是否定他作为生物体的人的存在，而是否定他作为区别于其他动物的

---

① 同上书，第143页。

"人性"的存在，也就是缺乏了"仁"。仁以"亲亲"为大，亲亲就是孩子对父母天然的亲情。

所以，无论它被称为"仁"，被称为"良知"，还是被称为"天理"，都是指内在本然的生命情感，是人之作为人的根本。可是，孔孟以降，人们虽然也在说着"仁""良知"，却把这最根本的东西指向了外面。

阳明先生龙场悟道其实是指出了人之所以立于天地之间的根据就在我们心中。这一根据孔子、孟子都曾经指出过，但是随着时间的推移被人们淡忘了，或者空壳化了，阳明先生再一次把它确立起来。

故，龙场悟道是对孔孟儒学的复兴，是儒家思想又一座新的高峰。

第三部分

知行合一

　　"知行合一"是今天为人熟知的哲学命题。"知行合一"到底说的是什么？恐怕少有人知。当我们讨论知与行的关系时，已经与"知行合一"的宗旨相去甚远了。"知行合一"超越知与行的层面，直指知行的本体。这本体就是后来所说的良知。

阳明先生在东峰又发现了更大的山洞，冬暖夏凉，不仅可以居住，而且还可以生火做饭，比玩易窝更方便，于是便移居此处，并将此洞命名为"阳明小洞天"，表达了对家乡、对自己曾经修炼之地阳明洞天的思念。

龙场的老百姓慢慢和这个从朝廷来的官员熟悉起来，他和其他人不一样。他们世世代代尊敬的奢香夫人，官员都可以随意殴打羞辱，而他们偶尔见到的那些官员根本不会正眼看他们。可是这位官员对他们如此和蔼，跟他们聊天，跟他们一起喝酒，还向他们学种田。

阳明先生与当地百姓语言不通，心却是相通的。在别人看来，当地居民说土语，穿夷服，没有富丽堂皇的房子，不懂交往的礼节，粗鄙不堪。可是，在阳明先生看来，这些人质朴率真，比那些口蜜腹剑、两面三刀的"君子"不知道要强多少。

心通了，语言也就通了。虽然与家乡相隔千山万水，阳明先生感受到了家乡的温暖。这里的老百姓看到阳明先生住的洞穴阴冷潮湿，就伐木为梁，为阳明先生建起了房子，阳明先生又在房前屋后种上竹林花卉，并将此房命名为"何陋轩"，取孔子"君子居之，何陋之有"之意。

在阳明先生危难贫苦之际，也有人落井下石。当时便有思州太守派人到龙场驿折辱阳明先生。岂料，当地百姓已经视阳明先生为亲人，怎堪忍受有人折辱自己的先生？于是众人上前将来人暴打一顿，打得这些人狼狈而逃。

思州太守没有反省自己的罪愆，反向贵州有司报告，要求惩治阳明先生。贵州提学副使毛科是浙江余姚人，与阳明先生是同乡，成化十四年进士，比龙山公王华还早一科，算是阳明先生的长辈兼上司。出于对阳明先生的回护之意，他写信给阳明先生，让阳明先生给思州太守赔礼道歉。

阳明先生给毛科写了一封回信，表明了自己的态度：

"太守所差之人来龙场凌辱我，这是他们飞扬跋扈，并非太守指使；龙场百姓与他们争斗，这是老百姓愤恨不平，也并非我指使。太守没有折辱我，我也没有对太守不敬，何来道歉一说？下官对上司行跪拜之礼，虽是本分，但又有当跪与不当跪。当跪不跪，或不当跪而跪，都是违背礼仪伦常。

"您劝我趋利避害，但是在我看来，如果忠信礼义不存，虽高官厚禄，也是祸患；如固守忠信礼义，虽粉身碎骨，也是福分。我在龙场，日日与蛊毒瘴疠、魑魅魍魉相处，不曾动心。如果太守要加害于我，我也确实有错，死而无憾；如果我没有错，太守仍加害于我，也不过像遇到蛊毒瘴疠、魑魅魍魉一样，我又何惧！"

从此，再无人敢来找阳明先生的麻烦。

贵州宣慰使安贵荣——那个试图减除驿站的土司，听说龙场驿丞居然是京师被贬的兵部主事、两榜进士，又是状元公的儿子，赶忙派人送来米、肉，甚至送来奴仆和骏马。

安氏虽然是土司，但是安氏子弟世代读书，安贵荣本人也自幼熟读儒书，对读书人有天然的亲近感。或许，这位野心勃勃的宣慰使，也有拉拢阳明先生的意思。

面对安贵荣的馈赠，阳明先生马上明白了他的意图，客气地回绝了：

"我乃朝廷之罪臣，素闻使君高谊，之所以上任月余，没有拜会，是因为在深刻自我反省，不敢比肩于普通官员士大夫，这也是贬谪之臣应守之礼法。

"使君不以为过，派人馈赠米肉、仆从，昨天又送来雕鞍骏马，赐以金帛，更让我惶恐。我坚辞不受，使者坚持不收回。

"如果您周济我，我可以接受米二石，将柴、炭、鸡、鹅悉数收下。其他如鞍马金帛，这是结交卿大夫之礼，我为罪臣，绝不敢受。

请使君馈赠符合人情礼数的礼品，不要让我惶恐不安。"

为什么阳明先生收下米二石并柴、炭、鸡、鹅等物？因为土司供应驿站是应尽职责。但雕鞍骏马、金帛财物则并非其应当供应之物，故而阳明先生谢绝了。

阳明先生的态度，不但没有引起安贵荣的不满，反而让他更加敬重。

正德三年，凯里宣抚司香炉山一带苗民发生动乱，声势浩大，安贵荣奉命率兵平乱，仅月余即告捷，朝廷加封安贵荣贵州布政司左参政。

安贵荣愤愤不平，认为自己多次率彝族子弟为国平乱，出生入死，数以千百计的彝族汉子殒命疆场，如此轻微奖励，难以告慰阵亡将士，决定裁减龙场驿作为补偿。

在安贵荣看来，龙场九驿犹如朝廷插在自己心腹之地的一把利剑，他欲去之而后快。

出于尊重，他派人到龙场驿，向阳明先生表达了自己的想法。阳明先生给安宣慰写了一封信，表达了自己的观点。

阳明先生在信中说："减驿对于使君而言，有害而无利。祖宗之法不可违，朝廷、诸侯都要遵循。减驿之罪责，即便现在不追究，过三五年、七八年甚至几十年，朝廷照样可以追究。各宣慰司之所以能够世世代代保有土地，就是因为朝廷也遵循祖宗定制。今天使君可以减驿，明天朝廷就可以废宣慰司。这样的祸患，使君可考虑过？

"至于军功升职之事，更加不可。朝廷对使君已经足够优厚，不可再恃功求赏。宣慰使是土官，可以世世代代承袭。参政是流官，若朝廷下令把使君调到四川、福建，使君敢抗旨便大祸临头；如果使君奉旨，这传承千年的土地便不再属于使君了。我看使君不但不能再要求升官，最好把参政都辞掉。

"以上所言，只是利害分析。使君反躬自省，难道问心无愧吗？

若违背天理良知而行，神鬼都厌恶，必然失败。"

安宣慰收到这封信，惊出一身冷汗，从此再也不提减驿之事。

既然不能减驿，又不能升官，那他开疆拓土总可以吧？于是，安贵荣又想出一个主意。他唆使水东宣慰司的阿扎、阿甲作乱，自己想乘机吞并水东之地。叛乱发生后，贵州督抚命令水西宣慰司平叛。

安贵荣当然不愿意出兵。接到督抚三次命令之后，他才勉强出兵。解除洪边之围后，安贵荣又称病回水西，所率之兵也陆续撤回。安贵荣还扬言："我安氏地连千里，拥众四十八部，深坑绝坻，飞鸟不能越，猿猱不能攀，纵遂高坐，不为宋氏出一卒，人亦莫我何。"

阳明先生听说这个消息，又给安宣慰写了一封信。阳明先生信中的大意是：

传言阿扎、阿甲的叛乱是使君挑唆的，这定然是有人嫉妒陷害。但是，朝廷多次督促使君出兵，而使君按兵不动，那就不由朝廷不疑心了。而且使君手下的愚民还宣扬"我安氏地连千里，拥众四十八部，深坑绝坻，飞鸟不能越，猿猱不能攀，纵遂高坐，不为宋氏出一卒，人亦莫我何"，若这些话传到两堂三司，恐怕使君祸患临头了。

使君兵多将广，及得上朝廷的一个都司吗？像你这样的土司，在周围有好几个，若朝廷下一道旨意，水西的地盘谁打下就归谁，顷刻之间，水西之地就被瓜分。更何况，安氏四十八支，之所以使君一支世袭宣慰使，乃是因朝廷的支持。若失去朝廷支持，恐怕使君要祸起萧墙了。

所以，你应当迅速出兵，剿灭叛军，消弭祸患，再立新功。

安宣慰接到信之后，吓出一身冷汗，迅速出兵平定叛乱。

阳明先生身为遭贬卑官，也非职责所系，但为朝廷计，为百姓计，两次致书安宣慰，消变于未形。他对安贵荣则尽朋友责善之义，晓以利害，使安贵荣不至于最终酿成赤族之祸。

同时，我们也看到了阳明先生给安贵荣的劝告，没有讲什么大道理，只做了入情入理的形势分析，就像轻轻点破一层窗户纸，让安贵荣恍然大悟。如果一位腐儒来做这件事情，大概会责之以忠君爱国、敦伦尽分之类，而安贵荣大概一句话也听不进去，于事无补。

从此，安贵荣更加敬重阳明先生，视其为良师益友。阳明先生离开龙场之后，他的后代仍然追慕先生不已。至今，玩易窝和阳明洞都保留着安贵荣的孙子安国亨的题诗。

安贵荣还请阳明先生为象祠作记。象是古代圣王舜同父异母的弟弟，帝舜从小受父亲瞽叟、后母和后母所生之子象的迫害，屡经磨难，仍和善相对，孝敬父母，爱护弟弟象。

象则反之，甚至在舜被尧看重，将女儿嫁给他之后，还想着谋害自己的哥哥，将嫂嫂占为己有，可以说是一个大奸大恶之人。为何这样一个大奸大恶之人，却被供奉在这莽莽大山之中？安贵荣也不清楚，只知道祖祖辈辈供奉而已。

阳明先生明白，这象祠表面看起来是纪念象，而实际上是纪念舜。《尚书》说舜"克谐以孝，烝烝乂（yì），不格奸"，大概是后来舜感化自己的父亲瞽叟，也感化了弟弟象，并把象分封到这一带。象安于其位，泽被百姓，他死之后，百姓怀念他，所以有象祠。而这背后恰恰是舜的精神的体现。

由此，阳明先生确信，天下无不可化之人。象这样的人都可以改过，还有谁不可以改过修德？像这样的人都可以被感化，又有谁不可以被感化呢？

"天下无不可化之人"这一信念，贯穿了阳明先生一生。他后来虽然百战百胜，但都是以抚为主，迫不得已才采用军事手段。这份信念从何而来？这就是阳明先生龙场悟道所悟之"圣人之道，吾性自足"，相信人性之善。

"圣人之道，吾性自足"这个"吾"不是特指阳明先生，也不是特指圣贤，而是指每一个人，哪怕是一个大奸大恶的人。这个"自足"

不是某些人"自足"，而是人人都自足，哪怕是一个大奸大恶之人。

十年后，阳明先生经历了"忠泰之变"，对"烝烝乂，不格奸"的理解更加深刻："舜只是自己做得更好，以此来感化象，而不是去纠正他的过错。文过饰非是恶人的常态，如果指出他的过错，反而激发他的恶性。舜起初要自己弟弟象变好的心太急了，搞得象要杀舜。后来，舜明白了，功夫只在自己这里，不去责备别人，所以感化了象。这就是舜'动心忍性，增益其所不能'的地方。"

阳明先生叹口气说："古人的话，都是亲身经历过才说出口的，所以说得亲切。但到了后世，人们把它当作人情世故。如非自己亲身经历过，我哪里懂得舜的苦心呢？"

大概，阳明先生面对张忠、许泰之流，就是以这样的方式感化他们，才避免激发他们更大的奸恶，保护了江西百姓，自己也可以全身而退。当年，阳明先生上《乞宥言官去权奸以章圣德疏》，激发了正德皇帝和刘瑾等人心中的恶念，落得个被廷杖贬谪的下场，却于事无补。因而，阳明先生才有如此深刻的体悟。

当时贵州教育资源比较落后，贵州当地的生员听说有一位二甲进士被贬谪至此，便前来拜师。一时之间，草庐之前，车马喧腾。

> 门生颇群集，樽斝亦时展。
> 讲习性所乐，记问复怀觍。
> 林行或沿涧，洞游还陟𪩘（yǎn）。
> 月榭坐鸣琴，云窗卧披卷。
> 澹泊生道真，旷达匪荒宴。

岂必鹿门栖，自得乃高践。①

从这首《诸生来》的诗中，我们能看出当时阳明先生门下诸生云集，颇为壮观。"得天下英才而教育之"，这也是圣人三乐之一，阳明先生何等喜悦。这简陋的阳明洞俨然黔中之洙泗。因东峰属龙冈山，当地人便称此处为"龙冈书院"。

阳明先生的大名逐渐传到贵阳，提学副使毛科写信给阳明先生，邀请他到文明书院讲学，但被阳明先生婉言拒绝了。

拜访龙冈书院的读书人络绎不绝。他们骑着马，携带美味佳肴，与阳明先生烛下共饮，请教人生至道，那是多么令人向往的场景。名存实亡的龙场驿，因为一位贬谪官员变得喧闹起来。清冷寂寥的龙冈山中传来琅琅的读书声，甚至"村村兴社学，家家读书声"。

在这里，阳明先生写下了著名的《教条示龙场诸生》，提出"立志、勤学、改过、责善"四条原则。明末学者施邦曜先生赞叹这四条原则"不独可为初学规则……作圣之功，尽于此矣"。其中"志不立，天下无可成之事""立志而圣则圣矣，立志而贤则贤矣"更是千古名句。

正德四年夏四月，提学副使毛科致仕，继任者是席书。

席书，字文同，号元山，四川遂宁县人，明弘治三年进士，颇有官声。

到任之后，席书看到贵州十万大山，少数民族杂居，文化不发达。他对阳明先生早有耳闻，就亲自来拜访阳明先生。

席书是进士出身，也是治学大家，尤其对南宋大儒陆象山颇有研究，常因扬朱抑陆为陆象山鸣不平。在龙场，他与阳明先生讨论朱、陆

---

① 王守仁：《王阳明全集》，第585页。

异同。阳明先生不讨论这个问题，而是将自己所学所悟分享给他。如是往返四次，席书感慨道："圣人之学复睹于今日，朱陆异同，各有得失，无事辩诘，求之吾性本自明也。"他遂邀请阳明先生到贵阳讲学，并率领学子向阳明先生行拜师之礼。自此，席书与阳明先生结成一生好友。

晚明学者李贽评价席书："即此一事，公之才识已足盖当世矣。当是时，人之尊信朱夫子，犹夫子也，而能识知朱子之非夫子，唯阳明之学乃真夫子，则其识见为何如者！然有识而才不充，胆不足，则亦不敢遽排众好，夺时论，而遂皈依龙场，以驿丞为师也。官为提学，而率诸生以师驿宰，奇亦甚矣。见何超绝，志何峻卓，况不虞贼瑾之虐其后乎！"[①]

在贵阳讲学期间，阳明先生首倡"知行合一"。

在这里，我们首先要明白一个问题，"知行合一"不是说把"知"和"行"合在一起。比如有人解释"知行合一"就是"说到做到"，不是的。

这里的"合"是"原本、本来"的意思。"知行合一"就是"知行原本是一，本来是一"。"说到做到"强调的是诺言性的问题，而"知行合一"说的是本源性问题，也就是知行要回到"至善"之本体。

为什么阳明先生"知行合一"之"合"应该解释为"本来、原本"，而不是解释为"合并"呢？我们从阳明先生的语录中便可以得到答案。

阳明先生说，"'知、行'原是两个字说一个功夫""圣学只一个功夫，知行不可分作两事""知者行之始，行者知之成""知之真切笃实处即是行，行之明觉精察处即是知""知是行的主意，行是知的功夫"。由此可知，"知行合一"的意思。

阳明先生在贵阳文明书院如何讲"知行合一"，没有文字记载，

---

① 李贽：《焚书 续焚书》卷三，中华书局，2009，第87页。

最早记载"知行合一"之训的便是阳明先生最得意的弟子徐爱。我们从《传习录》中的一段文字来看一看：

> 爱因未会先生"知行合一"之训，与宗贤、惟贤往复辩论未能决，以问于先生。
>
> 先生曰："试举看。"
>
> 爱曰："如今人尽有知得父当孝、兄当弟者，却不能孝、不能弟，便是知与行分明是两件。"
>
> 先生曰："此已被私欲隔断，不是知行的本体了。未有知而不行者。知而不行，只是未知。圣贤教人知行，正是要复那本体，不是着你只恁的便罢。故《大学》指个真知行与人看，说'如好好色，如恶恶臭'。见好色属知，好好色属行。只见那好色时已自好了，不是见了后又立个心去好。闻恶臭属知，恶恶臭属行。只闻那恶臭时已自恶了，不是闻了别立个心去恶。如鼻塞人虽见恶臭在前，鼻中不曾闻得，便亦不甚恶，亦只是不曾知臭。就如称某人知孝、某人知弟，必是其人已曾行孝行弟，方可称他知孝知弟，不成只是晓得说些孝弟的话，便可称为知孝弟？又如知痛，必已自痛了方知痛；知寒，必已自寒了；知饥，必已自饥了。知行如何分得开？此便是知行的本体，不曾有私意隔断的。圣人教人，必要是如此，方可谓之知，不然，只是不曾知。此却是何等紧切着实的功夫！如今苦苦定要说知行做两个，是甚么意？某要说做一个是甚么意？若不知立言宗旨，只管说一个两个，亦有甚用？"①

---

① 王守仁：《王阳明全集》，第 3～4 页。

徐爱提了一个生活中常见的问题：人人都晓得"孝悌"，但是做不到"孝悌"，这不分明是"知"是一回事儿，"行"又是另一回事儿吗？

　　我们来看阳明先生的回答。他说，这是被私欲隔断，不是知行的本体了，而圣人教人知行，正是要复那本体。阳明先生说，大家称一个人知孝悌，必是他已经行孝悌，就如一个人说痛，那是真痛了；知寒，必是自己真正感受到寒了；知饥，必是体验到饿的感觉了。这才是知行的本体。

　　所以，这"知"的对象不是知识，而是生命体验。譬如孝悌，不是我们要懂得多少孝的道理，而是面对父母，我们心中有没有生起那份情感，也就是亲不亲。

　　这被私欲隔断的，圣人要人复的那知行的本体是什么？就是前文所说的"明德""天命之性""仁""良知"的那个本体。

　　还是以孝悌为例。人生下来就受到父母的养育，和父母生活在一起多年，对父母的感情是自然而然的。可是，很多人长大以后，对父母那份情感不真切了。出现这种情况的原因很多，比如，成长过程中曾经与父母发生较大的争执，在婚恋对象的选择上与父母有了冲突，在三观上与父母不一致，等等。

　　对父母那份亲情的自然而然的生起，就是本体之发动，而障碍对父母的亲情的这些疙疙瘩瘩的东西，就是私欲。这不就是"念头的留滞"？

　　去私欲，就是去掉心中的疙疙瘩瘩，这就是格物。我们去掉这些东西之后，没有了遮蔽，对父母的那份亲切感自然就在了，这就是"复其本体"。这本体即是"知"的本源，也是"行"的本源，故说"知行合一"。

　　阳明先生说"不是着你只恁的便罢"，就是不让人只是在脑袋里懂得这些道理，是让我们真把这些疙疙瘩瘩的东西去掉。这就是功夫。

如此，那本体当下呈现，"发之事父便是孝"。孝，是什么？是生命的真实体验，就是面对自己父亲的那份情感，这种情感我们如何定义？我们如何能规定它？孝，不是概念，无法定义，甚至不可言说。亲不亲，只有我们自己知道。

心中没有那份情感，我们即便是冬温夏清、昏定晨省这些规矩都做到位也不是真孝；心中有那份情感，即便父母陪我们吃糠咽菜那也是孝。孝，不是规矩，也不是外在的表现，孝就是心。

这就是"心即理"。"心即理""知行合一"，包括后来阳明先生所倡的"致良知"，许多人认为这是阳明先生哲学的三大支柱，其实它们只是从不同角度说一件事而已。如果阳明先生用三个支柱架起自己理论的大厦，这岂不又是人为了吗？这三种说法都是在描述生命的真相。

本体只有一个，不是有一个"知"的本体，又有一个"行"的本体。阳明先生说"知是行的主意，行是知的功夫；知是行之始，行是知之成。若会得时，只说一个知，已自有行在；只说一个行，已自有知在"，就是说知行都是那本体的发动，只是阶段不同。如果用"本末"勉强来比喻的话，知是本，是树根，行是末，是树梢，但树根、树梢是一棵树。

其实，"本体发动"这一表达也不准确。因为一说本体发动，便是有不动的时候，其实本体时时流行，生生不息。

阳明先生说提倡"知行合一"乃是对症下药，那个时代得了什么病呢？阳明先生在《陆澄录》中说，今天所谓格物之学者，都是些口耳之学。什么是口耳之学？就是"入乎耳，出乎口"，也就是一些知识而已，无关于身心性命，更与本体无涉。

古代读书人，都写的是"忠孝"的文章，说的是"忠孝"的话，这是"忠孝"吗？未必。宁王起兵造反时，弃城而逃的那些官员，忠孝在哪里？坐山观虎斗的人，忠孝在哪里？明哲保身的人，忠孝在哪里？阳明先生及江西一班义士，不顾身家性命，没有任何人发动，没有任何命令，举义勤王，叛乱平定了朝廷都不知道，这就是忠孝。

阳明先生说，"知行合一"先不要讨论知和行到底是一个还是两个，大家要明白它的立言宗旨：

> 今人学问，只因知行分作两件，故有一念发动，虽是不善，然却未曾行，便不去禁止。我今说个"知行合一"，正要人晓得一念发动处，便即是行了。发动处有不善，就将这不善的念克倒了。须要彻根彻底，不使那一念不善潜伏在胸中。此是我立言宗旨。①

这"知行合一"的根本处，就是那一念发动处，也就是本体。发动处有不善，便是有私欲遮蔽了，便是有"念头的留滞"了，要去掉，而且要彻底。如何去得彻底？不是一时之间压伏，而是看到那"念头的留滞"的荒谬性，彻底地化掉。

如果这个问题不解决，我们即便是按照往圣先贤的教诲做，那也是无根之木、无源之水。把往圣先贤的生命体验的记录作为真相，讨论来讨论去，那已经是第二义了。

《大学》就是孔子、曾子的真实体验。即便人人读《大学》，读一千遍，如果不能真格物，也就不能真明"明德""亲民"，更不用说"止于至善"。

有些人看起来做得非常令人赞叹，但并非发自内心，也就没有力量，因而也就靠不住。就如阳明先生所比喻的，如一棵没有根的树被移栽到水边，一时半会儿看来还是枝繁叶茂，可是时间一长就枯萎了。

阳明先生痛惜道："后世之学，其极至，只做得个'义袭而取'

---

① 王守仁：《王阳明全集》，第84～85页。

的功夫。"怎么来理解"义袭而取"？通俗地讲，就是按照外在的标准来过自己的人生，无论做得如何好，如何令人称赞，都与自己的真心没有关系。

特别值得注意的是，"义袭而取"的人并非后世所谓的"伪君子"。"伪君子"在《论语》有一个专用名词，叫作"乡愿"。"义袭而取"的人不是作假，他们把外在的标准当作真理，认认真真、踏踏实实、一丝不苟地践行。"乡愿"是内心并不认同，但是为了取悦别人，就装出认同的样子，那是假的。"义袭而取"的人，只是没有真正链接到自己的心，活在外在的标准里。如果他们懂了心学，去掉心上蒙蔽的执念，那就是真君子。

有些"义袭而取"的人，一生坚持遵循外在的标准，甚至成为令人尊重的人。当然，这样做毕竟不是发自本心，更多的人在关键时候就倒下了。从这个角度，将其理解为"伪"也可以，但是这里的"伪"不是假，是指"人为之伪"，没有自然而然。

《白鹿原》中白嘉轩的长子白孝文就是一个"义袭而取"的例子。白孝文从小是被当作族长接班人培养的，受到的教育以及表现出来的人品也是蛮好的。但是，他后来被鹿兆霖设计，倒在了田小娥的石榴裙下，从此无可救药地堕落了。他此前所坚持的道德标准，都是外在的，不是发自内心的，所以关键时刻就靠不住了，倒下也很难再爬起来了。

这就是为何阳明先生一再引用宋代大儒程明道的话："宁学圣人而不至，不以一善而成名。"这成名的"善"，就是"义袭"，这种"善"因为不是发自内心，因而不具有活泼的性质，就很容易固守死板，轻则障碍自己的人生，重则成了框别人的框框，或者禁锢别人的思想，甚至如鲁迅先生在《狂人日记》中所说的，成了吃人的"仁义道德"。

再比如正德初年的朝局。弘治皇帝临终前将年仅十六岁的太子托付给刘健、李东阳、谢迁，他们也在弘治皇帝面前信誓旦旦，结果不到一年，辞职报告一递就走人了。从道德上评价，这几个人是刚正不阿、不贪恋权贵,乃至《明史》评价刘健"其事业光明俊伟,明世辅臣鲜有比者",评价谢迁"仪观俊伟,秉节直亮"。

但是,如果我们把皇帝、大臣的身份去掉,再去看这件事,就会发现:一位少年的父亲临终之际,将自己尚未成年的儿子托付给几位老部下,老部下也满口答应,结果不到一年,因为少年不听话,老部下甩手走人了。

刘健、谢迁人品好不好?那是一流的人品。但是,他们被君臣关系、被道德标准遮住了心眼,辜负了弘治皇帝的嘱托,置国家安危于不顾,只成就了自己的名声。

"义袭而取"之人包括阳明先生自己,一篇《乞宥言官去权奸以章圣德疏》畅快淋漓,更激发了皇帝和太监心中的恶,以致遭到廷杖、贬谪,虽然落了个忠臣的名声,但到底何谓"忠孝"?这些是否也在阳明先生心中翻腾过呢?

故而,阳明先生说:

> 此心无私欲之蔽,即是天理,不须外面添一分。以此纯乎天理之心,发之事父便是孝,发之事君便是忠,发之交友治民便是信与仁。[1]

正德四年,在贵阳文明书院,"知行合一"的学问思辨,启发了莘莘学子,开启了阳明先生贵州讲学的序幕,阳明学的重要学派——黔中王门就此形成。

贵州省修文县龙冈山的"王文成公祠"正殿有一块匾额,上书四个大字——大启文明,赞叹阳明先生谪居三载对贵州的巨大影响。

---

[1] 王守仁:《王阳明全集》,第2页。

嘉靖十三年，阳明先生去世后六年，监察御史王杏巡按贵阳。他发现贵阳的大街小巷，人们歌声中有浙江音调，又发现每年年节都有人到龙场祭奠阳明先生，也有人在家中遥拜，才知道龙场三年，阳明先生的教化影响如此深远。于是，他与门人汤哗、叶梧、陈文学等数十人共同购买白云庵旧址，建王公祠，以祭祀阳明先生。

> 水光如练落长松，云际天桥隐白虹。
>
> 辽鹤不来华表烂，仙人一去石桥空。
>
> 徒闻鹊驾横秋夕，谩说秦鞭到海东。
>
> 移放长江还济险，可怜虚却万山中。[①]

阳明先生在诗中感慨，若天生桥架在长江之上，可以帮助多少人渡过天险，可是它只是生在万山之中，英雄无用武之地。

上天还有更重要的任务交给阳明先生，岂能让他在万山之中等待太久？！

正德四年十二月，阳明先生升任江西吉安府庐陵县知县，终于走出龙场，走向辽阔的历史舞台！

---

① 王守仁：《王阳明全集》，第589页。

第四部分

南京讲学

离开龙场之后，阳明先生主要任职经历是在南京。南京讲学是阳明先生学问臻于成熟的阶段，也是阳明学派诸弟子的第一次集会，徐爱、陆澄、薛侃等一批在《明儒学案》中留下名字的人都出现在这里，他们与阳明先生讨论人生最本真的问题。这一阶段也是阳明先生不断总结发展教法的阶段，师徒的交流奠定了《传习录》首卷的基础。

雪满山城入暮天，归心别意两茫然。

及门真愧从陈日，微服还思过宋年。

樽酒无因同岁晚，缄书有雁寄春前。

莫辞秉烛通宵坐，明日相思隔陇烟。[①]

别了，龙场。别了，贵阳诸友。

命运多舛的岁月中，是龙场质朴的乡民给了阳明先生无尽的温暖。蒙昧未化的山乡里，是阳明先生以一颗至诚之心带去了文明之光。

"三年谪宦沮蛮氛，天放扁舟下楚云。"这三年来阳明先生多少次遥望万里之外的故乡，多少次思念倚门而望的亲人，走出龙场的欣喜可想而知。他连春节都等不及过，就踏上了出黔的路途。

正德五年三月，阳明先生莅任庐陵县。

庐陵，自古人杰地灵，是南宋政治家、文学家文天祥的故里，以"三千进士冠华夏"著称于世，素有"文章节义之邦"的美誉。然而，阳明先生上任时的庐陵，却是"民风强悍，素有善讼之俗，大小事件稍有不和，立即讼至官府，案牍堆积如山，官府疲于应付"，很多官员视庐陵为畏途。

阳明先生到任后，面对堆积如山的案卷，并没有急于审理，反而发布了一道告谕：

> 庐陵文献之地，而以健讼称，甚为吾民羞之。
>
> 县令不明，不能听断，且气弱多疾。今与吾民约：自今非

---

① 王守仁：《王阳明全集》，第885页。

有迫于躯命，大不得已事，不得辄兴词。兴词但诉一事，不得牵连，不得过两行，每行不得过三十字。过是者不听，故违者有罚。

县中父老谨厚知礼法者，其以吾言归告子弟，务在息争兴让。呜呼！一朝之忿，忘其身以及其亲，破败其家，遗祸于其子孙，孰与和巽自处，以良善称于乡族，为人之所敬爱者乎？吾民其思之。[1]

当然，仅凭几道告谕不可能改变民风。阳明先生决定恢复明初旧制，在当地重设申明亭、旌德亭，并选里正三老。民间矛盾，先经里正三老调解，确有冤屈，官府方才受理。这样大大减轻了诉讼压力，县官有精力治理地方，百姓也免于诉讼之累。

阳明先生这番政令布置，看起来是恢复洪武旧制，其实是借助这种方式来启发百姓的良知。启发百姓良知依靠讲学肯定是不现实的，良知就在百姓心中，良知是什么？就体现在恻隐、辞让、羞恶、是非之四端，启发恻隐、辞让、羞恶、是非就是致良知。

怎么启发百姓的良知？

比如，当时庐陵发生了瘟疫，因为怕传染，很多人连至亲骨肉也不顾，不敢给病人送饭，病人最后被活活饿死。

阳明先生发布告谕："作为乡邻，谁家遇到困难，大家都要互相帮忙，现在自己的亲人遇到疾病，却不管不问，难道我庐陵县中就没有一两个敦行孝义之人，为子弟做出表率吗？普通老百姓犯了罪，还要再三推问才能判死刑。现在无辜百姓动辄一家子病死，作为父母官，我于心何忍？！

---

[1] 王守仁：《王阳明全集》，第847页。

"我夜半忧心，思考解决方法，只有父老劝告子弟，能够兴起孝悌，骨肉至亲，不能忍心背弃。百姓要将房屋打扫干净，准备汤药，伺候病人粥饭。家里如果太贫穷，官府可以提供药材。

"虽然官府已经安排医生下乡治病，里老也四处探访，我仍担心政令不能落实。凡是官府执行不到位的，父老都可来告。如果乡里能行孝义之举，我亲自登门拜访表彰。"

阳明先生不仅发布告谕，还亲自到防疫第一线慰问百姓。很快，老百姓就愿意照顾生病的亲人，侍奉医药，不久庐陵县疫情就平息了。

明朝镇守太监横征暴敛，随便向百姓增加税负。庐陵本非葛布产地，镇守太监居然要求上缴葛布，若没有葛布，以银两代替。庐陵应缴税银开始是一百零五两，正德五年又加派一百零五两。再加上其他各种税负，从三千四百九十八两，增至一万余两。阳明先生为民请命，向吉安知府报告：

> 民产已穷，征求未息。况有旱灾相仍，疾疫大作，比巷连村，多至阖门而死，骨肉奔散，不相顾疗。幸而生者，又为征求所迫，弱者逃窜流离，强者群聚为盗，攻劫乡村，日无虚夕。今来若不呈乞宽免，切恐众情忿怨，一旦激成大变。[①]

阳明先生说，如果拖延征税，责任他一人承担，请求将他罢职归田。吉安知府接到文书，一则怕真的激起民变，不好收拾；二则镇守太监也知道这位县令连刘瑾都敢弹劾，万万不敢招惹，便批准了庐陵县宽免赋税的请求。

---

① 王阳明：《王阳明全集》（肆），线装书局，2012，第129～130页。

刚上任的县令帮老百姓宽免赋税，老百姓自然心生爱戴。阳明先生又令城中辟火巷，避免火灾蔓延；定水次兑运，避免争夺；杜绝神会借办，避免增加纠纷；设立保甲制度，组织民众抗击强盗；整顿驿站，减轻当地负担。

正德五年十月，阳明先生因为政绩卓著，进京觐见，升任南京刑部四川清吏司主事。在庐陵任职七个月，阳明先生定立的制度，数十年后，钱德洪修《阳明先生年谱》时，发现庐陵人"犹踵行之"。

即便在今天的吉安，那些山里的老人虽然不识字，但都知道阳明先生。许多家族的家谱的第一句话就是"阳明先生曰"，然后才是自己家族的族规族训。

七个月的亲民官的经历，为阳明先生以后大展身手做好了铺垫。

正德五年十一月，阳明先生回到北京，住在大兴隆寺。在这里，他遇到黄绾，黄绾后来成为阳明先生最重要的门人之一。

黄绾，字宗贤，号久庵、石龙，浙江省黄岩县人，与阳明先生相处多年，一生笃信和践行阳明心学。阳明先生去世后，朝廷中有人说阳明心学是伪学，要求禁止传播，黄绾上疏为阳明先生辩护。黄绾还收留阳明先生遗孤王正亿并抚养成人，还将女儿嫁给了他。

黄绾当时任后军都督府都事，在阳明先生的挚友储巏（号柴墟）的引见下拜访了阳明先生，二人一见如故。

阳明先生高兴地问："此学久绝，子何所闻？"

黄宗贤回答："虽然有此志向，但并未实际用功。"

阳明先生说："人最怕没有志向，不怕没有功夫。"

第二天，阳明先生又把黄宗贤引见给自己的好友湛若水（号甘泉），相约共学。从此，阳明先生与黄绾成为一生至交。

正德六年二月，阳明先生做了会试同考试官。

因为这一任同考试官，阳明先生有了许多的门生，其中最为人们熟知的就是邹守益（字谦之）、王道（字纯甫）和南大吉（字元善）。

王道，字纯甫，号顺渠，山东武城人。王纯甫中进士时只有二十六岁，并被选为庶吉士，能被选为庶吉士也说明王纯甫才华出众，可谓"少年得志"。阳明先生对他也颇为看重。

庶吉士不算正式的官职，需要进翰林院学习，学习三年之后考试，成绩优良者为编修、检讨等职，其余则任给事中、御史，或出为州县官，谓之"散馆"。明朝特别重视翰林出身的人，天顺朝后有"非翰林不入阁"之说，故而庶吉士被视为"储相"。如此一来，庶吉士的分量就不一样了。

虽然不是每一位庶吉士都会平步青云，但庶吉士至少已经踏上一条仕途的光明大道。但王纯甫做庶吉士不到一年的时间，就上疏提出"奉祖母避地江南"，最后改任应天教授。

王纯甫离开翰林院的真正原因无从考证，但舍弃一条上升捷径到南京任教职，让他父亲难以接受。到任南京后，王纯甫与同事的关系处理得也不好。

虽然王纯甫没有请教阳明先生，但是出于爱护之心，阳明先生还是专门给王纯甫写信：

> 某平日亦每有傲视行辈、轻忽世故之心，后虽稍知惩创，亦惟支持抵塞于外而已。及谪贵州三年，百难备尝，然后能有所见，始信孟氏"生于忧患"之言非欺我也。[1]

阳明先生清楚王纯甫这番遭遇就是因为"清高"，这大概也是读

---

[1] 王守仁：《王阳明全集》，第133页。

书人的通病。阳明先生没有直接指出王纯甫的问题之所在，而是以自身遭遇警醒他，告诉他自己经过三年磨砺，方明白"素其位而学"的道理，如此方能"无入而不自得"。

然而年轻气盛的王纯甫听不进这些话，不但以自己所学的理论去框天下人，最后还框到了自己的房师阳明先生身上来。

据《明儒学案》的记载，他认为阳明先生"致知之说，局于方寸；学问思辨之功，一切弃却"。他给阳明先生写信：

> 学以明善诚身，固也。但不知何者谓之善？原从何处得来？今在何处？其明之之功当何如？入头当何如？与诚身有先后次第否？诚是诚个甚的？此等处细微曲折，尽欲扣求启发，而因献所疑，以自附于助我者。[①]

阳明先生明白，王纯甫在心里认为自己可能堕入空虚，故而用这种方式来提醒自己，这显然不是真正的问难、请教，而是批评指正了。

王纯甫的问题，看起来措辞谦卑，其实言语之间那份自以为是已经表露无遗。王纯甫之所以有这样的看法，还是因为不明白圣门之实学，拘泥于朱子的训诂走不出来，认为事事物物都有个至善，要从事事物物中求个至善。

阳明先生说，我们这颗真心在物便为理，处事便为义，在性便为善，在不同的对象名称不同，其实都是这颗心。"心外无物，心外无事，心外无理，心外无义，心外无善。"吾心处事物，纯乎天理而不掺杂人伪便是善，不是事物中别有一个善可求。处事便是义，是吾心

---

① 王守仁：《王阳明全集》，第134页。

得其所宜，义并非从外面可学的。格物，便是格此物；致知，便是致此知。如果必于事事物物上求个至善，那就是"二"了。

阳明先生龙场悟道，大悟"格物致知"之旨，可不是只通了《大学》，所谓"一通百通"，以此来理解《中庸》之"明善"也是通的，《大学》《中庸》虽然有些用词不同，但本质一样。

阳明先生告诉王纯甫，"明善"就是"诚身"的功夫，博学、审问、慎思、明辨、笃行都是为了明善而诚身。故而《中庸》说"不明乎善，不诚乎身矣"。明善是功夫，明善至极便是诚身，不是分"明善""诚身"两个功夫。

阳明先生为什么一定要将这些解释清楚呢？因为我们如果不通这些道理，下功夫便是盲修瞎练，徒劳而无功。

后来，阳明先生再修书一封给王纯甫，嘱咐他要实下功夫：

> 后世之学，琐屑支离，正所谓采摘汲引，其间亦宁无小补？然终非积本求原之学。句句是，字字合，然而终不可入尧舜之道也。[①]

然而王纯甫与阳明心学终究还是渐行渐远了。其实，这也在所难免，无论哪种学问，无论何等高妙，总是有人趋之若鹜，有人弃之如敝屣。

正德十一年，王纯甫离开南京，升任北京吏部验封司主事。不久，就从北京传来一些王纯甫非议阳明先生的传言，许多朋友也提醒阳明先生，甚至连赋闲在家的黄宗贤都专门写信给阳明先生。

阳明先生给黄宗贤回信说："我平日厚待纯甫，并非私厚；即便

---

① 王守仁：《王阳明全集》，第135页。

纯甫真的薄待我，也不是私薄。我没有私厚纯甫，纯甫也未尝私薄于我，我何必放在心上呢。"在阳明先生看来，他与王纯甫谈不上私人恩怨，是学问观点不同。

阳明先生同时也感觉非常痛心：

> 仆近时与朋友论学，惟说"立诚"二字。杀人须就咽喉上著刀，吾人为学，当从心髓入微处用力，自然笃实光辉。虽私欲之萌，真是洪炉点雪，天下之大本立矣。若就标末妆缀比拟，凡平日所谓学问思辩者，适足以为长傲遂非之资，自以为进于高明光大，而不知陷于狼戾险嫉，亦诚可哀也已！[1]

这段话真是振聋发聩，也是阳明心学的关键处。何谓"诚意"？毋自欺也。何谓自欺呢？不依着那良知，非得依附外面的标准，不就是心外求理，不就是义袭而取吗？如此，这一生都做成了假人，在世上近百年都未曾真正活过。

但是，我们也不能因此就否定王纯甫的为人。王纯甫一生孤介清高，官至吏部右侍郎仍过着清贫的生活，成为一时的楷模。《明儒学案》亦称："先生所论理气心性，无不谛当。又论人物之别，皆不锢于先儒之成说，其识见之高明可知。"

正如阳明先生所言，"后世之学，其极至，只做得个'义袭而取'的功夫"，王纯甫可算其中的典型了。我们的生活中也常见这样的人，洁身自好又与这个世界格格不入。

在南京，除了王纯甫，阳明先生还遇到了很多愿意学习的门人弟

---

[1]　王守仁：《王阳明全集》，第 131 ~ 132 页。

子。其中，最得意的弟子应算徐爱了。

正德七年冬天，阳明先生上任南太仆寺，顺路回乡探亲。徐爱与阳明先生同舟而返。

徐爱，字曰仁，号横山，浙江余姚马堰人。徐爱是阳明先生的妹婿，正德二年，他与朱节（字守忠）、蔡宗兖（字希渊）一起拜入阳明先生门下。

正德三年，徐爱考中进士，出任祁州知州，正德七年升任南京兵部员外郎，也趁上任之际返乡省亲。

对圣学孜孜以求的师生在一起，讨论的当然是学问。阳明先生将自己这几年所悟都分享给徐爱，《大学》自然是重要的内容之一。

《大学》《中庸》本来是《礼记》中的两篇文章，北宋时被程颢、程颐两位大儒单独抽出来与《论语》《孟子》并列，南宋时朱熹又作《四书章句集注》，从此便有了"四书"一说，四书成为宋代以后最重要的经典。

二程认为《大学》在编排上存在逻辑不清的问题，可能是古人以竹简书写编排，出现了错简、漏简，并按照个人理解给予改定。朱熹继承了二程的说法，还将《大学》的内容划分为经和传两个部分，认为"经"的部分是曾子记述的孔子的言论，而"传"的部分是曾子的弟子记述的曾子的意思。朱熹还对"传"文部分的编次加以调整，并补写了"格物致知"的新传文，以合"经"文部分"三纲领""八条目"的内容和顺序。这就是所谓的新本《大学》。

自南宋后，朱子《四书章句集注》成为科举士子的必读之书，进士出身的徐爱，读的当然也是朱子"大学章句"。而阳明先生自龙场悟道之后，认为旧本《大学》根本没有错误，所以以旧本为正。

徐爱对此感到非常诧异。在返乡途中，徐爱向阳明先生请教《大学》。《传习录·徐爱录》中大部分内容记述的是徐爱跟阳明先生讨论《大学》的内容。

徐爱问阳明先生，《大学》首章之"在亲民"，程子认为"亲"应该是"新"，"亲民"应该是"新民"，而且论述得非常有依据，阳明先生认为还是旧本"亲民"正确，有什么依据呢？

于是，阳明先生详细阐述了"亲民"的依据。

"作新民"之"新"是自新之民，与"在新民"之"新"不同，此岂足为据？"作"字却与"亲"字相对，然非"新"字义。下面"治国平天下"处，皆于"新"字无发明，如云"君子贤其贤而亲其亲，小人乐其乐而利其利"；"如保赤子"；"民之所好好之，民之所恶恶之，此之谓民之父母"之类，皆是"亲"字意。

"亲民"犹孟子"亲亲仁民"之谓，亲之即仁之也。百姓不亲，舜使契为司徒，敬敷五教，所以亲之也。《尧典》"克明峻德"便是"明明德"。"以亲九族"至"平章、协和"，便是"亲民"，便是"明明德于天下"。又如孔子言"修己以安百姓"，"修己"便是"明明德"，"安百姓"便是"亲民"。说"亲民"便是兼教养意，说"新民"便觉偏了。[1]

这段话，看似是阳明先生在争一字训诂之是非，其实恰恰是龙场之所悟。

朱子训诂新民是"新者，革其旧之谓也，言既自明其明德，又当推以及人，使之亦有以去其旧染之污也"，也就是说，"大人"在自己明了自己的明德之后，还要去明其他百姓的明德。

阳明先生认为，亲民就是亲民，不用训诂成"新民"，依据不充

---

① 王守仁：《王阳明全集》，第1～2页。

分，反倒是"亲民"与后文的思想是一致的。

阳明先生认为《大学》的根本在"止于至善"。至善是什么？超越了善恶对立。无论对人品高尚的人，还是大奸大恶的人，在心上都没有隔阂障碍，乃至对世间万物都是爱的，这就是"天地万物一体之仁"，这就是亲民到极致。

阳明先生说："'仁者以天地万物为一体'，使有一物失所，便是吾仁有未尽处。"在仁者的心中，连物都要各得其所，何况人呢！人人心中都有良知，以这样一颗心待人，别人自然受到感化，自然生起向好的心。所以，"说'亲民'便是兼教养意"。阳明先生后来在南赣的行政措施，就是"亲民"思想的具体体现。

若将"亲民"训为"新民"，要去改变别人的思想，我们如何能做得到？哪个人的思想让我们改变？！他只有接受这个人，才会受到这个人思想的影响。所以，"说'新民'便觉偏了"。

圣人就在人民群众之中，脱离了人民群众高高在上教育别人的"圣人"，肯定是假的。就像阳明先生晚年跟弟子所说的："你们拿一个圣人去与人讲学，人见圣人来，都怕走了，如何讲得行。须做得个愚夫愚妇，方可与人讲学。"

后世学者将圣人高高供在神坛上，让圣人脱离了百姓，人们只能仰望圣人，也就无从求圣人之道。是以其虽一字一词，焉能不争？

这民如何亲？且从亲自己的父母开始说起。若自己的父母都亲不得，如何亲得了别人？

> 此心若无人欲，纯是天理，是个诚于孝亲的心，冬时自然思量父母的寒，便自要去求个温的道理；夏时自然思量父母的热，便自要去求个凊的道理。这都是那诚孝的心发出来的条件。却是

须有这诚孝的心，然后有这条件发出来。①

　　这诚孝的心，便是至善在子女身上的体现。子女有了这至善之心，才有对父母的亲。若没有这诚孝的心，他们即便是做出孝的样子来，也不过是演戏而已。哪怕天底下的人都来称赞他们孝顺，也不过是"义袭而取"。

　　所以，这孝之理不是孝的样子，而是诚孝的心，心即理。

　　进士出身的徐爱，受朱子思想影响颇深，"事事物物皆有定理"是朱子的教诲，现在阳明先生却说"心即理也，天下又有心外之事，心外之理乎？"。

　　这天下当然有心外之理，比如事君以忠、事父以孝、交友以信，这些道理明明白白地摆在这里，哪个不是理？徐爱将自己的疑惑提了出来。

　　阳明先生不由得叹口气，说："这种说法蒙蔽世人已久，岂是一两句话能说清楚的？今天姑且以你问的来说一说，就比如对待自己的父亲，难不成要到父亲身上去求个孝的理？对待君主，难不成要到君主身上去求个忠的理？和朋友交往，难不成要在朋友身上求个信的理？治理百姓，难道要在老百姓身上求个仁的理？这理就在你的心里，心即理也。这颗心如果没有被私欲遮蔽，那就是至善，就是天理，不需要从外面找个理来。以这样一颗心对待父亲就是孝，对待君主就是忠，对待朋友就是信，对待百姓就是仁。这理去哪里找？就在自己心上存天理去人欲便是了。"

　　徐爱说："如此一说，我似乎明白了。但这理不是摆在那里的，总得去讲求探究吧？"

---

① 王守仁：《王阳明全集》，第 2～3 页。

阳明先生说："怎么能不去讲求呢？但是你要明白讲求什么，要讲求的就是如何去人欲，如何存天理。还是以孝之理为例，大家都说冬温夏清是孝，你却要明白，你冬天给父母取暖的心是不是夹杂了人欲，夏天给父母乘凉的心是不是夹杂了人欲啊！"

难道对父母的心也会夹杂人欲吗？我们细细思量，自己对父母的心，有没有夹杂着让亲戚邻居看到自己孝顺的心？自己对孩子的心，有没有夹杂争强好胜的心呢？对父母儿女尚且如此，我们就知道自己对其他人是一颗怎样的心了，也就知道这"格物"如何格了。

从京城到余姚大概需要两个月，徐爱刚刚听完阳明先生的讲学非常震惊，继而产生怀疑。幸运的是这个人是徐爱，他没有执着于自己学了二十多年的朱子之学，而是反复思考、体会，再反复跟阳明先生讨论。最后他确信"先生之说若水之寒，若火之热，断断乎百世以俟圣人而不惑者也"。

此后几年时间，徐爱与阳明先生一起在南京为官，他朝夕不离先生，有同学对阳明学半信半疑，他就将自己的心得分享给同学，让同学们紧紧地围绕在阳明先生身边，没有半途而废。阳明先生也感慨："曰仁，就是我的颜回啊！"

为什么阳明先生如此欣赏徐爱？我们或许能从阳明先生与弟子这段对话中窥其一二：

　　问："孔子曰：'回也非助我者也。'是圣人果以相助望门弟子否？"

　　先生曰："亦是实话。此道本无穷尽，问难愈多，则精微愈显。圣人之言，本自周遍，但有问难的人胸中窒碍，圣人被他一难，发挥得愈加精神，若颜子闻一知十，胸中了然，如何得问难？故圣人亦寂然不动，无所发挥，故曰'非助'。"[①]

这段话大概是阳明先生借题发挥，鼓励弟子能够问难于师。《徐爱录·引言》中说，徐爱"始闻而骇，既而疑，已而殚精竭思，参互错综以质于先生"。徐爱听到阳明先生的理论，并非马上就认同、信奉，而是反复质疑辩论，最终让自己发自内心地确信。

这种问难的精神也恰恰是阳明先生所尊奉的。阳明先生在《答罗整庵少宰书》一文中旗帜鲜明地提出："夫学贵得之心。求之于心而非也，虽其言之出于孔子，不敢以为是也，而况其未及孔子者乎！求之于心而是也，虽其言之出于庸常，不敢以为非也，而况其出于孔子乎！"

这样的精神不应该是阳明先生和徐爱独有的，而应该是天下人都具有的。学圣贤乃是学做圣贤，一个人如果连质疑都不敢，如何能做顶天立地的大丈夫，更何况圣贤？！

这个"质疑"不是盲目反对，而是一种探索精神，最终得之于心，是也是得明白，非也非得清楚。不假思索盲目信从，未必真正明白经典的精神内涵，那种学习不过是做做样子而已。

从家乡回来，阳明先生到滁州任太仆寺少卿，有许多人追随阳明先生来到滁州，滁州成了阳明先生讲学首地。

太仆寺少卿是一个清闲的官职，没有多少公务，阳明先生经常跟门人在琅琊山、瀼泉一带游玩，以启发学生的良知。有时，几百人环绕龙潭而坐，歌诗诵书声震动山谷。可见阳明先生教学风格是非常活泼的。

---

① 王守仁：《王阳明全集》，第110页。

钱德洪在阳明先生《与滁阳诸生书并问答语》一文后记中说，阳明先生在滁州讲学时，痛感流俗卑污、培养扶持的学者都是一些品德高尚的人，想以此来拯救时弊。

正德五年春，阳明先生出贵州到庐陵赴任，路过辰州。先生在那里停留几日，与冀元亨、蒋信、刘观时诸生在佛寺静坐，就是让他们自悟性体。

但是，滁州的这一教法，许多人因此便流入空虚，只知道静坐见光景。阳明先生为此忧心忡忡。

当年，阳明先生离开辰州之后，也专门写信反复叮嘱学生要笃实用功。"前在寺中所云静坐事，非欲坐禅入定。盖因吾辈平日为事物纷拿，未知为己，欲以此补小学'收放心'一段功夫耳。"

可见，当时阳明先生的教法也是在探索之中，即便自己有所悟，他要讲出来也是很难的。钱德洪记载，后来阳明先生便只提"存天理，去人欲"，要人下省察克治的功夫。

为何要下省察克治的功夫？人如果心静不下来，整天忙忙碌碌，心中即便有私欲，根本不能觉察，还认为理所应当。省察就是要特意去注意自己的念头，才能发现那些私欲。克治，就是将发现的私欲、恶念去掉。

在滁州任太仆寺少卿几个月，正德九年四月阳明先生便改任南京鸿胪寺卿了，工作地点也由滁州转到南京。

南京有徐爱等弟子在，再加上正德九年又是会试的年份，南方士子或落第，或得第授官，很多人在南京向阳明先生求学。"同志日亲，黄宗明、薛侃、马明衡、陆澄、季本、许相卿、王激、诸偁（chēng）、林达、张寰、唐愈贤、饶文璧、刘观时、郑骝、周积、郭庆、栾惠、刘晓、何鳌、陈杰、杨杓、白说、彭一之、朱箎（chí）

辈，同聚师门，日夕渍砺不懈。"①

　　陆澄，字清伯，又字原静，或作元静，浙江湖州归安县人。徐爱去世后，阳明先生曾说："曰仁殁，吾道益孤，致望原静者不浅。"可见他在阳明先生心目中的地位。

　　陆澄刚刚结识阳明先生，一个月来拜访一次；后来，一旬请教一次；再后来，五六天来一次，三天来一次；再再后来，为了请教方便，索性搬到了阳明先生附近居住；最后，天天侍奉在阳明先生左右。

　　陆澄说："我开始听闻阳明先生的教诲，感觉茫然无措，已而又不觉欣喜不已。有时候如物在胸，产生疑惑，甚至非常大的疑惑，已而又猛然醒悟，若有所见。以后几个月，没有实用功夫，反求诸己，怅然若失，颓然若废，昏蔽越来越多，私欲越来越盛，妄念越来越坚固。我就像逆水上滩之舟，冲一次失败一次，无论怎么努力，都不能前进。我是日退而非日进啊。"

　　阳明先生说："认为自己'日退'的，会更加努力进步，就一日一日更进于善了。认为别人'日进'的，于他人为善，也是一天一天更进于善。"

　　陆澄在阳明先生身边亲聆教诲，并做了大量记录。《传习录·陆澄录》共有七十八条，是阳明先生门人记录的语录中条数最多的。

　　除了《陆澄录》，陆澄在离开南京后还与阳明先生有书信往来，后来结集成《答陆原静书》，收录在《传习录》中卷。

　　阳明先生在南京的几年，是阳明先生一段美好的时光，也是众门人的一段美好时光，更是中国哲学史的一段美好时光。这段时间师

生的问难，也让阳明先生的心学更加醇熟，积蓄力量的时间已经够久了，上天要降大任于阳明先生。

正德十一年九月十四日，吏部奉旨移咨：王守仁升任都察院左佥都御史，巡抚南、赣、汀、漳。

令阳明先生没有预料到的是，这次赴江西上任，他要完成的不仅是南赣剿匪，还有更大的使命在等待着他。龙场所悟之道，将在这里接受检验，也将完成再一次的升华。

第五部分

南赣剿匪（上）

正德十二年，阳明先生临危受命，莅任南赣巡抚。面对复杂的局面，阳明先生审时度势，迅速施行十家牌法，将山贼与当地百姓的联系斩断。随即他出兵福建漳州，以高超的指挥才能，率部一举歼灭詹师富一伙山贼，取得第一场胜利。接着他开始整顿军队，着手筹备第二场战役。九月，阳明先生颁布了《告谕浰头巢贼》这篇著名文告，借此既招抚了当地部分山贼，又达到了牵制浰头巢贼的目的，开始准备攻打大贼首谢志珊、萧贵模所盘踞的横水、左溪贼巢。

南赣，位于江西、福建、广东、湖广（明十三省之一，辖地为今湖北、湖南全境）四省交界之地，山势险峻，森林茂密。当时盗贼盘踞在此，四处劫掠。"南赣乏镇，溪谷凶民聚党为盗，视效虐劫，肆无忌惮。凡在虔、楚、闽、广接壤山泽，无非贼巢。大小有司，束手无策，旨谓终不可理。"[1]因地分属四省，权属不统一，官员彼此推诿，故朝廷设都御史一员，巡抚此地，主要职责就是督剿盗贼。

最初这个地方的山贼也不过几千人，但是由于官府征剿不力，百姓不堪山贼骚扰，索性从贼自保，匪患愈演愈烈。两三年时间，此地之贼已经有几万人之众。

当时有五股势力强大的土匪：谢志珊、蓝天凤占据江西横水、左溪、横岗，池仲容兄弟占据广东浰头山，陈曰能占据江西大庾一带，高快马占据广东乐昌一带，龚福全则活动在湖南郴州一带。

正德十年正月，朝廷任命文森为南赣巡抚，不料文森一听到南赣剿匪，吓得要死，索性假装生病，宁可丢官也拒不上任。文森拖来拖去，终于酿成大祸：因为南赣巡抚空缺，官兵无人指挥，龙南山贼谢志珊纠集人马攻打南康、赣州，赣县主簿吴玭（pín）战死。

朝廷这才任命阳明先生担任南赣巡抚。举荐阳明先生的是兵部尚书王琼。

王琼，字德华，号晋溪，山西太原人，成化二十年进士。

王琼在历史上是一个颇具争议的人物，《明史·王琼传》载"琼才高，善结纳。厚事钱宁、江彬等，因得自展，所奏请辄行。其能为功于兵部者，亦彬等力也"。就是说王琼这个人虽然非常有才干，但是善于交结权贵，尤其是对当时正德皇帝身边的钱宁、江彬等人极其巴结，所以才能在正德皇帝面前吃得开，他的奏请每每都能得到批

① 王守仁：《王阳明全集》，第 1210 页。

准。他身为兵部尚书能有所作为，也是依靠江彬等人。

其实，这种评价是有失公允的。试想，王琼面临那样一个荒唐的皇帝，面临那样一个荒唐的朝局，难道宁可爱惜羽毛而眼睁睁地看着局势坏掉才算正人君子吗？那正是孔子所批判的"欲洁其身而乱大伦"！

那么，王琼人品如何呢？晚明李贽的一句话非常具有代表性："夫满朝皆受宸濠赂，独晋溪公与梁公亡有也。"[①]宁王朱宸濠在造反之前，大肆贿赂朝廷官员，只有王琼和梁储没有受贿。

以王琼的才智，当然知道自己的所作所为不见容于士大夫，但是他仍然那样做了，不是为了一己私利，而是为了维护朝局。这才是真正的大丈夫。

大概也因为他是这样的人，所以他才懂得阳明心学，才敢于起用这样一个一直在朝廷做清流官的书生。正如李贽所言："明知守仁不以一钱与人，不与一面相识，而故委心用之笃也，少具眼者自当了了。"[②]

据说，王琼从来没有见过阳明先生。后来，他得到阳明先生的一幅画像，如获至宝，将画像挂在堂屋，亲自焚香敬拜。有时，他左手抱着孙子，右手拿着阳明先生的疏文，大声诵读，读到精彩处就赞叹："生子当如王守仁。"

在王琼的期待中，阳明先生上任南赣巡抚，正德十二年正月十六日，在赣州开府。

莅任伊始，阳明先生针对南赣的症疾采取了几项措施。

---

① 李贽：《焚书 续焚书》卷三，中华书局，2009，第89页。
② 同上。

第一，颁行十家牌法。

起初，百姓还自己组织起来抵抗山贼，或向官府报告，但是，官府以招抚为名，睁一只眼闭一只眼，不管不问。那些山贼见官府不敢管，便更加猖獗。做良民有冤无处诉，做盗贼反而横行无忌，为全身计，百姓便与山贼勾结。当地百姓住得和山贼近的，便落草为寇，一起打家劫舍；离得远的，便给山贼当向导；住在城里的，给山贼做内应；在官府里的，给山贼当间谍。

剿匪时，官军尚未出城，山贼已经得到消息，躲入山林之中。官军空手而归，山贼复聚，呼啸山林。所以，官府劳兵耗财但收效甚微。

阳明先生于正德十二年正月颁行十家牌法：

在城居民，每家各置一牌，写明家庭籍贯，人口多少，有无临时寄宿之人，张贴于本家门前，以备官府查考。

每十家为一牌，轮流掌管，每天酉时（即17：00—19：00），持牌查审：某家今夜少某人，去哪里，干什么事，哪天回来；某家今夜多某人，姓甚名谁，从哪里来，为何而来，都要一一审核清楚，并通知本甲各家。如果遇到面目生疏，行踪可疑之人，居民要马上报告官府，如果隐匿生人，被发现后，同甲十家一并治罪。这样，就像撒下了天罗地网，百姓不敢收容恶人，作恶之人无所逃遁。

或许有人会指责这种做法就是"连坐"，是恶法，但是，道德指责无法救民于水火。

什么是善法？能救民于水火就是善法。

试想，哪个老百姓天生愿意做贼？都是逼不得已。同时，官府也要明白老百姓自保的"小心思"，不依靠强制性规定是难以禁绝他们与山贼的联系的，更何况其中也不乏与山贼紧密勾结之人。

官府颁行十家牌法以后，那些本来就不愿意跟山贼往来的人必然是正合心意；那些与山贼眉来眼去的人，也会审时度势，老老实实地待在家里；而那些藏在老百姓中间的山贼，要么躲进深山，要么悄悄改邪归正。

从此，山贼与老百姓的联系被斩断。这就是洞悉人心，这就是举重若轻，这就是顺势而为。

除此之外，采取这一严密的组织形式，阳明先生还有几层深意：

1.官府不再受当地胥吏的摆布，对一县一府之事洞若观火，安排差调徭役等项，能够实现平均，避免因为不公平造成"逼上梁山"。

2.牌甲之内的老百姓，相互照应，如果遇有争讼，牌甲之内先自行调解，实在处理不了才到官府，到官府之后也易于查明案情。虽然不至于"无讼"，至少可以做到"简词讼"。

3.牌甲之内形成息息相关、荣辱与共的关系，再有山贼抢掠，老百姓可以联合起来，形成战斗力，保卫家乡。

4.在官府的引导下，还可以移风易俗，兴礼乐而导之以德，使整个社会步入正轨。

可以说，十家牌法不仅是剿匪权宜之计，也是保证南赣地方长治久安的最佳组织形式。

第二，拣选民兵。

南赣地方，财政枯竭，兵力虚弱。卫所兵丁，实际人数连花名册上人数的一半都不到，军官"吃空饷"；各府县的衙役捕快，多是虚张声势，对付山贼百无一用，一旦遇到规模大一些的山贼，只能请求支援，调集土兵狼达（又称"狼兵"，即当时少数民族部队），一来一去就是半年乃至一年，耗费军费钱粮不计其数。等军队集结完毕，那些山贼早已逃遁。等军队一撤离，山贼又回来抢劫。

阳明先生说，真正善用兵之人，哪怕是带领普通老百姓都能形成战斗力，这一州八府之地难道没有真正的勇士？！

因此，他要求四省兵备，从所属弩手、打手、捕快等人中挑选骁勇绝群、胆力出众之士，每县十人左右。江西、福建各招募民兵五百人，广东、湖广各招募民兵四百人。其中，作战特别英勇之人，提拔为将领。民兵每日操练，听候征调。

其余民兵，他挑选三分之二精壮者留下，委派官员带领守城；其余三分之一，体弱无能的，免其差役，停发钱饷，节省资金作为招募费用。

如此，各县之兵，足以防守拦截；兵备招募之兵，可以出奇制胜。盗贼渐有畏惧之心，百姓则免于恐慌。

第三，申明责任。

各地官员恐怕自己管辖境内出现匪患，被朝廷认为无能，故但凡可以欺瞒，能够遮掩的，都不上报，非等到匪患愈演愈烈，形成不能扑救之势，才向上报告。

阳明先生向所属官员申明：

今后地方但凡出现山贼，情况紧急，有关官员必须依律调拨官军围剿；若需其他地方策应，也必须调拨；但凡军情，火速差人报告，如果有迟延隐瞒者，三司衙门即便参问，依律罢职充军。

即便不是聚众山贼，只要是强盗劫掠，或白天拦路抢劫，或明火执仗，不管人数多少，必须设法缉捕归案，同时报告上司，并申报巡抚。若官员隐瞒不报，导致歹人聚众滋事，扰乱地方，从重查处。

同时，阳明先生将上述规定，抄写上千份通告下属各官员，并在各处张贴。不到一个月，各地衙门来报告贼情的差役络绎不绝，还时有斩获数名盗贼的情况。

与此同时，阳明先生的南赣剿匪之战也拉开了序幕。第一战选在了福建、广东交界的漳州一带。

漳州詹师富与广东温火烧笼络贼众六千余名，穿梭于闽粤交界的漳南山区，并与江西南安的谢志珊、蓝天凤，广东的池仲容等相互勾结，呼啸山林，烧杀抢掠，周边府县不堪其苦。

起初，兵部命令福建、广东总镇、巡按等衙门，两广都御史陈金、御史胡文静，整备粮饷，起调军兵，约会进剿。

正月初三，阳明先生刚到南昌，即接到福建、广东两省进军方案。他发现两地出兵时间不统一，且互相无辖制职权，唯恐彼此推诿，贻误战机，遂命令福建官军佯装懈怠，乘机出兵；广东官兵不必等待土兵狼达，也乘机进军，切勿贻误战机；赣州兵备副使杨漳于隘口截杀逃窜山贼。

正月十八日，福建官军进兵长富村、阔竹洋、新洋、大丰、五雷、大小峰等处，前后大战数个回合，擒斩首从贼犯黄烨等四百三十二人，俘虏贼属一百四十六人。其余贼人溃败，逃至象湖山据守，福建官兵也追至莲花石安寨扎营。

正月二十四日，广东官军攻破古村、未窖、禾村、大水山、柘林等贼巢，生擒大贼首张大背、刘乌嘴、萧乾爻、范端、萧五显、蓟钊、苏瑢、赖隆等，同时与福建官兵联系，准备克期夹攻。

福建、广东两省官兵初战告捷。广东委官指挥王春率兵进入福建境内，并与福建大溪哨指挥高伟商议夹击大伞等地山贼。高伟与指挥覃桓、县丞纪镛孤军冒进，准备与广东官兵合围。不料，大伞贼人得知被两路人马围困的消息，狗急跳墙，主动进攻高伟等部。福建官兵虽拼死厮杀，终因寡不敌众，指挥覃桓、县丞纪镛马陷深泥，被贼人杀死，军人、官兵共计十五人战死，指挥高伟也身中两枪，只得败退。

广东方面得知高伟所部被贼人攻击的信息，不敢接应，等他们进兵策应时，大伞的山贼早已烧掉巢穴逃走。官兵只擒获贼首罗圣钦，其余山贼退入箭灌大寨，乘险拒敌。

各路指挥都认为贼人山寨易守难攻，而且天气越来越热，官兵受挫、士气低下，贼人气焰正盛，不如等秋后天凉，请调广东狼达前来支援。

阳明先生力排众议，说："筹备兵马粮草，目的是克期进攻，怎能一遇小挫，便要求援兵？况且调动狼达往返需数月，缓不济急。我这里现在尚有官兵两千多人，人数不算太少。用兵贵在善于调度，岂在人数多少？更何况现在粮饷短缺，正宜节省军费，不可铺张。"他一面让官兵做出懈怠、退兵的假象，一面外松内紧、加紧打探、寻找战机，准备一举歼灭敌人，并亲自率领两千多人马由汀州进驻上杭。

二月十九日，福建官兵选精兵一千五百名、重兵四千二百名，分三路突袭象湖山，夺其隘口。虽然险要之地被占领，贼人仍然骁勇善战，依据山顶险要之地，用滚木礌石阻击官军。官兵奋勇杀敌，从早晨战到中午，喊杀声震天，地动山摇。

双方正在相持之际，粤、闽、赣三省奇兵从后山小路杀上山，贼人溃败。官兵乘胜追杀，擒斩大贼首黄猫狸、游四和广东大贼首萧细弟、郭虎等二百九十一人，其间坠落悬崖而死者，不计其数。残寇逃入流恩山冈等贼巢，与此地山贼合并一处。

第二天早晨，各路人马继续追剿，指挥高伟、推官胡宁道也由大丰率兵来围剿，双方激战。官兵擒斩首从贼犯巫姐旺等一百六十三人，其他残寇逃入福建、广东交界的黄蜡溪、上下漳溪大山。

另一路官军分兵五路攻打詹师富。贼首詹师富所在可塘洞山寨，山势险要，粮草丰足，易守难攻。官兵连日攻打，最终生擒大贼首詹师富、江嵩、范克起、罗招贤等四人。其他残寇败走竹子洞啸聚。官兵乘胜追击，与贼人接连作战，生擒贼首从贼犯范兴长等二百三十五人。

广东的另一路兵马，从别路进攻，攻破白土村、赤口岩等巢，直捣箭灌大寨。两路人马合力夹击，攻破箭灌大寨，斩获从贼犯共计二百二十四名。各寨贼党闻风奔窜，为自保集合一处，相互支援，占据险要，以死据守，双方僵持不下。

三月二十日，广东各路人马攻破水竹、大重坑、苦宅溪、靖泉溪、白罗、南山等巢，直捣洋竹洞、三角湖等处，前后大战十余场，生擒贼首温火烧、张大背、雷振、蔡晟、赖英等，并擒斩贼犯共一千四十八人。

三月二十一日，广东官兵和金丰哨指挥韦鉴、大溪哨推官胡宁道于子时出兵，一同到达黄蜡溪，广东义民饶四领兵前来助战。官军、义民分三路进攻。双方发生激战，官军、义民奋勇杀敌，擒斩首从贼犯温宗富等九十一人，其余残寇溃逃。各路人马追至赤石岩，又是一场恶战，贼人又大败。三路人马擒斩首从贼犯游宗成等一百四十六人。

指挥张钺、百户吕希良领兵追赶黄蜡溪等处溃败的山贼到陈吕村，与穷寇激战，擒斩首从贼犯朱老叔等六十六人。

至此，闽广之役全面告捷。

五月八日，阳明先生率领军队返回赣州，上疏朝廷报捷。

与此同时，阳明先生上疏朝廷，为长治久安计，请求设立清平县："河头地方北与户溪流恩山岗接境，西南与平和象湖山接境，而平和等乡又与广东饶平县大伞、箭灌等乡接境，皆系穷险贼巢。两省居民，相距所属县治各有五日之程，名虽分设都图，实则不闻政教。往往相诱出劫，一呼数千，所过荼毒，有不忍言……今诚于其地开设县治，正所谓抚其背而扼其喉，盗将不解自散，行且化为善良。不然，不过年余，必将复起。其时再举两省之兵，又糜数万之费，图之，已无及矣。臣窃以为开县治于河头，以控制群巢，于势为便。"

朝廷同意阳明先生的请求，析南靖、漳浦县地置县，属漳州府，治所河头大洋陂，县名"平和"。这就是今天福建省漳州市平和县。

在这场战役中，阳明先生展现了其卓越的指挥才能。

阳明先生虽尚未到任，但已对形势利弊了如指掌，他当机立断，决定进剿，并指出"善用兵者，因形而借胜于敌；故其战胜不复，而应形于无穷；胜负之算，间不容发，乌可执滞"。

在进剿受挫，各路兵马丧失信心之时，阳明先生又力排众议，否决秋后再战的想法，寻找战机，一举荡平闽广山贼。这就是肯做事的人与不肯做事的人的差别。

官兵在闽广交界地剿匪的战斗如火如荼之时，南赣各地的山贼乘机四处作案。

1. 江西大庾县报，正德十二年四月内，畲贼四百余人攻破下南等寨，又有上犹、横水等处山贼七百余人拦路抢劫、攻打村寨、杀害百姓。

2. 江西南康县报，一伙畲贼突然前来龙句保掳掠居民；接着，又有三百多畲贼突袭坊民郭加琼等家，掳掠男女八十多口、耕牛一百多头；又有畲贼抢劫上长龙乡耕牛三百多头，掳掠男人、女人、小孩不知其数。

3. 江西上犹县申，横水等村的畲贼纠结逃亡流民，四处抢劫财物、人口。接着又接到三门总甲萧俊的报告，畲贼与逃民有数百人，在梁滩劫掠人口，抢劫耕牛。

4. 江西龙南县禀，广东涮头等地方的强盗池大鬓等三千多人，突袭围攻总甲王受所在寨所。

5. 江西南康县申，上犹强盗头目谢志珊勾结广东强盗头目高快马，带领两千多人，围攻南康县城，杀死、杀伤官兵。

6. 广东乐昌县知县李增禀称，本年二月内，东山强盗头目高快马带领八百多人，在柜头村抢劫。

7. 广东乳源县禀报，有一千多贼人在洲头街等处打劫。

8. 湖广砂保飞报，本地突然出现广东的三百多强盗，前来抢劫。

9. 湖广宜章所飞报，乐昌县山峒的两千多苗贼出来，到九阳等地搜山捉人。

10. 湖广郴州报，东西二山贼人头目纠集四千多人，声称要攻打桂阳等城。

11. 江西长流等峒的畲贼，一伙六百多人、另一伙四百多人，四处抢劫。

12. 湖广桂东县申报，一伙七百多人的强盗到桂东县杀人祭旗，掳掠男女。

13. 湖广桂阳县报，有一伙强盗六百多人，声称要攻寨。

14. 湖广桂阳县申，一万多瑶贼聚集在山峒，声称要造吕公大车，攻打州县城池，官民人心惶惶。

当时山贼联络三省，盘踞千里，占据居民田土数千万顷，杀害百姓难以数计。这些匪徒攻围城池，敌杀官兵，焚烧屋庐，奸污妇女，可以说是天怒人怨。

但是，当时湖广的兵力正在征讨偏桥的苗贼，广东正在讨伐府江的瑶僮，而且此时已经春深，雨水连绵，草木茂盛，根本不适合出兵，强行出兵，不过是浪费粮饷而已。

这种局面如何处理？

阳明先生认为不宜急于求成，如果调动土兵狼达来围剿，需要士兵数量五倍于敌人，而且准备时间长，耗费大量的钱财粮草。即便集结这么庞大的军队，也未必达到效果。因为集结军队，声势浩大，贼人就会得知消息，强横的贼人就会加强险要地形来抗拒，狡猾的贼人就会结伙逃入深山之中，真正被剿灭的不过是老弱病残等胁从之人。

更重要的是，那些土兵狼达虽然作战凶猛，但是军纪涣散，所过之处和被强盗劫掠也差不多，而军需粮草的征调转运更是劳民伤财。这些人来剿匪，山贼灭不灭不一定，老百姓肯定是活不下去了。

所以，阳明先生请求朝廷给予赏罚的权力，允许便宜行事，且不要限定期限。等官兵训练完成，号令整齐，士气旺盛之时，他再根据情况相机而动：一寨可攻就先攻一寨，一巢可灭就灭一巢，当抚则抚，当剿则剿。"可以省供馈之费，无征调之扰；日剪月削，使之渐尽灰灭。"

这是阳明先生确定的剿匪基本战略。根据这一战略，阳明先生下令募兵练武，严密防守，储备军粮、军需物资，其间，采取了以下五种措施。

第一，颁布《兵符节制》。

阳明先生要求将所有战斗人员统一调到赣州操练，以备征调，"习战之方，莫要于行伍；治众之法，莫先于分数"，并要求各道官兵均按照兵符节制进行编制。

> 每二十五人编为一伍，伍有小甲；五十人为一队，队有总甲；二百人为一哨，哨有长、协哨二人；四百人为一营，营有官，有参谋二人；一千二百人为一阵，阵有偏将；二千四百人为一军，军有副将。偏将无定员，临阵而设。
>
> 小甲于各伍之中选材力优者为之，总甲于小甲之中选材力优者为之，哨长于千百户义官之中选材识优者为之。
>
> 副将得以罚偏将，偏将得以罚营官，营官得以罚哨长，哨长得以罚总甲，总甲得以罚小甲，小甲得以罚伍众。
>
> 务使上下相维，大小相承，如身之使臂，臂之使指，自然举动齐一，治众如寡，庶几有制之兵矣。
>
> 编选既定，仍每五人给一牌，备列同伍二十五人姓名，使之连络习熟，谓之伍符。每队各置两牌，编立字号，一付总甲，一藏本院，谓之队符。每哨各置两牌，编立字号，一付哨长，一藏本院，谓之哨符。每营各置两牌，编立字号，一付营官，一藏本院，谓之营符。凡遇征调，发符比号而行，以防奸伪。其诸缉养训练之方，旗鼓进退之节，要皆逐一讲求，务济实用，以收成绩。事完，备造花名手册送院，以凭查考发遣。[①]

阳明先生用这种方式真正掌握了军队基本情况，也让军队编制清晰，上下权责分明。

---

① 王守仁：《王阳明全集》，第 459～460 页。

第二，颁布《预整操练》。

阳明先生要求各府县将手下有战斗力的人员全部集中到赣州城，到校场操练，除非农忙回去收种庄稼，其他时间轮班训练。这些参加训练的人员官府发给口粮，有功劳的厚加犒赏；违反军纪者，加以惩处。

平时的训练是战斗员素质的基本保障。现代部队中也有"平时多流汗，战时少流血"的说法。没有平时操练的军队，其实与羊群无异，这也是此前官兵战斗力不强的根本原因。

此前南赣的官兵，根本谈不上纪律。通过这种训练，阳明先生要达到"居则有礼，动则有威，以是征诛，将无不可矣"的效果。

第三，颁布《选募将领牌》。

各地兵备不能频繁往来听令，若用公文，又恐泄密，为此，阳明先生要求各兵备道在所属的军卫之中，选取可以信任的、有胆略、有领导力、思维缜密，而且熟悉贼人山寨地形、了解贼人内情的一两位司官、义官或耆老到提督衙门。

阳明先生深知知己知彼的重要性，就用这种方式加强巡抚与各地兵备之间的联系，避免出现巡抚对兵备道（官名，明制于各省重要地方设整饬兵备的道员）不了解，兵备道对巡抚命令不理解的情况，并加强了巡抚对各兵备道敌情的掌握。

第四，请王命旗牌。

当时，官兵的纪律极差。大举平定漳寇之日，阳明先生素知这些官军的习性，特约束他们：前锋部队，不得斩首（明朝以首级计功）；后继军队，只许五六十骑沿途收斩，其他不得乱行次；党恶之徒，平日罪恶不大可招纳者，仍要招纳，不得贪功一概屠戮；回军之时，经过寨堡村落，不得抢劫掠夺。

但是，真正发生战斗的时候，官兵的表现仍然令人堪忧。

福建、广东两省官兵相约会剿大伞，大溪峭指挥高伟与指挥覃桓、县丞纪镛不按约定，孤军冒进，中贼人埋伏，指挥覃桓、县丞纪镛马陷深泥受伤而死。广东通判陈策，指挥黄春，千百户陈洪、郑芳等，虽然与覃桓等面议夹攻，但是眼看福建官兵中伏，不敢支援，导致福建兵败。

福建、广东两省官军进剿漳寇之际，龙南山贼来犯信丰县城。阳明先生命令岭北道兵备急调叶芳等截断山贼后路；调山弩手与南康打手人等，由县丞舒富带领前后夹击；命令附近府县都要设伏，严阵以待，各道路张设疑兵，使贼人不敢轻易逃窜；调安远县知县刘玙星夜带领一千人在龙南拦截，攻其不备。若贼人仍屯扎信丰县，官军就直趋浰头，捣毁其巢穴，如此，贼人便只得坐以待毙。

结果是信丰县县丞舒富不能相机而动，轻率出兵，导致战败；经历王祚临阵溃奔，被山贼俘虏；信丰知县黄天爵、千户郑铎、巡捕副千户朱诚，只知道固城自守，不敢发兵救援；龙南知县卢凤、捕盗主簿周政、提备镇抚刘铿、千户洪恩，处于关隘之地，本可扼守关口，却坐视山贼往来，不敢出兵；安远县知县刘玙，虽然奉命追击，却拖拖沓沓，放任贼人逃走。

巡抚没有奖惩之权，只能上疏皇帝申请对这些官员进行惩处。阳明先生说："古者赏不逾时，罚不后事。过时而赏，与无赏同；后事而罚，与不罚同。况过时而不赏，后事而不罚，其亦何以齐一人心而作兴士气？"

因此，阳明先生请求"特假臣等令旗令牌，使得便宜行事。如是而兵有不精，贼有不灭，臣等亦无以逃其死"，并给兵部尚书王琼写信，请求他从中斡旋。

兵部尚书王琼慨然应允："朝廷此等权柄，不与此等人用，又将与谁？"

九月，阳明先生奉旨改提督南、赣、汀、漳等处军务，朝廷赐敕书及旗牌，允许便宜行事。"特改命尔提督军务，常在赣州或汀州驻扎，仍往前各处抚安军民，修理城池，禁革奸弊，一应军马钱粮事宜，俱听便宜区画，以足军饷……其管领兵快人等官员，不拘文职武职，若在军前违期，并逗留退缩者，俱听以军法从事。生擒盗贼，鞫问明白，亦听就行斩首示众……军卫有司官员中政务修举者，量加奖劝；其有贪残畏缩误事者，文职五品以下，武职三品以下，径自拿问发落。"

第五，疏通盐法。

正德六年，为解决剿匪的军费问题，朝廷曾经允许广东产的盐卖到江西袁州、临江、吉安三府，所抽取的盐税用于军饷，但是正德九年又停止了这项政策。

阳明先生上疏朝廷，言明谢志珊等山贼拥兵数万，盘踞三省，以官兵三万人计，以半年为期，粮饷数万。但是赣州府库税银只有两千九百多两，还要上缴朝廷，只剩余一千六百余两，如果朝廷下令进剿，则粮饷没有着落。而且广东、湖广境内都在剿匪，自己的军费都不够，根本不可能匀出来给南赣。

到时候如果朝廷不拨款，官府只能向老百姓课征捐税。现在朝廷也不宽裕，拿不出钱来，老百姓穷困至极，也无法再征税。若朝廷再允许广盐卖到袁州、临江、吉安三府，则商人、百姓都高兴，"不加赋而财足，不扰民而事办"。

朝廷同意阳明先生的请求，南赣军饷得到了保障。

大贼首谢志珊穷凶极恶，居然与大贼首钟明贵、萧规模、陈曰能、唐洪、刘允昌以及乐昌高快马等约定打造兵器和攻城用的吕公车，准备先攻破南康，再趁广东官军调到府江剿匪之际，乘虚进入广东。如果他们奸计得逞，就会祸患无穷。

阳明先生命令江西南安、广东韶关分兵拦截，避免贼人入广，同时命令江西按察司兵备道副使杨璋准备进剿。为防止贼人逃进深山，进兵要秘密进行。阳明先生首先秘密找到各贼巢附近的受害人作为向导，给官兵带路。官兵出城不能张扬，以换班的名义出城，白天潜伏，夜里行路，准时到达指定地点。总攻时间定于六月二十日子时，各路人马同时举火，攻击贼巢，务必一举歼灭贼人。

六月二十日子时，各路人马准时进剿。南安知府季斅（xiào）带兵捣毁禾沙坑、船坑、石圳、上龙、狐狸、朱雀、黄石等贼巢七处，烧死贼徒不计其数，生擒大贼首陈曰能、从贼林杲等二十七人，斩获首级十六颗。南康县县丞舒富捣毁石路坑、白水峒、杞州坑、旱坑、茶潭、竹坝、皮袍、樟木坑等贼巢八处，烧死贼徒三百四十六人，生擒大贼首钟明贵、从贼曾能志等二十一人，斩获贼级四十五颗，杀死未取首贼一百一十七人，俘获贼属男女一十六人。赣县义官萧庚呈捣毁长龙、鸡湖、杨梅、新溪等处贼巢四处，生擒大贼首唐洪、从贼蒲仁祥等六人，斩获首级并射死贼徒一百三十八人。

这是阳明先生练兵之后的第一场战役，大获全胜。阳明先生非常高兴，在奏疏中说："臣惟南、赣之兵，素不练养，见贼而奔，则其常态。今各官乃能夜入贼巢，奋勇追击，在他所未为可异之功，于南赣则实创见之事。"

这些以前看见山贼就四散奔逃的南赣之兵，此时居然可以夜入贼巢，奋勇追击，半年之间，变化何等之大。阳明先生请求："今夹攻在迩，伏乞皇上特加劝赏，以作兴勇敢之风。庶几日后大举，臣等得以激励人心。"

南赣官军在六月二十日扫荡南赣诸贼后，阳明先生料定南赣之贼必定乘机出兵报复，遂命知府季斅、指挥来春等统兵屯南安，指挥姚玺、县丞舒富统兵屯上犹，指挥谢昶、千户林节统兵屯南康，其他人马在各要害之地防守。

七月二十五日，大贼首谢志珊果然率一千五百名贼人攻打南安府城，各地官兵迎战，生擒杨銮等七人，斩获首级四十五颗，贼众大败而去。

八月二十五日，谢志珊又统兵两千攻打南安，贼犯龙正等四十二人被生擒，被杀死一百五十七人，大败而归。

虽然这是一场大胜仗，但正如阳明先生在奏疏中所言，不过是

"猖獗之势少摧，不轨之谋暂阻；居民得以秋获，地方亦为一宁"。真正的巨贼还隐藏在大山之中，时时蠢蠢欲动，准备抢掠百姓。官府必须彻底剿灭谢志珊等贼，扫清桶冈、横水、左溪等贼巢，第二场剿匪战的大幕徐徐拉开。

进兵之前，阳明先生决定将现存的山贼匪众分而化之，能招抚的尽量招抚，不能招抚的则寻找战机，予以歼灭。

正德十二年九月，阳明先生发布了一个告示，这就是著名的《告谕浰头巢贼》。他派报效生员黄表、义民周祥等往谕各贼，还赐给他们银两、布匹。阳明先生这样做有两个目的：

第一，官府准备进剿谢志珊，此举可避免谢志珊与浰头山贼勾结。"龙南虽有贼徒数伙，除之稍易。但其倚借浰头兵力以为声援，攻之则奔入浰头，兵退则复出为害。"这篇告示相当于公开告诉浰头山贼，官府不准备动手攻打浰头山贼，但是如果池仲容等不听官府招呼与谢志珊等勾结，那就必然面临官府的进剿，自取灭亡。"小人喻于利"，暂时的安宁会让浰头山贼断不敢与谢志珊勾结。

第二，阳明先生也确实想不战而扫除匪患，毕竟一旦剿匪，从官兵到匪众都会死伤惨重。

这篇告示从这个角度出发，写得情真意切，令人动容。

一者，阳明先生义正词严地告诉浰头山贼，他的职责就是剿匪，二月官军进剿漳寇，一举荡平，这就是他们的前车之鉴。此语如当头棒喝，震慑住浰头山贼的气焰。"勿自谓兵力之强，更有兵力强者，勿自谓巢穴之险，更有巢穴险者，今皆悉已诛灭无存。尔等岂不闻见？"

二者，阳明先生指出山贼的恶劣本质："夫人情之所共耻者，莫过于身被为盗贼之名；人心之所共愤者，莫甚于身遭劫掠之苦。今使有人骂尔等为盗，尔必怫然而怒。尔等岂可心恶其名而身蹈其实？又使有人焚尔室庐，劫尔财货，掠尔妻女，尔必怀恨切骨，宁死必报。

尔等以是加人，人其有不怨者乎？人同此心，尔宁独不知？！"

人都有良知，如《大学》所言，小人闲居为不善，但是见到君子还是掩饰自己的不善，这是人性。山贼知道自己是在作恶，必然要为自己作恶找个借口。上面这段话，将山贼的借口戳穿。山贼心中有愧，士气自然就会下降。

三者，阳明先生承诺接受招抚的安全性。阳明先生告诉他们，虽然他们做贼都有不得已处，但这都不是借口，只要他们真心接受招抚，官府不会滥杀。"岂知我上人之心，无故杀一鸡犬，尚且不忍；况于人命关天，若轻易杀之，冥冥之中，断有还报，殃祸及于子孙，何苦而必欲为此。"

四者，阳明先生指出，如果山贼不接受招抚，必然面临官府雷霆之击。因为即便是父母，都要杀掉伤害自己兄弟的逆子，但是作为父母又是多么期盼逆子能改邪归正啊。"不忍杀其子者，乃父母之本心也；今得遂其本心，何喜何幸如之；吾于尔等，亦正如此。"

五者，阳明先生对接受招抚与不接受招抚的结局进行对比。山贼接受招抚，则"可以坐致饶富而安享逸乐，放心纵意，游观城市之中，优游田野之内"；不接受招抚，则"出则畏官避仇，入则防诛惧剿，潜形遁迹，忧苦终身；卒之身灭家破，妻子戮辱"，而且官府剿匪决心已定，"吾南调两广之狼达，西调湖、湘之土兵，亲率大军围尔巢穴，一年不尽至于两年，两年不尽至于三年。尔之财力有限，吾之兵粮无穷，纵尔等皆为有翼之虎，谅亦不能逃于天地之外"。

阳明先生面对这些山贼掏心掏肺，这篇文章最后说："呜呼！民吾同胞，尔等皆吾赤子，吾终不能抚恤尔等而至于杀尔，痛哉痛哉！兴言至此，不觉泪下。"

告示发出之后，各寨酋长如黄金巢、刘逊、刘粗眉、温仲秀等被感动，愿意前来投诚，并参加了接下来的剿匪战争。

第六部分

南赣剿匪（下）

经过整顿训练，曾经软弱如绵羊的赣州兵成了下山猛虎，以雷霆万钧之势扫荡了横水、左溪贼巢，又一鼓作气攻下桶冈天险的贼巢。回军之后，阳明先生又设计将浰头贼首池仲容等一千人拿下，接着出兵广东浰头贼巢，并将九连山一带山贼一并剿灭。阳明先生何以能在两年内扭转局势，平靖南赣？这就是格物致知的力量。

早在正德十二年五月时，湖广巡抚都御史秦金就向朝廷上疏：湖广所属郴州、桂阳等地与广东乐昌、江西上犹等县的瑶贼联络密切，贼首龚福全、高仲仁、李斌、庞文亮、蓝友贵等，凭借巢穴险固，聚众抢劫。此前朝廷用兵征剿，这些贼人乘机逃脱。官府设法安抚，但这些人贼性难改，仍攻打县城，掳掠官员，杀人放火。要想彻底剿灭他们非三省合兵不可。这些贼人巢穴甚多，贼党亦众，东追则西窜，此出则彼藏，湖广必须调发三万大军，克期进剿。两广、南赣须调遣官兵拦截夹击，才能彻底消灭。

　　兵部指令，军事行动最忌遥控指挥，既然湖广方面都认为应该进剿，不需要反复请示。但是七月进兵，天气太炎热，时间也太仓促，兵部与两广总督及左都御史陈金及南赣巡抚王守仁商量，改在九月进兵。

　　在与湖广、广东各方商议的过程中，阳明先生发现"三省围剿"貌似可行，实际执行起来却困难重重。根据各方情报和下属的建议，阳明先生确定了剿匪战略方案。

　　九月十五日，阳明先生向朝廷上《夹剿方略疏》：龙南贼人被官府接连大败三次，士气已丧，应乘机直捣巢穴，一个月左右便可成功。虽然湖广的兵马已经集齐，但是广东官兵刚刚从府江剿匪班师，再调动狼达尚需时日。

　　江西南安府有上犹、大庚、桶冈等贼巢，与湖广桂东、桂阳接壤，夹攻之时只需要江西、湖广官兵夹击，广东官兵只要在仁化县拦截，避免溃敌逃入广东即可；赣州龙南县浰头贼巢与广东龙川接壤，夹攻之时只需要江西、广东官兵夹击，湖广官兵不需要参加；广东乐昌、乳源贼巢与湖广宜章县接壤，惠州贼巢与湖广临武县接壤，夹攻之时，只需要湖广、广东二省用兵，江西官兵只需要在大庚县要害拦截即可。"名虽三省大举，其实自有先后，举动次第，不相妨碍。若不此之察，必欲通待三省之兵齐集，然后进剿，则劳师废财，为害匪细。"

而且，"三省贼巢，连络千里，虽声势相因"，但贼就是贼，其特点就是只关注眼前利益，没有长远眼光，表面看起来相互支援，其实"利则争趋，患不相顾"。湖广、江西之兵夹击上犹贼人时，只要安抚乐昌贼人，他们看到广东兵并未集合，湖广兵又不攻打他们，必然心存侥幸，不敢支援上犹；等广东、湖广之兵夹击乐昌贼巢时，他们已经势单力孤了，而且江西又撤兵休整，龙川贼人认为乐昌离自己很远，也不会去救他们。等广东撤兵之际，余部乘机与江西兵围剿龙川贼巢，必然成功。

"三省夹击"的策略是兵部看到了问题的表面，以现象应对现象。阳明先生提出针对不同的地方，各个击破的策略，既因为更进一步看清剿匪的真正关键所在，也因为看清楚山贼"小人喻于利"的本质。

此时，阳明先生已经得到朝廷提督军务的任命和王命旗牌，朝廷明谕"一应军马钱粮事宜，俱听便宜区画，以足军饷，但有盗贼生发，即便严督各该兵备、守备、守巡，并各军卫有司，设法调兵剿杀，不许蹈袭旧弊，招抚蒙蔽，重为民患"。

阳明先生与湖广巡抚都御史秦金也通过公文往来，确定夹击桶冈的基本策略、前期准备以及夹击时间。

就在阳明先生与湖广巡抚都御史秦金准备围剿的同时，山贼也探知到大军围剿的消息。他们更加疯狂地劫掠，准备遁逃的物资，开山凿石，加固防线，将很多粮食搬到桶冈后山，设置关隘，准备万一失利就逃到这片地区据守。桶冈后山直通范阳境内大山，连绵千里，人迹罕至。如果山匪逃到这里，哪怕十万官兵追剿，也无济于事。

阳明先生当机立断：就湖广而言，桶冈是咽喉，横水、左溪为腹心；就江西而言，横水、左溪为腹心，桶冈为羽翼。如果江西不除横水、左溪之贼，直接与湖广夹击桶冈，则腹背受敌。所以，他们要先剿灭横水、左溪之贼。

现在横水、左溪两地山贼看到官兵还未集结，认为官军要先打桶冈，攻打他们为时尚早。所以，他们还在观望，没有任何准备。况且各地山贼素来知道湖广土兵作战凶猛，而江西兵则因疲弱被山贼轻视，这个时候江西官兵迅速出击，先把横水、左溪攻破，然后移兵桶冈，必然势如破竹。

于是，阳明先生下令兵分十路，进军横水、左溪。阳明先生亲自率一千多兵马自南康进驻至坪，以期直捣横水，与各路兵马会合。

十月初七夜间，各路兵马一起出兵。

初九，阳明先生所率兵马到达南康。

初十，阳明先生驻扎在至坪，安排间谍打探消息。他们本来以为各贼巢对官军突然进军一定十分慌张，结果发现山贼已经占据了有利地形，各个隘口都已经设置滚木礌石，做好了作战准备。

十一日上午，官兵经连夜行军，到达距贼巢三十里的地方扎营，刨掘护营沟堑，设鹿角栅栏，摆出一副长期驻扎的样子。

当夜，阳明先生派前来襄助的候选官员雷济、义民萧庾分别率领善于登山的乡兵、樵夫约四百人，每队携一面旗帜，带着铳礁钩镰等物，从小道攀悬崖上山，从远近各个山顶侦察贼情。队员又准备几千灶茅草，等官军攻打到险要位置时，插上旗帜，放炮点火，遥相呼应。

十二日早晨，阳明先生率军进攻十八面隘，贼人占据险要位置抵抗官军。突然听到远近山顶炮声如雷，烟火四起，官军奋勇呐喊，铳箭齐发，敌人惊慌失措，以为官军已经攻破其巢穴，遂弃险而逃。官军乘胜发起攻击，喊杀声震天。

指挥谢昶、冯廷瑞率兵由山间小路抄入贼人后方，将贼巢全部烧掉，贼人无处可退，只好四散奔逃。接着官军又攻破长龙巢、十八面隘巢、先鹅头巢、狗脚岭巢、庵背巢、白蓝和横水大巢。

起初，大贼首谢志珊、萧贵模等以为横水位居中间，周边都是险要隘口，固若金汤，听到官军从四处杀来，才仓促迎敌。这时，横水已经烟火遍野，炮火连天，喊杀之声震天动地。贼人一看大事不好，弃险而逃，各路官军随后掩杀。

与此同时，知府邢珣攻破磨刀坑巢、茶坑巢、茶潭巢；知县王天与攻下樟木坑巢、石王巢；都指挥许清攻下鸡湖巢、新溪巢、杨梅巢；三路人马也都杀到横水。

知府唐淳攻下羊牯脑巢、上关巢、下关巢以及左溪大巢；守备指挥郏（jiá）文攻下狮寨巢、义安巢、苦竹坑巢；指挥余恩攻下长流坑巢、牛角窟巢、龟坑巢；县丞舒富攻下箬（ruò）坑巢、赤坑巢、竹坝巢；知府季斅攻下上西峰巢、狐狸坑巢、铅厂巢。五路人马一并杀到左溪。

只用了一天，官兵就把横水、左溪外围山寨全部扫荡干净。

赣州官兵表现得非常英勇，贼人进出的各个山口都是悬崖，贼人用伐倒的树木当成路障，并且设置各种陷阱，根本没法通行。官军趁夜色蹚水过涧，穿越荆棘，遇到悬崖绝壁，就把绳子拴在山崖树木上，攀着绳索荡过悬崖，到达敌人阵地。在这个过程中，许多人失足坠入深谷，所幸没有摔死的，经过好几天才从山谷中走出来。

各路人马到达横水、左溪，已经非常疲乏，不能再战。此时，天色已晚，阳明先生下令扎营。

第二天，下雨，大雾弥漫，士兵面对面都不能辨认敌我。此后接连数日都是大雾。于是，阳明先生命令各营人马休整，派几十个向导分头打探溃败的贼人逃往何处，尚未攻破的贼巢有何动静。

十五日，被派出去打探消息的向导陆续报告各处贼人分兵布阵的情况，以及贼人在各山悬崖峭壁处设立山寨栅栏，准备与官军打消耗战的消息。溃败之敌全部聚拢到尚未攻破的贼巢中。

此时，距离十一月初一，也就是阳明先生与湖广约定夹击桶冈的时间，已经非常近了。此地离桶冈尚有百里之遥，且山路险峻，行军三天才能到达。如果这里的山贼不除，大军移兵桶冈，必然要分兵防备此地，瞻前顾后，腹背受敌，非常被动。

阳明先生决心先解决左溪、横水之敌，发布《搜剿余党牌》，要求各路官员严格督促各营官兵，连夜进军，务必在三日内扫荡余寇，一点儿都不能遗漏，因为一时获胜，就敢忽视军令，懈怠拖延，逗留不前，贻误军机者，以军法从事。

十六日，知府邢珣攻下旱坑巢、窎（diào）井巢；知府季斅、守备指挥郏文攻下稳下巢、李家巢。

十七日，知府唐淳攻下丝茅坝巢。

十八日，都指挥许清攻下朱雀坑巢、村头坑巢、黄竹坳巢、观音山巢。

十九日，指挥余恩攻破梅伏坑巢、石头坑巢。

二十日，知府邢珣又攻破白封龙巢、芒背巢；知县王天与攻破黄泥坑巢、大富湾巢。

二十二日，县丞舒富攻破白水洞巢；这一天，吉安知府伍文定和知县张戬（jiǎn）率领兵马也赶到了，一支生力军加入战斗。

二十四日，知府伍文定攻破寨下巢，知县张戬攻破杞州坑巢。

二十五日，知县张戬又攻破朱坑巢，知府伍文定破杨家山巢。

二十六日，知府季斅又破李坑巢，都指挥许清又破川坳巢。

二十七日，守备指挥郏文又破长河洞巢。

至此，横水、左溪全部被官军占领。连日来，官军擒斩首从贼人、俘获贼人眷属不计其数，夺回被掳人口、牛马、赃仗不计其数。

此时，士气正旺，各路人马纷纷请求一鼓作气，拿下桶冈。

桶冈，乃是天险，四面悬崖万仞，中间方圆百里，山峰连绵，高耸入云，森林茂密，山谷幽深，仰头不见天日。此地盛产旱稻、薯芋，足以充饥。往年，官府也曾经夹攻此地，围困数月，连一兵一卒都逮不住，只好以招抚为名不了了之。

阳明先生询问向导得知，进入桶冈只有锁匙龙、葫芦洞、茶坑、十八磊、新地等五处隘口，都是通过栈桥云梯登悬崖绝壁而上。只要贼人安排几个人坐在山顶，往下砸滚木礌石，官军毫无办法。

还有一条道路稍微平坦些，那就是上章。上章在湖广境内，如果南赣官军迂回到上章，需要半个月的时间。湖广官军攻打桶冈就要从上章进攻，此时已经在路上，南赣官军再迂回过去毫无必要。

阳明先生认为，"善战者，其势险，其节短"，横水、左溪的残寇逃到桶冈，面临官军围剿，必定齐心协力抵抗。如果官军连续追击三天，奔袭百里，所谓"强弩之末，不能穿鲁缟"，不但攻不下山贼，反而可能被压制在山谷中。官军不如驻扎在桶冈附近，整顿人马，养精蓄锐，大造声威，并派说客前去劝降，山贼中必然有人惧怕官兵接受招抚，其中也有人不愿意投降，可趁其犹豫之际，发动突袭，如此大事可成。

于是，阳明先生让与桶冈贼人相熟的戴罪义官李正岩、医官刘福泰，还有被俘获的桶冈贼人钟景，于二十八日夜间翻过悬崖进入桶冈，前去劝降。双方约定，十一月初一早晨，让桶冈贼人在锁匙龙投降。

此时，桶冈贼人见已经被各路大军包围，惊慌万分，见到这三个人前来劝降，顿时大喜，聚众商议投降事宜。横水、左溪的残寇则坚持不投降，双方反复争论，无暇防备官军。

阳明先生派县丞舒富率领几百兵丁驻扎在锁匙龙，督促贼人出来投降。他另派知府邢珣袭击茶坑，知府伍文定袭击西山界，知府唐淳袭击十八磊，知县张戬袭击葫芦洞，十月三十日趁着夜色，到达指定地点。

十一月初一早晨，各路人马冒雨进山。大贼首蓝天凤等还在锁匙龙商议是否投降，听到官军各路人马已经攻进险要，惊慌失措，驱赶贼众男女近千人扼守隘口绝壁，隔水与官军对峙。

知府邢珣率兵渡水攻击，张戬率兵攻击贼人右翼，伍文定率兵从张戬右边的悬崖顺着绳子下来，绕到贼人一侧攻击。贼人支持不住，且战且退。

县丞舒富、知县王天与听说官军已经占领前山，也率军从锁匙龙进攻。各路人马乘胜杀敌，贼人溃逃至十八磊。知府唐淳率领兵马早就等在十八磊，一阵厮杀，贼人又大败。此时，天色已晚，双方凭借险要对峙。

知府邢珣占领桶冈大巢、梅伏巢、鸟池巢，知县张戬占领西山界巢、锁匙龙巢、黄竹坑巢，知府唐淳占领十八磊巢，知府伍文定占领铁木里巢、土池巢、葫芦洞巢，知县王天与占领员分巢、背水坑巢，县丞舒富占领太王岭巢，各方人马俘虏杀敌不计其数，夺回被掳人口、牛马不计其数，查获罪证不计其数。

第二天早晨，各路官军再次合击贼人，一场恶战后，贼人又大败。贼人虽然连吃败仗，但是负隅顽抗的仍然不少。

阳明先生命令知府邢珣驻扎葫芦洞，知府唐淳驻扎十八磊，知府伍文定驻扎大水，守备指挥郑文驻扎下新地，知县张戬驻扎砍头，县丞舒富驻扎茶坑，指挥姚玺、知县王天与驻扎板岭；副使杨璋巡查砍头、茶坑等各营，监督军队行动，保障军队粮饷。

阳明先生又命令知府季敩驻扎聂都，防备贼人南逃；都指挥许清驻扎横水；指挥余恩驻扎左溪，防备腹心要地有漏网的贼人；参议黄宏驻扎南安，保障粮饷，协防聂都。

阳明先生则亲自驻扎下屯茶寮，命令各营兵马，与湖广土兵会合，夹剿逃跑的贼人。

初五日，知府邢珣又攻下上新地巢、中新地巢、下新地巢。

初七日，知府唐淳又攻破杉木坳巢、原陂巢、木里巢。

十一日，知县张戬攻破板岭巢、天台庵巢。

十三日，知县张戬又攻下东桃坑巢、龙背巢。

几天下来，官军俘虏斩杀贼人无数，在山谷中、溪水边、草丛里、岩石下，因为饥饿、病痛、外伤而死的山贼更是难以计数。至此，横水、左溪、桶冈残寇被消灭殆尽。

此时，商定十一月初一夹剿桶冈的湖广官兵尚未到达。阳明先生派千户高睿带着花红礼物前往湖广郴州，感谢湖广官兵：

> 看得桶冈天险，先经夹剿，围困半年，终不能下；乃今一鼓而破，斯固诸将用命，军士效力；实亦湖广兵威大震，有以慑服其心，故破巢之日，不敢四散奔溃，以克收兹全功。[①]

阳明先生不但将功劳分给湖广官军，还表彰湖广统兵参将史春"纪律严明，行阵肃整，故能远扬威武，致兹克捷，虽兵不接刃而先声以张"。

湖广土兵向来以军纪涣散著称，所谓"狼兵所过，不减于盗"，阳明先生又是分功，又是犒赏，其实就是在避免土兵为争功进入江西境内，给百姓造成灾难。

十六日，广东鱼黄等巢被湖兵攻破，一千多贼人男女，逃奔鸡湖、新地、稳下、朱雀坑等处。阳明先生命令知府季敩分兵直取朱雀坑等处，知府伍文定直取稳下、鸡湖等处，守备指挥郏文、知府邢珣直取上新等处，相机围剿。

二十日，知府伍文定的兵马在稳下寨、西峰寨、苦竹坑寨、长河坝巢、黎坑巢歼灭敌人。

---

① 　王守仁：《王阳明全集》，第472页。

二十三日，守备指挥郏文、知府邢珣歼敌于上新地巢，知府伍文定又追击残匪到鸡湖巢。

十二月初三日，知府季敩在朱雀坑寨、狐狸坑巢攻击敌人，俘虏、斩杀贼人众多。

至此，广东鱼黄等巢逃出来的贼人基本被歼灭。阳明先生留两千兵马驻扎在茶寮、横水等隘口，以防有逃脱的残寇。

十二月初九，阳明先生回军附近县城，休息整顿。

阳明先生带领一万兵马，耗费白银不到三万两，只用了两个月，俘虏贼人六千多人，攻占贼巢八十四个。擒斩大贼首谢志珊、蓝天凤等八十六人，斩获从贼首级三千一百六十八颗，俘获贼人眷属两千三百三十六人，夺回被掳掠的男女八十三人，牛马骡六百零八只，查获赃仗两千一百三十一件，金银一百一十三两八钱一分。这样的胜利，在南赣从来没有过。

为长久计，阳明先生在上捷音疏三日后，又上疏请求开设崇义县。在剿匪的过程中，阳明先生便亲自勘察地形，并命典史梁仪率领士卒数百人在横水修建一座土城，以控制周边三县治安。

横水，原系上犹县崇义里，在上犹、大庾、南康三县中间位置，山水合抱，土地平坦，适合设县。

县治设定以后，东边离南康县有一百二十里，要害处有长龙；西边离湖广桂阳县二百余里，要害处有上保；南边离大庾县一百二十余里，要害处有铅厂。这三处要害设巡检司。

现在，只剩下浰头池仲容等一干贼人。

浰头贼首池仲容，又称池大鬓。相传，他与其弟池仲安能力搏猛虎，捷如猿猴，凶残之名，四方皆知。而且他们出门抢劫，很有策略，让别人防不胜防，附近贼党对他们非常敬服。

官府曾经前后两次围剿浰头贼巢，每次派狼达两三万人，都不能取得大胜。即便浰头贼最后败逃，其死伤人数也与狼达相当。池仲容气焰非常嚣张，曾言："狼达也没有什么了不起。你要调狼达，需要半年时间；我躲避狼达，不过一个月而已。"官府也对他们无可奈何。

与横水、桶冈的山贼不同，谢志珊等贼人凭借的是地势险要，浰头这伙贼人狡猾又齐心，各个山寨遥相呼应，互为援助，更难对付。

因此，很多人建议调集狼达，阳明先生说，"兵无常势，水无常形"，贼人习惯于官府调集狼达剿匪，认为等狼达来了官府才能对他们动手，官府恰恰可以利用他们这个心理，反其道而行之，更容易获胜。

正德十二年九月，《告谕浰头巢贼》发布后，酋长黄金巢、卢珂等即束手来降。大贼首池仲容等却心存侥幸："我等做贼也不是一年了，官府招抚也不是一次了，一篇告谕何足为凭？等黄金巢等人无事，再投降也不晚。"他们与官府虚与委蛇，迟迟不降。

当时，官军准备扫荡横水、桶冈，不能分兵来剿浰头。根据阳明先生既定方略，发布告示就是为避免浰头山贼与桶冈山贼相互勾结，共起肆虐，对其采取安抚策略。

十月十二日，官军扫平横水，浰头山贼们开始惊慌。考虑到官府如果拿下桶冈，下一个征剿的可能就是浰头，池仲容决定派弟弟池仲安率领二三百老弱残兵前去投降，意图麻痹官府，延缓出兵，同时这些人还可作为内应探听虚实。

池仲容的伎俩，阳明先生心里一清二楚，但仍然接受池仲安等人的投诚，安排这批人到远离浰头山的上新地把守，拦截溃逃的山贼。

十一月，桶冈被攻破，浰头山贼更加惊恐，开始准备战具。阳明先生派人带着牛酒，前去安抚他们，同时也观察他们的动向。池仲容知道自己的小动作隐瞒不了官府，就说龙川新民卢珂、郑志高等要偷袭他们，他们准备战具是为了防备偷袭，并不是为了防备官兵。

卢珂、郑志高、陈英等曾经做过山贼，新近被龙川县招抚，有三千多人。池仲容实力强大，远近山贼均依附于他，只有卢珂等三人不服气，池仲容很忌恨这三个人。

阳明先生假装相信池仲容的鬼话，下令龙川县调查此事。他督促池仲容等人伐木开道，说官兵从桶冈回军后，就要借道浰头，讨伐卢珂、郑志高等。

浰头贼听到这个消息，认为官府相信了他们的鬼话，非常高兴；但又担心官兵来个"假道伐虢"，乘机把他们消灭掉，就派人来感谢阳明先生，说无须劳驾官兵，自己多加防备就是。

十二月十五日，阳明先生带兵返回南康。卢珂、郑志高等来检举揭发，说池仲容等人僭号设官，封了很多"总兵""都督"等伪官，现在已经集结兵马，号令远近山贼等三省夹攻的兵马一到，就同时造反。池仲容还封卢珂为"金龙霸王"，有授官的印信文书为证。其实，这些消息阳明先生早就探听到了。

见到卢珂等人，阳明先生假装大怒，说："你们这些人为报私仇擅自动兵，杀害被招抚的新民，论罪当死，现在又来造谣诬蔑。池仲容已经派弟弟领兵前来报效，这是一心向化，怎么可能造反？"说完他下令将卢珂绑起来，准备处死。

当时池仲安带领的人马就在营中，看到卢珂来揭发，非常害怕。后来他们看到阳明先生将卢珂等人绳捆索绑，惊喜万分，纷纷向阳明先生下拜，控诉卢珂等人的罪行。阳明先生让他们写状纸，并说要将卢珂等人的党羽眷属一并抓获，全部斩首。

将卢珂押入狱中之后，阳明先生派人悄悄地告诉卢珂，发怒是假的，准备以此引诱池仲容等贼人，并让卢珂先派人回龙川，召集人马，等卢珂一回到龙川，立刻起兵攻打浰头。

阳明先生又派秀才黄表、听选官雷济前往浰头山晓谕池仲容，让他们不要生疑，又买通池仲容的亲信，游说他到官府来投诉。

二十日，阳明先生兵还赣州，宣布张灯结彩庆祝胜利，犒赏士兵。先生在城中布告：南安巢贼皆已扫荡，浰头新民诚心向化，从此南赣可以无忧了；老百姓劳苦已久，也要好好休息玩乐几日；官府将解散军队，让他们回家务农，从此不再用兵。

阳明先生让池仲安也领着一众人等回去，帮助池仲容防守，虽然卢珂等人已经被下狱，但池氏兄弟还要提防其党羽生怨，偷袭浰头。池仲安回去后，将赣州情况详细地向池仲容报告，浰头贼人听后大喜，防备松懈下来。

阳明先生又派指挥余恩带着历书赐给池仲容等，让他们不要撤去防守力量，以防卢珂党羽来偷袭。

黄表、雷济劝说池仲容："现在官府如此厚待你们，为何不亲自前往拜谢？卢珂等天天在狱中控诉你们造反，请求官府传唤调查你们，如果传唤你们不到，就证实你确实造反。现在你别等官府传唤了，直接去赣州，当面控诉卢珂罪状，这样官府必然更加相信你们无辜，是卢珂等人诬陷，必定将他们杀掉。"那些被黄表等人收买的亲信也极力劝说池仲容。

池仲容觉得此言也有道理，对众人说："若要伸，先用屈。赣州耍的什么把戏，我亲自去看看。"于是，他亲自率四十人前往赣州。

阳明先生听说池仲容已经上路，秘密派人通知附近各县在重要路口安排兵马，等待命令，又派千户孟俊督促卢珂、郑志高、陈英集合兵马。

孟俊去龙川必经浰头，为避免浰头贼发现有诈，另拿一块拘捕卢珂党羽的令牌。浰头山贼果然询问孟俊去龙川的意图，孟俊出示令牌，贼人纷纷下拜，争相给孟俊领路。孟俊到了龙川，下令收拢卢珂兵马，浰头贼人均以为是拘捕卢珂属下，不以为意。

闰十二月二十三日，池仲容等人到达赣州，看到各营官兵都已经解散回家，大街上都张灯结彩，锣鼓唱戏，老百姓欢天喜地，确信官府不再用兵。他们又贿赂狱卒，偷偷到狱中查看，发现卢珂等人果然披枷戴锁。池仲容大喜，派人回去通知下属："如今我们可以放心了。"

当夜，阳明先生悄悄地释放了卢珂、郑志高等人，让他们快马加鞭回龙川发兵。阳明先生让下属各官僚每天好酒好肉招待池仲容等人，不放他们回去。

正月初三，阳明先生推测卢珂等已经到家，各州县兵马已经集结完毕，就以设宴招待池仲容为名，埋伏甲兵于院内，将池仲容及其手下全部拿下，连夜审讯。这些贼人老老实实地招供后，被押进赣州大牢。

阳明先生看到时机难得，不必再等广东兵马夹击，遂发布军牌：浰头老贼池大鬓等，不时纠集贼众攻打城池，杀掳人口，屡征屡叛，近年以来，图谋不轨，气焰嚣张。现在，除已将贼首池仲容设计擒获，其余贼党还在巢穴之中，若不乘机迅速剿灭，必然会生出更大的祸害。

兹命令：

知府陈祥兵从龙川县和平都进攻，指挥姚玺兵从龙川县乌虎镇进攻，千户孟俊兵从龙川县平地水进攻，指挥余恩兵从龙南县高沙保进攻，推官危寿兵从龙南县南平进攻，知府邢珣兵从龙南县太平保进攻，守备指挥郑文兵从龙南县冷水径进攻，知府季敩兵从信丰县黄田冈进攻，县丞舒富兵从信丰县乌径进攻。

阳明先生亲自率领帐下官兵从龙南县冷水直捣下浰大巢。各路人马同时进发，会师三浰，于正月初七寅时四路同时进剿。

起初，浰头山贼得到池仲容的消息，认为赣州已经罢兵，所以防备松懈，各回巢穴。此刻他们突然听说官兵四路并进，惊慌失措，分头出来迎敌，将精锐兵丁一千多人埋伏在龙子岭。

官兵合兵三路，分掎角之势进攻。指挥余恩率领百夫长王受的兵马第一个与贼兵接战，大战良久，贼人败退。王受等人奋勇追杀一里多路，贼人伏兵四起，攻击王受。推官危寿率领义官叶芳的兵马呐喊着冲向贼兵，在贼人伏兵后方掩杀；千户孟俊率兵从旁边绕出冈背，从侧翼攻击贼人伏兵，与王受合兵一处。贼人大败而逃，官军追杀敌人的喊声震动山谷。官军乘胜攻克上、中、下三浰。

其他各路官兵听说三浰大巢已经被攻克，都奋勇前进，各处贼兵溃败而逃。知府陈祥所部官兵攻克热水巢、五花障巢；指挥姚玺所部官兵遂攻克淡方巢、石门山巢、上下陵巢；知府邢珣所部官兵攻克芳竹湖、白沙巢；守备指挥郏文所部官兵攻克曲潭巢、赤唐巢；知府季敩所部官兵攻克布坑巢、三坑巢。当夜，溃败的贼人躲进尚未被攻破的巢穴。次日清晨，阳明先生下令各路人马探察贼人逃跑方向，分头进攻。

初九，知府陈祥所部官兵攻克铁石障巢、羊角山巢，缴获"金龙霸王"印信、旗帜、袍带；知府邢珣所部官兵攻克黄田坳巢；指挥姚玺所部官兵攻克岑冈巢；指挥余恩所部官兵攻克塘含洞巢、溪尾巢。

初十日，千户孟俊所部官兵攻克大门山巢，推官危寿所部官兵攻克镇里寨巢。

十一日，知府邢珣所部官兵攻克中村巢；守备郏文所部官兵攻克半径巢、都坑巢、尺八岭巢；知府季敩所部官兵攻克新田径巢、古地巢；指挥余恩所部官兵破空背巢；县丞舒富所部官兵攻克旗岭巢、顿冈巢。

十三日，千户孟俊所部官兵攻克狗脚坳巢、水晶洞巢、五湖巢、蓝州巢。

十六日，推官危寿所部官兵攻克风盘巢、茶山巢。

连日来，官军擒获、斩杀贼人众多，缴获牛马、武器、帐篷无数。但是溃逃的浰头贼人中，有精明强悍之徒八百多人聚集在九连山上，凭借险要山势据守。

九连山山势极高，横亘数百里，四面是悬崖峭壁。九连山向东通往龙门山，龙门山后有贼巢数百，如果官兵紧逼，山贼必然投奔这些贼巢。如果这些贼人都起兵造反，形势难以控制。九连山中也没有拦截的兵马，如果官兵从附近州县潜入断其后路，需要半个月才能到达，缓不济急。

九连山只有一条路可以通往贼人屯兵之处，贼人已经占据险要位置，从上投掷滚木礌石，多少官兵都攻不上去。

阳明先生心生一计，选出七百名精锐官兵，穿上贼人的衣服，假装是溃败的贼人，趁着暮色朦胧，从山崖下涧道通过。山上的贼人以为他们是自己人，在山上呼喊，这些官兵也在下面答应。贼人不确定对方是不是自己人，不敢攻击，官兵顺利通过险路，截断贼人后路。

第二天，贼人才知道那伙人是官兵，奋力冲杀，但是官兵已经占领险要，由上往下攻击，贼人支持不住，再次败退。

阳明先生知道贼人必败，提前命令各路人马四处设伏，拦截溃敌。

二十五日，知府陈祥兵歼敌于五花障，知府邢珣兵歼敌于白沙，指挥余恩兵歼敌于银坑水。

二十七日，指挥姚玺兵歼敌于乌虎镇，推官危寿兵歼敌于中村，知府季敩兵歼敌于北山，又战于风门奥，其余残党三百多人，分散逃到上下坪、黄田坳诸地，各路官兵跟踪追杀。

二月初二日，知府陈祥兵在平和与贼人交战。

初五日，知府陈祥兵又在上坪、下坪与贼人恶斗一场。

初八日，推官危寿、指挥余恩兵，在黄坳与残寇交战。

十二日，知府陈祥兵又在铁障山与贼交战。

十四日，县丞舒富兵在乾村和梨树接连与贼人交战。

十四日，知府邢珣、季敩兵又在芳竹湖与贼人交战。

二十三日，县丞舒富兵又接连在北顺、和洞与贼人交战。

二十六日，守备郏文带兵从水源、长吉、天堂寨接连与敌人接战。

虽然官兵杀贼势不可当，阳明先生还要给那些愿意投诚的残寇一条生路。那些残寇多是胁从之人，况且各处贼巢尽扫，他们也不可能再作恶了。

三月初三日，残寇张仲全等率领二百多老弱病残及从恶未久之人，在九连山呼号痛哭，愿意诚心投招。阳明先生派人查验属实，对头目量加治罪后，派知府邢珣加以安抚，登记在册，安插到白沙为新民。

从正德十三年正月初七日至三月初八日，前后两月之间，官军共捣毁贼人巢穴三十八处；擒斩大贼首二十九人，次贼首三十八人，从贼两千零六人；俘获贼人眷属八百九十人；夺获牛马一百二十二头，器械、赃仗两千八百七十把，赃银七十两六钱六分。

阳明先生四月班师赣州。接着，阳明先生又向朝廷上疏，请求设置和平县。至此，南赣境内匪患悉数被平定，三省府县百姓得以安生，数十年之心腹大患消除。

从正德十二年正月十六日莅任，到正德十三年四月班师，阳明先生用时一年四个月，将南赣贼寇扫荡殆尽。然而，这背后有诸多艰难。

第一，官员之懈怠。上任之始，阳明先生颁行十家牌法，各州府官吏视之为虚文，阳明先生不得不三令五申。先生下令拣选民兵，官吏推三阻四，战阵不听号令，或轻敌冒进，或临阵畏缩。"故宁使百姓之荼毒，而不敢出一卒以抗方张之虏；宁使孤儿寡妇之号哭，颠连疾苦之无告，而不敢提一旅以忤及招之贼。"

这样的官员，只盼着任内别出大事，任期一满就拍屁股走人，执行力无从谈起。实在出了问题，他们就向朝廷打报告要求派兵来剿，至于剿匪的效果、土兵的危害，根本不在他们的考虑范围之内。

第二，百姓之狡黠。百姓纷纷从贼，"近贼者为之战守，远贼者为之乡导；处城郭者为之交援，在官府者为之间谍；其始出于避祸，其卒也从而利之"。更有百姓携带妻女，入畲为盗，"行劫则指引道路，征剿则通报消息""闻有大兵夹攻，俱各潜行回家""良民村寨，给与旗号，拨兵护守，又被不才领兵官员并良民寨主，受贼重贿，及将有名贼首隐藏其家，事定仍复还巢，至今贻患"。

虽然老百姓有被逼无奈自保的一面，但是也有贪图小利、损人利己的一面，可怜之人也有可恨之处。

第三，士兵之不堪。"南、赣之兵素不练养，类皆脆弱骄惰，每遇征发，追呼拒摄，旬日而始集；约束责遣，又旬日而始至；则贼已稇载归巢矣。或犹遇其未退，望贼尘而先奔，不及交锋而已败。"

这样的士兵可以说毫无战斗力可言，连山贼们都看不起赣州士兵，认为他们疲弱不堪。如果土兵狼达来围剿，山贼还进山躲一躲，如果赣州兵来，山贼连躲一躲的兴趣都没有。

第四，山贼之嚣张。"冥顽凶毒，恃险为恶，僭拟王号，伪称总兵；聚集党类数千，肆行流毒三省；攻围南安、南康府县城池，杀害千户主簿等官；流劫湖广桂阳、郴县、宜章，吉安府龙泉、万安、泰和、永新等县。良民子女，被其奴戮；房屋仓廪，被其焚烧；道路田土，被其阻荒占夺者，以千万顷；赋税屯粮，负累军民陪纳者，以千万石。""贼首池仲容、池仲宁、池仲安、高允贤、李全等，盘踞一方，历有岁年，僭称王号，伪设官职；广东翁源、龙川、始兴，江西龙南、信丰、安远、会昌等县，屡被攻围城池，杀害官军，焚烧村寨，虏杀男妇，岁无虚日。曾经狼兵夹攻数次，俱被漏网。是乃众贼奸雄之巨擘，三省群盗之根源也。"

其实，我们从阳明先生剿匪的过程就可以看出，这些巨贼并非一两处大寨，而是大寨套小寨，星罗棋布，聚集起来就是几万之众，分散开去便融入莽莽大山。

第五，地势之险要。"当是时，贼路所由入，皆刊崖倒树，设阱埋签，不可行。我兵昼夜涉深涧，蹈丛棘；遇险绝，则挂绳崖树，鱼贯而上，猿臂而下，往往失足堕深谷。幸而不死，经数日始能出。""九连山势极高，横亘数百余里，四面斩绝……止有贼所屯据崖壁之下一道可通，然贼已据险，自上发石滚木，我兵百无一全。"

还是这些官员，还是这些士兵，还是这些百姓，还是这些山贼，还是这方土地，阳明先生莅任以来，官员指挥作战甘冒锋矢，士卒翻山越岭不畏强敌，百姓箪食壶浆拥护官兵，山贼或杀或降束手就擒，就连那盘踞多年巨寇的匪巢也成了物饶民丰的县城。

《明史》载："桶冈既灭，湖广兵始至。及平浰头，广东尚未承檄。守仁所将皆文吏及偏裨小校，平数十年巨寇，远近惊为神。"

阳明先生此前的经历似乎和带兵打仗不相干。如果一定说经验的话，大概有三条经验。

第一，成化二十二年，十五岁的阳明先生出游居庸关，考察蒙古部落，询问防御策略。当时，畿内有石英、王勇，秦中有石和尚、刘千斤等作乱，少年心性的阳明先生屡次想给朝廷上疏，为剿匪献计献策，被父亲王华斥责一通，方才作罢。

第二，弘治十年，蒙古人犯边，朝廷竟然派不出合适的将领。二十六岁的阳明先生当时正在京师。他认为朝廷虽然有武举考试，但是只录取了一些善于骑射的武夫，这些人并没有带兵的韬略。于是他自学兵法，还常常推演给别人看。

第三，弘治十二年，二十八岁的阳明先生考中进士，被分配到工部实习，实习任务是督造威宁伯王越的墓地。他就将造坟的民夫以兵法管理，闲暇之时还演练"八阵图"。那一年，作为新科进士的阳明先生还上疏《陈言边务疏》。

这应该算是阳明先生一生中与军事沾边的为数不多的经历，但也是纸上谈兵，并没有真正的经验。王龙溪在《滁阳会语》中说："先师平生经世事业震耀天地，世以为不可及。要之，学成而才自广，几忘而用自神，亦非两事也。"[1] 这应该是对阳明先生军事才能的最好解释。

---

① 王畿：《王畿集》卷二，吴震编校，凤凰出版社，2007，第34页。

先生龙场悟道，大悟"格物致知之旨"，就是要去除所有蒙蔽本心的固有观念，实事求是，从而做出准确判断。

如今，也有人认为阳明先生在南赣剿匪过程中杀戮太多。在《阳明先生年谱》中有这样一个故事，我们看完便会释然。

嘉靖二十七年，也就是阳明先生去世二十年后，钱德洪等到万安讲学，讲学之余，游览了万安县城，见"民居井落，邑屋华丽"。钱德洪对万安籍进士朱衡说："这里如此富庶，你们又勤于教化，称得上是礼仪之邦了。"朱衡说："四十年前这里还是一片赤土。"钱德洪问其缘由，朱衡说："南安、赣州的山贼四出劫掠，老百姓的妻女相对哭泣：'贼来了怎么逃避，唯有一死了。'我们老师（指阳明先生）来南赣之后，荡平山贼，老百姓才慢慢开始在这里生活，有了城市，有了今天的生活。这都是拜老师所赐啊！"

这段记载中，当年山贼烧杀抢掠、无恶不作的行径可见一斑，万安还算离贼巢较远的地区，贼巢附近的府县更不用说。

剿匪是救民于水火，要兴刀兵，不是坐在树荫下大谈道德。一匪不除，百民受害，难道我们不忍于山贼丧命，就忍于那些无辜百姓的财物被抢掠、房屋被烧毁、妻女被侮辱吗？

我们设身处地地想一想：我们的父母被殴打、妻女被侮辱，我们能袖手旁观？我们必然拿起任何武器，去解救自己的亲人，那施暴之人受到伤害都是咎由自取。

是非之心，人皆有之，此便是良知！阳明先生剿灭山贼，救百姓的父母、妻女，此便是良知。这让我们不禁想起阳明先生龙场悟道时的那句话："圣人之道，吾性自足，向之求理于事物者误也。"这理不在论说之中，就在人的心中。

第七部分

赣州讲学

硝烟散后是地方重建，尤其是人心的重建。阳明先生在赣州兴办学院，同时要求各地兴建义学，以礼仪教化人心，又颁布《南赣乡约》，将各类社会矛盾消弭于无形。而公务冗忙之际，阳明先生仍然抽出时间讲学，刻印《大学古本序》《朱子晚年定论序》，一时之间赣州成了当时王学的学术中心。

阳明先生来南赣一年多，都是戎马倥偬的岁月，但这也没有影响求学的弟子们纷至沓来。门人薛侃、欧阳德、梁焯、何廷仁、黄弘纲、薛俊、杨骥、郭治、周仲、周冲、周魁、郭持平、刘道、袁梦麟、王舜鹏、王学益、余光、黄槐密、黄銮、吴伦、陈稷刘、鲁扶毅、吴鹤、薛侨、薛宗铨、欧阳昱等人，在赣州讲聚不散。哪怕阳明先生不在赣州，也不影响他们的讲学热情。

这也是阳明先生所愿意看到的。阳明先生在给弟子杨士德的信中说"破山中贼易，破心中贼难"，在给薛侃的信中说，"区区剪除鼠窃，何足为异？若诸贤扫荡心腹之寇，以收廓清平定之功，此诚大丈夫不世之伟绩"。弟子们考中进士，阳明先生说："闻诸友皆登第，喜不自胜。非为诸友今日喜，为野夫异日山中得良伴喜也。"

在阳明先生看来，剿灭山贼建功立业、登第做官光宗耀祖这些都不重要，重要的是"扫荡心腹之寇"，这才是大丈夫不世之伟绩，这才是第一等事。

薛侃，字尚谦，号中离先生，潮州府揭阳人。正德九年，他就成为阳明先生的门人，《薛侃录》中很大一部分内容就是那时记录的。他也是粤闽王门的代表人物。

正德十二年，薛侃考中进士，被授行人司行人。但是他没有留在京城为官，以侍养母亲为由，返回家乡。

他回到家乡后，他的母亲说："我有你的哥哥赡养，你可以放心，出去做官吧。"薛侃回答："吾斯之未能信。"

这句话典出《论语·公冶长第五》，孔子让漆雕开出去做官，漆雕开回答："吾斯之未能信。"大概意思是认为自己的学问修养还不够，这是一种谦卑的态度。孔子听了他的话很高兴。

母亲知道了薛侃的想法，就吩咐："那你就出去学习吧。"于是，薛侃就带着自己的弟弟薛侨、侄子薛宗铠来到赣州就学于阳明先生。这一学就是四年，一直到阳明先生准备离开江西赴京上任，他才离开。

薛侃是一位极其诚敬的人，也是真下功夫的人。

他说，"杀身成仁，舍生取义"，其本义是求法忘躯，后人不懂，以为是指仗义死节，这就错了。国家治乱兴衰，哪里是人人都能遇到的？重生是有欲，舍生则是无欲，重生是养得身体口腹之欲，成仁取义养的乃是大体。

《传习录》卷三第一章就是他与阳明先生讨论"持志"的问题：

> 侃问："持志如心痛，一心在痛上，安有功夫说闲语，管闲事。"
>
> 先生曰："初学功夫，如此用亦好；但要使知'出入无时，莫知其乡'。心之神明，原是如此，功夫方有着落。若只死死守着，恐于功夫上又发病。"[1]

坚持自己的志向就像心口痛一样，一时一刻都忘不了、放不下，如此就不会被那些闲话、闲事牵走精力，就不会浪费生命。

阳明先生提醒薛侃，开始这样用功夫倒也可以，但是要明白心是活泼泼的，如果死死守着，就容易陷入执着，反而出问题了。

"致良知"，致的就是无善无恶的心之本体，就是要将那是非善恶的条条框框去掉，如此那颗心才能活泼泼的，才能"鸢飞戾天，鱼跃于渊"。

王畿说阳明先生晚年的境界："时时知是知非，时时无是无非，开口即得本心，更无假借凑泊，如赤日丽空而万象自照，如元气运于四时而万化自行。"[2] 这就是致得了真良知。

---

① 王守仁：《王阳明全集》，第 23 页。
② 王畿：《王畿集》卷二，吴震编校，凤凰出版社，2007，第 34 页。

梁焯，字日孚，号象峰，广东南海人，正德九年考中进士。在吏部候补期间，父亲去世，他回乡守制三年，竭尽孝道，"三年疏食，足不履城邑"。

正德十二年冬，梁日孚守制期满，携带家眷乘船准备到京城吏部报到候选，由吏部再安排官职。经过赣州时，他按照礼节拜访了阳明先生，这是梁日孚与阳明先生第一次见面，谈了个把时辰就告辞了。

没想到，第二天梁日孚又来拜访，这一谈就谈到了傍晚。第三天，梁日孚又来了，谈到太阳落山还不舍得走。

第四天，梁日孚又来了，请求拜阳明先生为师，留在赣州学习。梁日孚说，他此前的生活就像患了心疾，生活在水深火热之中而不自知，今日终于被治愈而得自在。

过了没几天，阳明先生就出征三浰了，一去就是两个多月。阳明先生认为梁日孚肯定离开了，没想到回来一看，梁日孚还在等着呢，而且还把家眷送回家乡，看样子准备在赣州待下去了。聊起学问，阳明先生发现梁日孚真是日日精进，不禁感叹：圣人之学只要不是自暴自弃，没有学不到的，梁日孚就是孟子所谓的豪杰之士吧。

《传习录》记载了阳明先生与梁日孚的一段对话：

梁日孚向阳明先生请教："居敬和穷理是两回事，先生认为是一回事，这是为何？"

阳明先生说："这天地间只有一事，哪里有两事？如果说差别，礼仪三百，威仪三千，何止是两件事。你先来说说什么是居敬，什么是穷理。"

阳明先生在这里说"天地间只有一事"，我们天天忙忙碌碌，如何只是一事？我们千万要细心体会，不要轻轻放过去。读书不是用眼睛读，乃是用心读。

梁日孚说："居敬是存养的功夫，穷理就是穷事物的道理。"

阳明先生接着问："存养个什么呢？"

梁日孚说："存养此心之天理。"

阳明先生说："如此说来，就只是穷理了。那你再说说如何穷事物之理。"

梁日孚说："侍奉父母，就要穷一个孝的道理；侍奉君主，就要穷一个忠的道理。"

阳明先生说："这忠与孝的理是在君亲身上，还是在我们的心上？如果是在我们自己的心上，那就是穷此心之理。你再说说如何居敬。"

梁日孚说："居敬就是主一。"

阳明先生接着问："怎么主一？"

梁日孚说："如果读书就一心在读书上，如果做事就一心在做事上。"

阳明先生说："如果按照这个逻辑，饮酒就一心在饮酒上，好色就一心在好色上。这是逐物啊，哪里是什么居敬？"

梁日孚一下子蒙住了，请教阳明先生。

阳明先生说："这个'一'就是天理，'主一'就是一心在天理上。如果只知道'主一'，不知道'一'就是天理，有事的时候，就是逐物，没事的时候，就是着空。应该有事无事，都一心在天理上用功。所以居敬就是穷理，只是一个从专一处说，一个从精密处说。不是居敬了再去起个心穷理，穷理时再去起个心居敬。说法不同，其实是一事。明白的时候，横说竖说都行。如果泥文逐句，不明白根本，那就叫支离，根本不知道如何下功夫。"

梁日孚问："这穷理为何就是尽性？"

阳明先生说："性就是心之本体，就是理。穷仁的理，就是仁做到极致；穷义的理，就是义做到极致。仁义就是性，所以穷理就是尽性。孟子说'充其恻隐之心，而仁不可胜用'，这就是穷理。"

梁日孚还是难以摆脱宋儒的说法，毕竟这三十多年来一直学的是程朱理学，就问："先儒说'一草一木皆有理，不可不察'，如何理解？"

阳明先生说："功夫用在关键处。你先去理会自己的性情，尽己性则能尽人之性，则能尽物之性。"

又过了三个月，梁母派人来让梁日孚先去京师，以后再来学习。梁日孚的至交也来相劝。

梁日孚说："我一天也离不开夫子啊！离开这里不就又跳进水深火热之中了吗？"

阳明先生劝他："怎么会这样呢？你认为圣人之道有方体，会限定在某时、某地吗？何况，哪里有已经清醒的人还进火坑、走荆棘的？"

梁日孚愣了一阵，说："我明白了！圣人之道，求之于心，不挂碍于事。乃为天理，故不泥于物；根于本性，故不定于时；动于精神，故不限于地。明白这个道理，无往而非学。并非天天与夫子在一起才是学。我马上要离开了，请夫子印证。"

阳明先生含笑道："是！是！"

后来，梁日孚与薛侃一起致力于传播阳明学，他们也是闽粤王学的重要代表人物。

梁日孚临别之际，阳明先生写了《别梁日孚序》。其中除描述了阳明先生在赣州的这段经历外，在这篇文章的首章，阳明先生有一段发人深省的话：

圣人之道就像大路一样，哪怕是瘸腿跛脚之人，只要坚持走，一定可以到达。可是人们都认为圣人太高了，成为圣人太难了，这么浅显的道理如何可能？于是，他们就追究艰涩高深的道理，沉溺于支离破碎的文辞，幻想高妙的境界，认为圣人的境界是难以企及的，所以自甘平庸，乃至甘居下流。如果有人立志求圣人之道，就会被人耻笑，说他不自量力。

阳明先生感叹：这弊病已经不是一天两天了。孟子说"徐行后长者谓之弟，疾行先长者谓之不弟"。徐行，谁做不到呢？所以不这样做，是因为世人不知道归咎自己不做，反而说自己不能。这样的人，也没有真正有过独立思想啊！

《六祖坛经》有这样的记载：六祖到五祖寺求法。五祖问："汝何方人？欲求何物？"那时还是年轻的在家人的慧能回答："弟子是岭南新州百姓，远来礼师，唯求作佛，不求余物。"

"唯求作佛，不求余物"，慧能有这样的大气魄才有后来的六祖。我们一般人哪里敢想"作佛"，可能会回答："我仰慕大师已久，愿意追随师父左右，哪怕做个舂米烧火的也可以，作佛的事情哪里是我这种资质的人敢想的。"这样的回答，也可能被称赞"谦虚"，但这有何用？！

五祖接着说："汝是岭南人，又是獦獠，若为堪作佛？"慧能最崇拜的大师已经下定语了，"你根本没有资格作佛"。

如果我们一般人此时早就灰心丧气，哪知慧能却答道："人虽有南北，佛性本无南北。獦獠身与和尚不同，佛性有何差别？"一个外乡人，来到自己崇拜的五祖这里，居然敢"顶撞"！这就是自信，自信其良知，自信其佛性。

阳明先生是孤独的。这让我们顿时明白《论语》中的那句话："有朋自远方来，不亦乐乎。"

阳明先生又是幸运的，他晚年的弟子王畿就敢说："学须自证自悟，不从人脚跟转。"

真正的好学生，绝不会对老师唯唯诺诺；真正的好老师，也绝对不喜欢唯唯诺诺的弟子。好老师成就的不是信徒，而是顶天立地的大丈夫！

正德十三年，阳明先生的弟子在赣州刻印了四部书，《大学古本旁释》《大学古本序》《朱子晚年定论序》《传习录》。《大学古本序》主要阐述为何弃《大学》新本，改用古本的。

《大学》新本、古本之争，从出场后一直争论不断。正德十五年，阳明先生在《答罗整庵少宰书》中说:"古本是孔门所传旧本,朱子认为它有脱误,就做了补充、更正和重新编辑。在我看来,旧本没有脱误,所以就用旧本而已。如果说过于相信孔子则有之,并不是非得去掉朱子的分章和补传。"

《大学》旧本即便是有脱误,难道朱子分章补传就对?这是多么浅显的道理,可是阳明先生因为改用旧本还是受到那么多的非难。可见条条框框的力量多么巨大!

阳明先生不改初衷,仍然坚持用旧本。除《传习录》中记载了很多关于旧本《大学》的讨论,阳明先生刊印的专门讲旧本《大学》的文章,就有《大学古本序》《大学古本旁释》《大学问》。

《大学古本旁释》刊印时,阳明先生为其作序,即《大学古本序》,这篇序文是理解《大学》不可或缺的文章。聂豹在《重刻大学古本序》中说:

> 《大学》古本之传久矣,而世之学士乃复致疑于格物之说,辨焉而不释,何也?予始受学于阳明先生,骇而疑之,犹夫人也。已而反求诸身心日用之间,参诸程、朱合一之训,涣然若有所觉,而纷纷之疑亡矣。[①]

《大学古本序》开篇即说"《大学》之要,诚意而已矣",在《答顾东桥书》中,阳明先生也说"若'诚意'之说,自是圣门教人用功第一义"。既然"诚意"如此重要,那么何谓"诚意"?

《大学》本文有解,"所谓诚其意者,毋自欺也"。什么是自欺?我们任何脱离事实真相的想法,都是自欺。是什么导致我们自欺?就

---

① 王守仁:《王阳明全集》,第 1325 页。

是我们自己掺杂的意见，我们自己的好恶，这就是阳明先生所讲的"私欲""人欲"或"私意"，有的地方叫作"恶"。

所以阳明先生说：

> 意未有悬空的，必着事物，故欲诚意则随意所在某事而格之，去其人欲而归于天理，则良知之在此事者无蔽而得致矣。此便是诚意的功夫。[①]

"格"去我们个人的意见，还原事物的本来面目，这就是诚意，这就是不自欺。

我们往往望文生义，以为"诚意"就是恳切，就是认真。错了！

阳明先生说："先儒所谓志道恳切，固是诚意；然急迫求之，则反为私己，不可不察也。"

真正明白了"诚意"，我们才能真正明白《大学古本序》。在《大学古本序》中，阳明先生接着说，"诚意之功，格物而已矣"，"格物"就是去私意，接下来"诚意之极，止至善而已矣"。诚意到极致，没有一点儿私意，便达到了"至善"的境界：

> 至善之发见，是而是焉，非而非焉，固吾心天然自有之则，而不容有所拟议加损于其间也。有所拟议加损于其间，则是私意小智，而非至善之谓矣。[②]

这里的"发见"，便是本体之知。故而，阳明先生在《大学古本

---

① 同上书，第80页。

② 王守仁：《王阳明全集》，第212页。

序》说"止至善之则，致知而已矣"。

以此推至《大学古本序》乃至《传习录》，我们就发现全部能够通达了。故而，阳明先生说"圣人之道若大路"，本来就简单平实。可惜"旧本析而圣人之意亡矣""合之以敬而益缀，补之以传而益离"。

阳明先生虽然某些观点与朱子不同，但也说得非常明白："吾说与晦庵（即朱子）时有不同者，为入门下手处有毫厘千里之分，不得不辩。然吾之心与晦庵之心未尝异也。若其余文义解得明当处，如何动得一字？"

即便如此，当时的学者也难以接受阳明先生的观点，"而闻者竞相非议，自以为立异好奇""世之君子，或与先生仅交一面，或犹未闻其謦欬，或先怀忽易愤激之心，而遽欲于立谈之间，传闻之说，臆断悬度，如之何其可得也？"。

程朱理学在元世祖忽必烈时期得到广泛传播，到元仁宗皇庆二年恢复科举考试，朝廷明令科场考试，四书、五经均"以程子、晦庵注解为主"，程朱理学正式成为官学。

明太祖设立太学之初，即规定天下学校"一宗朱子之学，令学者非五经、孔孟之书不读，非濂、洛、关、闽之学不讲""国家明经取士，说经者以宋儒传注为宗，行文者以典实纯正为主"。

明成祖下令编辑《五经大全》《四书大全》《性理大全》，"五经、四书皆圣贤义要道，其传注之外，诸儒议论有发明余蕴者，尔等采其切当之言，增附于下"，类聚"周、程、张、朱诸君子性理之言"。

到阳明先生所处的时代，程朱理学被定为一尊已经达两百年之久，成为人们心目中的唯一正统学说。不能说程朱理学禁锢了人们的思想，而是人们太习惯于崇拜权威了。

朱子的思想也是活泼泼的，他自己不会迷信某人，如阳明先生所言："就如朱子，亦尊信程子，至其不得于心处，亦何尝苟从？"

阳明先生同样尊崇朱子，只是不人云亦云，有自己的独立思想而已。阳明先生被人抨击后，对自己的学问进行反思，更加自信"精明的确""洞然无复可疑"。

在南京时，阳明先生重读朱子的著作，才发现朱子晚年大悟此前学说错误，痛悔不已，认为是自欺欺人，罪不可恕。而人们认为正统的《四书集注》《四书或问》之类的，都是朱子中年的著作，并非定论。于是阳明先生将朱子晚年的著作编辑成册，并写了《朱子晚年定论序》。

《朱子晚年定论序》写于正德十年冬，刻印于正德十三年七月。《朱子晚年定论序》后附录了朱子的部分定论。

后世学习阳明学的人，往往对朱子有刻板偏见。但是，读了朱子晚年定论，我们会对朱子的人格肃然起敬。

朱子晚年生了眼疾，不能看书，这样长时间静下来，反而有所悟，认为自己中年的著述误人误己。更可贵的是，他没有掩饰，反而写信告诉自己的好友，甚至恨不能遍告天下。如：

> 熹亦近日方实见得向日支离之病，虽与彼中证候不同，然忘己逐物，贪外虚内之失，则一而已。程子说"不得以天下万物挠己，己立后自能了得天下万物"，今自家一个身心不知安顿去处，而谈王说伯，将经世事业别作一个伎俩商量讲究，不亦误乎！
>
> 熹近日因事方有少省发处，如"鸢飞鱼跃"，明道以为与"必有事焉勿正"之意同者，乃今晓然无疑。日用之间，观此流行之体，初无间断处，有下功夫处。乃知日前自诳诳人之罪，盖不可胜赎也。
>
> 熹衰病，今岁幸不至剧，但精力益衰，目力全短，看文字不得，冥目静坐，却得收拾放心，觉得日前外面走作不少，颇恨盲废之不早也。

近来吕、陆门人互相排斥，此由各徇所见之偏，而不能公天下之心以观天下之理，甚觉不满人意。应之盖尝学于两家，未知其于此看得果如何？因话扣之，因书谕及为幸也。熹近日亦觉向来说话有大支离处，反身以求，正坐自己用功亦未切耳。[①]

诸如此类的表达还有很多，由此可见朱子心胸之博大、坦荡。我中华有朱子、阳明先生，是我中国人之大幸。如果今天有人学了阳明学，去反对程朱理学，那又是偏执了，与当年固守程朱理学去抨击阳明先生学问的人没有差别。

钱穆先生曾列出中国人必读的九本书：《论语》《孟子》《大学》《中庸》《老子》《庄子》《六祖坛经》《近思录》《传习录》。

《传习录》是阳明学的代表作，正德十三年由薛侃在赣州主持首次刻印，这部分内容后来被归为《传习录》上卷。《传习录》的重要性自不待言，这里要说的是徐爱的《传习录序》。

徐爱记载，当年有门人私录阳明先生的语录，阳明先生说，圣贤教人就像医生用药一样，是根据病情开方子，酌情加减，目的在于治病，没有一成不变的方子。如果执定他的一个方子，认为必须如此，他日误人误己，他的罪过就大了。

这段话提醒我们，《传习录》中所载的语录，乃是特定时空针对特定人的特定问题所做出的特定回答。我们学习《传习录》，领会阳明先生的精神内涵，而不是拘泥于文字，尤其不能执定一句话，就说"应该如何，因为是阳明先生说的"。那就是断章取义，就是刻舟求剑，不是阳明先生误我，乃是自误！

徐爱在《传习录序》中接着说：但是，不能因噎废食否定语录的

① 王守仁：《王阳明全集》，第113～115页。

价值。如果这样看问题，又是把阳明先生前面这段话给执定了。孔子当年对子贡说"予欲无言"，改天又对颜回说"吾与回言终日"，到底是"无言"，还是一整天说个不停？这就是孔子针对不同的学生所采用的不同的教学方法：子贡这个人好求之言语，所以孔子警醒他，让他去身心体证，不要光在言语上下功夫；颜回对孔子的教诲，能够迅速领悟，所以孔子就一说一整天，遇到知音滔滔不绝。孔子对子贡一句话不说不为少，对颜回说一整天不为多，情况不同而已。

徐爱的这篇序言太重要了，这不但是学习《传习录》的诀窍，也是学习天下学问的诀窍。

其实，阳明先生在赣州讲学的对象不仅仅是这些文人、进士，还有一批特殊的"学生"，那就是南赣的百姓。

南赣匪患遍地，完全与土匪毫无牵扯的人恐怕不多。难道南赣百姓天生就是贼吗？当然不是。这既受当地客观情况影响，也是因为教化不明。

现在整个南赣的匪患已经基本被解决，阳明先生要解决的是教化问题。

剿灭三浰贼巢后，四月回军赣州，阳明先生马上开始颁布法令，要求赣州所属各县都要立社学，以宣扬教化。

明朝从洪武八年就开始颁令兴建社学，讲习冠、婚、丧、祭之礼。但是社学的兴建和维持主要取决于当地府县官员的重视程度。南赣匪患成群，官员都朝不保夕，得过且过，怎么可能在社学上下功夫。

阳明先生说，通过建立社学训诲子弟，将其兵器换成诗书，无形之中就将其心中的恶念化掉了，这才是真正的知本。

孟子曰："性之善也，犹水之就下也。人无有不善，水无有不下。"人之所以做出错误的决策，是因为教化不明，良知被私欲蒙蔽。

良知虽被蒙蔽，但并没有丢失，一受启发自然向善。故而孔子认为善政是"导之以德，齐之以礼"。

社学，虽然看起来微不足道，但确是导人向善的最佳机构。社学"不但训饬其子弟，亦复化喻其父兄；不但勤劳于诗礼章句之间，尤在致力于德行心术之本"。故而，阳明先生颁布《兴举社学牌》，并要求各州县优选"学术明正，行止端方"之人做教读。

阳明先生对岭北道选送的教读刘伯颂等非常满意，将自己的教育思想传达给他们。

阳明先生认为，当时的教育方向已经出现了偏差。古人的教育，是教以人伦；后世的教育则注重于记诵辞章，因而先王之教的根本就丢了。于是他写下《训蒙大意示教读刘伯颂》一文，让各社学教读遵照执行。

阳明先生要求社学教育童子，应当着重于"孝弟忠信礼义廉耻"的品行教育，在方法上则"诱之歌诗以发其志意，导之习礼以肃其威仪，讽之读书以开其知觉"。他感慨人们认为歌诗习礼不切实务，这都是庸俗短视的看法，不懂得古人立教的宗旨。

其实，今天岂止是教育，无论学什么东西，我们首先要问"有什么用"，这就是问切不切实务。"有用"的标准是什么呢？归根结底，还是以能否获得权力、财富为基本的衡量标准，这是莫大的悲哀。正如庄子所言：人皆知有用之用，而莫知无用之用也。

阳明先生耐心地解释了这样要求的原因：儿童的性情是喜欢游戏而害怕管束，就像刚萌芽的草木，让它舒畅就长得快，摧折它就会枯萎。所以，教读要让他们感受到快乐，这样他们才愿意学习，就像春风化雨，草木自然生长。

　　故凡诱之歌诗者，非但发其志意而已，亦所以泄其跳号呼啸于咏歌，宣其幽抑结滞于音节也。导之习礼者，非但肃其威仪而已，亦所以周旋揖让，而动荡其血脉，拜起屈伸，而固束其筋骸也。讽之读书者，非但开其知觉而已，亦所以沉潜反复而存其心，抑扬讽诵以宣其志也。[1]

这样的教育是顺应人性的教育，是潜移默化的教育，"日使之渐于礼义而不苦其难，入于中和而不知其故"，这就是先王立教的初心。

《中庸》有言：能尽其性，则能尽人之性；能尽人之性，则能尽物之性；能尽物之性，则可以赞天地之化育。阳明先生的教法，不就是这一思想的具体体现吗？何止教儿童，天下人情莫不如此。

阳明先生说，每天督促童子们完成作业，要求他们规规矩矩，甚至加以打骂，学生视学校如监狱，见老师如见仇人。他们想方设法瞒着老师玩游戏，通过撒谎欺骗来达到自己的目的，这不就是逼着孩子学坏吗？

当时，赣州城中就建立了五所社学：东边为义泉书院，南边为正蒙书院，西边为富安书院，再西为镇宁书院，北边为龙池书院。

兴举社学的效果很快显现出来，《阳明先生年谱》记载：时间一长，市民也懂得了礼仪，幸福指数得到了提高，大街小巷到处能听到人们欢乐的歌诗声，呈现出一派礼让的气象。

清朝一位名叫魏瀛的赣州知府说："前人一提起赣州，就说这里地形险要，土匪横行，赣州人喜欢为盗、诉讼。现在看来，根本不是如此。为何？大概这个地方因为圣贤诗书礼乐的教化，化掉了戾气，而涵养了文明。所以此地文化兴盛，人才辈出，完全可以与中原比肩，而民风质朴，性情刚直，反而超过其他地方。"

这不正是阳明先生的教化之功吗？

---

[1] 王守仁：《王阳明全集》，第1028页。

后来，阳明先生又在南赣举乡约。乡约本来是一种民间自治组织，起于宋朝的《蓝田乡约》，阳明先生倡行的乡约却是由官方推动的。先生倡行乡约的目的就是让南赣百姓不仅"格"面，还要"格"心。

《南赣乡约》文告中，阳明先生首先阐明了举办乡约的目的：没有人天生罪恶，民俗之善恶由于积习使然，是官府没有履行人文教化之任，父老乡里没有尽到训诲规劝之责。

> 故今特为乡约，以协和尔民，自今凡尔同约之民，皆宜孝尔父母，敬尔兄长，教训尔子孙，和顺尔乡里，死丧相助，患难相恤，善相劝勉，恶相告戒，息讼罢争，讲信修睦，务为良善之民，共成仁厚之俗。[①]

阳明先生说："你们父老子弟不要念新民的旧恶，就不与他们相交以善，新民就是曾经做过山贼后来接受官府招抚的人，因为他们一念迁善就是善人了。你们也不要以为自己是良民而不加以修身，你们一念而恶就是恶人了。人的善恶就在一念之间。"

这段话通俗易懂，同时又是至理名言，可以说是儒家精神之所在。阳明先生常说圣人学问"广大简易"，由此可见一斑。

阳明先生为乡约设计了极其严密的制度规定，从乡约的组织形式，如约长、约副、约正、约史、知约、约赞等职责分工及经费、场地等乡约能够维持运行的保障，到约内问题的处理原则，包含了所有导致乡民出现冲突的可能性，再到具体乡约会日的礼仪，会日礼仪详尽的规定，简直就像一部话剧剧本，可操作性极强。

---

① 王守仁：《王阳明全集》，第507页。

如果说乡约组织形式是正面保障乡约运作，约内问题处理从反面消除乡约运作的不利因素，那么会日就是教化的核心内容。

会日是一种仪式感极强的活动，通过"彰善""纠过"激发乡民的荣辱心，同时不使有过错的乡民陷入羞愤，被表彰的乡民得意忘形，更让"领导层"明白自己的职责所在，而不是处于裁判者的位置。"羞恶之心，义之端也"，这正是激发良知的最易下手处。

如果当年巡抚南赣的不是阳明先生，即便侥幸剿灭了山贼，南赣这群百姓，有哪个确定不会再上山？白天拿锄头的手，晚上会不会重新握起刀枪？何况还有叶芳、卢珂之流，虽然接受招抚，但随时可以呼哨一声，拉起上千人。

如果南赣巡抚没有对"吾性自足"的体证，没有天地万物一体的仁心，南赣百姓只会被看作是一群需要严加看管的潜在暴乱分子。而在阳明先生这里，他们只是缺乏教化的朝廷赤子，"天下无不可化之人"，恶劣如象都可以被教化，何况南赣的普通百姓？

阳明先生巡抚南赣是南赣百姓的大幸。据天启年间的《重修虔台志》记载，赣州"十家有牌，一乡有约，污染尽革，政教维新"。南赣百姓也没有忘记王阳明先生，嘉靖年的大学士费宏在《阳明王先生报功祠记》载："公之去赣久矣，而人犹思之，复建祠以祀之。富者输财，贫者效力，巧思者模像，善计者纠工，虚堂香火，无替岁时。报施之道，不于其存而于其亡，身后之事，未定于天下而私于一方，吾是以知赣人之重义也。"[1]

南赣百姓为阳明先生建报功祠时，在朝廷那里王学还是"伪学"，阳明先生的一切政治待遇都没有得到恢复。但是，南赣百姓不需要府县官员的支持，自动自发组织起来修建报功祠，"富者输财，贫者效

---

[1]　王守仁：《王阳明全集》，第1226页。

力，巧思者模像，善计者纠工"，这就是民心。

阳明先生于正德十三年三月十四日上《乞休致疏》，六月十八日上《辞免升荫乞以原职致仕疏》，正德十四年正月十四日上《乞放归田里疏》。

这不是为了显示自己不贪恋权势的礼节性的上疏，而是真心请求回家。阳明先生除了这三篇奏疏，还专门几次致信自己的荐主兵部尚书王琼，请求准许辞职。"秋冬之间，地方苟幸无事，得以归全病喘于林下，老先生肉骨生死之恩，生当何如为报耶！""昨日乞休疏入，辄尝恃爱控其恳切之情，日夜瞻望允报。伏惟明公终始曲成，使得稍慰老父衰病之怀，而百岁祖母，亦获一见为诀，死生骨肉之恩，生当何如为报耶！""乞休疏待报已三月，尚杳未有闻。归魂飞越，夕不能旦。伏望悯其迫切之情，早赐允可，是所谓生死而肉骨者也，感德当何如耶！"

阳明先生满心以为自己上疏之后，朝廷就会批准。叔父王德声来赣州探望，阳明先生还留他住了三个月，准备等朝廷批准自己辞官后，一起返乡。结果返乡的批复一直等不来。

王德声说："秋风菁鲈，知子之兴无日不切。然时事若此，恐即未能脱，吾不能俟子之归舟。吾先归，为子开荒阳明之麓，如何？"阳明先生只能眼睁睁地看着叔父离开。

这并非兵部尚书王琼不近人情，而是他心中还有一件大事未了，需要倚仗阳明先生。

第八部分

江西平叛（上）

　　宁王朱宸濠世居南昌，图谋不轨十年有余，于正德十四年六月十四日造反。此时，阳明先生奉调福建平叛，途经南昌，当机立断，掉转船头，赴吉安举义勤王。为牵制叛军出兵南京，阳明先生以各种计谋迷惑朱宸濠，为召集人马争取了时间，最后决定利用宁王出兵安庆之际，直捣叛军大本营南昌。

正德十四年六月十四日，宁王朱宸濠造反。

朱宸濠，宁王朱权五世孙。朱权是明太祖朱元璋第十七子，洪武二十四年受封宁王，第二年就藩大宁（今内蒙古赤峰市宁城县），有甲兵八万，战车六千，属下朵颜三卫是蒙古骑兵，骁勇善战。朱权多次会合诸王出塞作战，以善于谋略著称。

建文元年，燕王朱棣起兵，劫持宁王，共同"清君侧"，并允诺事成之后，平分天下。待燕王即帝位后，朱权请求改封南方，请求封苏州不允，请求封钱塘又不允，最后封南昌，仍称宁王。

按照明朝制度，王府可以设置护卫，"护卫甲士少者三千人，多者至万九千人"。此前，因朱宸濠的祖父朱奠培违法，宁王府被剥夺了拥有护卫的权力。

正德元年，朱宸濠派内官梁安带金银两万两贿赂刘瑾，恢复了王府护卫的权力。正德五年，刘瑾伏诛，王府护卫的权力又被剥夺。

正德八年，陆完任兵部尚书，朱宸濠得知消息后大喜："全卿为司马，护卫可复得矣。"全卿是陆完的字，他在任江西按察使时与朱宸濠有旧。朱宸濠给陆完写信，让他想办法再次恢复护卫的权力。

朱宸濠为什么费这么大劲恢复护卫的权力？他不仅仅是为了摆摆亲王的威风。他认为自己有天子气象。

朱宸濠心怀不轨，就有人迎合他。术士李自然妄称朱宸濠乃天命所归，当为天子。另一位术士李日芳则说南昌东南有天子气，朱宸濠就在南昌东南建了阳春书院。对外称阳春书院，自己则称其"离宫"。既然要当皇帝了，自然要掌握武装力量，所以朱宸濠才不遗余力地想恢复护卫的权力。

为了恢复护卫的权力，朱宸濠还巴结一个叫臧贤的伶人。臧贤是正德皇帝的男宠，风头正盛，连钱宁、张锐、张雄等人都要巴结他。朱宸濠用大车拉着金银送给臧贤，并通过他贿赂朝廷要员，其中就有内阁首辅杨廷和。

内阁次辅费宏是江西铅山县人,听到宁王上蹿下跳要恢复护卫权力的消息,公开说:"今宁王以金银贿赂百官恢复护卫权力,如果让他得逞,将来我江西连一个活口都剩不下。"陆完知道,如果费宏坚持不同意恢复宁府护卫的权力,这件事就难办了。

这时已经是正德九年了,按照惯例,这一年是会试之年。三月十五日廷试,内阁与部院大臣都要到东阁读卷。陆完就跟钱宁密谋,陆完在十四日将宁王朱宸濠恢复护卫权力的奏疏送达内廷,十五日中官陆明以皇帝的名义下诏给内阁,当值的大学士杨廷和下旨同意,这样就避开了费宏。

陆完和杨廷和害怕费宏知道这件事会不依不饶,就找了个理由诬陷费宏,最后皇帝下诏让费宏致仕。

为了显示自己的气派,朱宸濠将护卫称侍卫,自称国主,将自己的令旨改称圣旨,还要求当地官员见他的时候要穿朝服,简直是在敲锣打鼓地告诉天下人自己要当皇帝的野心。

既然要当皇帝,自然要招兵买马,朱宸濠招募了当地巨寇杨清、李甫、王儒等百余人入府,号称"把势",又找来一位"高人",就是举人刘养正。刘养正素有才名,修习兵法,见到朱宸濠便聊起宋太祖陈桥兵变,称朱宸濠乃"拨乱之才"。朱宸濠听了心花怒放,从此以"先生"称呼刘养正。

除了刘养正,宁王还有一位重要谋士,就是李士实。李士实是成化二年进士,入过翰林院,相传与朱宸濠是儿女亲家。李士实是江西南昌人,颇通风水,擅长寻龙点穴,以姜子牙、诸葛孔明自比。从后来他给朱宸濠出的主意看,他还确实懂韬略。

招兵买马需要经费,经费从哪里来?朱宸濠用了最简单粗暴的方式——抢。他派鄱阳湖大盗杨子乔带领杨清等人在鄱阳湖上抢劫,还与各地山贼湖寇勾结四处劫掠,自己也下场欺压百姓,强抢民宅,放高利贷等，无所不用其极。

除了这些，朱宸濠还想方设法驱逐江西境内忠于朝廷的人。

正德八年九月，因江西巡抚王哲不顺从自己，朱宸濠宴请王哲，史料记载"哲自濠所宴饮归，以病暴卒，时以为濠毒之云"。朱宸濠敢毒死江西巡抚，可谓胆大包天了。

正德十年六月，朱宸濠又擅自诛杀都指挥戴宣，驱逐布政使郑岳、御史范辂，幽禁知府郑巘、宋以方。

虽然宁王是亲王身份，但如此恶劣的行径，朝廷居然没有过问，可谓是咄咄怪事。

后任江西巡抚俞谏见朱宸濠反迹已现，四次上疏揭露，朱宸濠则指使御史张鳌山弹劾俞谏。正德十一年朝廷将其召还北京，改由孙燧出任江西巡抚。

同年，江西按察司副使胡世宁奏报宁王朱宸濠罪状。朱宸濠反诬陷胡世宁离间皇家亲情，谣言诽谤，并贿赂太监逮捕胡世宁。当时胡世宁已经升任福建按察使，上任途中顺道到浙江家中探亲，宁王的死党浙江巡按御史潘鹏派人前去捉拿。

如果被潘鹏拿住，胡世宁必死无疑。浙江按察使李承勋将胡世宁藏起来，让他走小路到京城自首。胡世宁在狱中三次上疏："江藩横逆，朝野皆闻，微臣愚戆，天日共鉴。"虽然两京言官上疏救他，他仍在狱中待了两个冬天后，被发配辽东沈阳戍边。

江西左布政使张巘（dǐng）多次阻止宁王朱宸濠胡作非为，朱宸濠派人送给张巘四个果子，乃是枣、梨、姜、芥，张巘冷笑着对来人说："我懂，这是让我早离江西界。臣子受命于君，来去岂能是他人所能干预的？"最后朱宸濠通过贿赂吏部，将张巘调离江西。

正德十二年，宁王府中的典仪阎顺，内官陈宣、刘良偷偷走小路，上北京揭发宁王不轨，然而因为钱宁、臧贤等人的掩护，皇帝没有追究。朱宸濠认为这是承奉周仪的主意，杀掉周仪全家及典仗查武等数百人。

此时的宁王，已经按捺不住当皇帝的迫切心情了。他命令王春、余钦招募大盗凌十一、闵廿四等五百人，四处勾结亡命之徒，同杨清等人藏在丁家山寺，劫掠官民财物；又勾结广西土兵狼达，和南赣、汀、漳的洞蛮，想在造反时让他们呼应；又派人到广东收皮帐，用来制作皮甲，还日夜不停地打造刀枪盔甲。

朱宸濠还派遣奸人卢孔章等人在水陆要道安排谍报，传递消息，从北京到南昌十日便可往返。如果走当时的驿道，他们从南昌到北京得一个多月的时间。

正德十三年八月，朱宸濠居然派凌十一、闵廿四、吴十三抢劫了新建县库银七千余两。

江西巡抚孙燧也不简单。他看到宁王反迹越来越明显，但是朱宸濠毕竟是亲王，他不能先发制人，就在江西布置应对之策。

第一，他以抵御土匪为名，要求进贤、南康、瑞州等地全部筑起城墙。

第二，他请敕湖东道分巡兼理兵备，与上饶成掎角之势。

第三，他加强九江兵备，兼摄南康、宁州、武宁、瑞昌及湖广、兴国、通城，以便控制。

第四，他在广信、横峰、香山等地势险要之地设通判驻地，监督六县。

第五，为防止朱宸濠起兵夺取兵器，他借讨贼之名将兵器全部调到城外。

孙燧说："即使贼人起兵，我灭不了贼，贼人也必因我的安排而速灭。"

这时，正赶上江西涝灾，凌十一、吴十三、闵廿四等又在鄱阳湖一带出没，抢劫财物。孙燧与按察司副使许逵带兵从长江掩杀过来，当夜大雨影响用兵，这些人才乘机逃到了宁王朱宸濠的墓地藏起来。

这下朱宸濠紧张了，写信给陆完："马上想办法把孙燧调走，让梁辰、汤沐来，王守仁也可以，千万不能用吴廷举。"讽刺的是，一年后，王守仁果然担任了江西巡抚，不过不是因为他的推荐，而是因为平定他的叛乱立了大功。可见朱宸濠的眼光着实不行。

当然，这封信后来也给阳明先生带来了很大的困扰，成了别人攻击他的把柄。

江西巡抚孙燧也上疏告发朱宸濠反状，七次上疏均被中途截获，根本到不了皇帝身边。被逼无奈，孙燧只好上疏请求致仕，朝廷也没有答应。

朝野上下都知道朱宸濠要造反，但是朝中大臣、宫中太监大多收受过朱宸濠的贿赂，隐匿不报。

宁王朱宸濠最后的疯狂就要到来了。

正德十三年十一月，江西巡抚孙燧抓捕了大盗吴十三等，关押在南康监狱，宁王朱宸濠唯恐秘密泄露，派人劫狱，把这群贼人给救走了。兵部尚书王琼是为数不多的没有收受宁王贿赂的人之一，得知这个消息后大怒，严令江西缉捕大盗。

劫狱这件事确实太大了，朱宸濠也紧张起来，于是做了一件蠢事：让江西的读书人联名上书，保举他的"孝行"。不仅如此，他还要求巡抚孙燧、巡按御史王金也上疏。

正德皇帝朱厚照虽然胡闹，但是不蠢，一看奏疏，大吃一惊："百官表现贤良是要升官。宁王让别人保举他贤良想干什么？准备置我于何地？"这时太监张忠在一旁说："朱宁（即钱宁）、臧贤跟宁王勾结，图谋不轨，陛下不知道吗？他们赞扬宁王孝，就是讥讽陛下不孝；称宁王勤政早朝，就是讥讽陛下不早朝啊！"正德皇帝听后点点头，没说话。

御史萧淮又上疏称，"宁王不尊祖训，包藏祸心，招纳亡命，反形已具"。

正德皇帝身边有两个"红人"，一个叫江彬，一个叫钱宁，"小人党而不群"，这两个人也是矛盾重重。钱宁收了贿赂替宁王说话，太监张忠想扳倒钱宁，便与江彬极力游说皇帝，革去宁王护卫。

其实，这个时候首辅杨廷和也开始紧张了，他收受了宁王的贿赂，还帮宁王恢复了护卫。现在宁王越来越跋扈，眼看着要谋逆，如果宁王真谋逆，他难辞其咎。杨廷和也想再次革去宁王的护卫，以绝后患。江彬和张忠的建议得到首辅杨廷和的支持，杨廷和提议由驸马都尉崔元前往宣旨。

为什么让崔元去宣旨呢？在宣德年间，汉王朱高煦叛乱，供述赵王朱高燧也参与其中。宣德皇帝认为证据不确凿，不忍心逮捕自己的叔叔，就让驸马都尉袁容拿着朱高煦的供词给赵王朱高燧看，朱高燧吓坏了，自动请求革去护卫，以示自己没有谋反之心。这次朝廷派驸马都尉崔元前去，也想让宁王朱宸濠学习赵王，主动请求革去护卫。

于是，正德皇帝命令驸马都尉崔元、都御史颜颐寿、太监赖义持谕前往南昌。

六月十三日，朱宸濠生辰，宴请在赣地方官员。这一天，宁王府接到了安插在北京眼线的报告：皇帝派驸马都尉崔元为钦差，来宁王府宣旨。

朱宸濠一听，大惊失色，原来他想起了另一个故事：当年弘治皇帝逮捕荆王朱见潚时，就是派驸马都尉蔡震前往。

弘治帝为什么派驸马都尉前往？因为亲王的家眷毕竟是皇家亲戚，如果被其他官员侮辱，就失了天家体面。

荆王朱见潚被逮捕的情景，那是宁王朱宸濠亲眼所见。朱宸濠做贼心虚，一听皇帝派驸马都尉来，就肯定地说："这是来擒拿我的。"

本来，宁王与李士实、刘养正议定八月十五日起兵，一看事情发生变化，就急忙召集李士实、刘养正商议，刘养正说："事态紧急，明天各位官员来王府谢恩，即可起兵。"

十四日，地方官员入王府谢恩。朱宸濠派甲士将这些官员团团包围，自己站在露台上，对众人说："太后有密旨，令我起兵入朝监国，你们知道吗？"

江西巡抚孙燧马上明白了朱宸濠的意图，抗声道："不知。密旨在哪里？"

朱宸濠说："不必多言，我今前往南京。你们是否保驾？"

孙燧怒视朱宸濠，厉声呵斥："天无二日，民无二王。太祖法制在，谁敢违背？！"这句话他是说给朱宸濠听的，更是说给身后那些官员听的。

朱宸濠大怒，让人把孙燧捆起来。其他官员一看大惊失色，你看看我，我看看你，吓得不敢说话。

按察司副使许逵大喝："孙都御史乃是朝廷大臣，你这反贼怎敢擅杀？！"他回头看看孙燧："我说先动手，你不听。今天受制于人，有何话可说？！"

朱宸濠命令甲士将许逵一起绑起来，问："你有何话说？"

许逵边被绑边骂："我有一颗丹心在，岂会跟你造反？"

校尉火信将二人拖出惠民门外杀害。

临死前许逵还骂："今日贼杀我，明日朝廷必杀贼！"

朱宸濠又将御史王金，主事马思聪、金山，参议黄宏、许效廉，右布政使胡廉，参政陈杲、刘棐，佥事赖凤，指挥许金、白昂等下狱。马思聪、黄宏在狱中绝食而死。

参政王纶、季敩，佥事潘鹏、师夔，布政使梁宸，按察使杨璋，副使唐锦等人，一看大祸临头，主动投靠朱宸濠。

接着朱宸濠开始封官。以刘吉、万锐、余钦等为太监，迎请李士实为太师,迎请刘养正为国师,封闵廿四等人为都指挥,封参政王纶为兵部尚书,参政季敩暨金事潘鹏、师夔等人听候使用。

宁王又胁迫布政使梁宸、按察使杨璋、副使唐锦、都指挥马骥等人向各府县发布檄文,招降各州,宣布革除"正德"年号,揭发正德皇帝罪行。

接着他派遣娄伯、王春等四出收拢人马,得亡命、丁壮合十万余人。六月十六日,闵廿四、吴十三率贼人夺船攻南康府,知府陈霖逃跑,进攻九江府,兵备副使曹雷、知府汪颖也逃跑了。九江、南康不战而落入叛贼之手。朱宸濠命师夔镇守两府。

幸好还有一个硬气的知县。娄伯奉命前往进贤县招降,被知县刘源清诛杀。

此时,阳明先生还不知道宁王朱宸濠造反,正坐船赶往福建。

正德十四年五月,福州三卫军人进贵等胁众谋反。六月初五日,阳明先生接到朝廷敕令,命令他前去会同查议处置。

阳明先生安排好南赣相应事宜,于初九日坐船前往福建。阳明先生拟定的行进路线是从赣州顺赣江到南昌,由南昌转道绍兴,探望亲人,然后再去福州。

六月十五日,阳明先生船行至丰城县一个叫作"黄土脑"的地方,忽然得到丰城知县顾佖禀报:本月十四日宁府称乱,将孙都御史、许副使并都司等官杀死,巡按及三司、府、县大小官员不从者俱被执缚,不知存亡,各衙门印信被尽数收去,库藏被搬抢一空,见监重囚俱被释放,舟楫蔽江而下,声言直取南京,一面分兵北上。

丰城离南昌城仅数十里之遥,阳明先生意识到局势非常危急。此时,船上还有夫人诸氏、公子王正宪,以及参谋雷济、萧禹。阳明先生与雷济、萧禹商定立即掉转船头回南赣,准备举义勤王。

当时,南风刮得正紧,船根本没法向南走。阳明先生在船头向上天焚香祷告:"老天若哀悯生灵,允许我匡扶社稷,请掉转风向。如果老天放弃这一方百姓,我王守仁也不苟活于世上。"一会儿南风竟然真的慢慢停下来,不久,北风大作。阳明先生得以顺利南返。

正德十五年阳明先生有诗《丰城阻风》,并题跋:"前岁遇难于此,得北风幸免。"

> 北风休叹北船穷,此地曾经拜北风。
> 勾践敢忘尝胆地?齐威长忆射钩功。
> 桥边黄石机先授,海上陶朱意颇同。
> 况是倚门衰白甚,岁寒茅屋万山中。[①]

嘉靖六年,阳明先生赴广西平叛,路过黄土脑,写诗《重登黄土脑》,再一次提及"此地曾经拜北风":

> 一上高原感慨重,千山落木正无穷。
> 前途且与停西日,此地曾经拜北风。
> 剑气晚横秋色净,兵声寒带暮江雄。
> 水南多少流亡屋,尚诉征求杼轴空。[②]

可见,《阳明先生年谱》记载的这段"拜北风"的经历,虽然神奇但并非杜撰。

虽然北风起了,但阳明先生害怕叛军派人追来,不敢坐官船走,只能变易服装,坐上一条小渔船,从小路向回走。夫人诸氏提一把剑

---

① 王守仁:《王阳明全集》,第636页。
② 同上书,第657页。

与阳明先生告别："你快走，不要为我母子担忧。若宁王叛军追上，我凭借这把剑自卫。"

阳明先生先到临江府，知府戴德孺听说南赣王巡抚到了，喜出望外，赶紧将先生迎入城中，听从先生调度。阳明先生说："临江府就在大江边上，且与南昌太近，不如到吉安府。"

阳明先生与戴德孺商量：朱宸濠若走上策，则直趋京师，出其不意，如此则江山社稷危险了；中策则直趋南京，如此大江南北都要受其害了；下策则据守南昌，如此则平叛容易。

问题是，宁王朱宸濠一干人也不是白痴，既然造反怎么可能留在南昌？阳明先生只能设法阻扰朱宸濠出兵。朱宸濠出兵延迟一天，老百姓就少受一天刀兵之苦；若能延迟半月，朱宸濠起兵的消息远近皆知，两京自然有所准备。

很快，朱宸濠"截获"了一张"火牌"，"火牌"是明代飞报军情时使用的凭证。

> 提督两广军务都御史杨为机密军事：准兵部咨及都察院右副都御史颜咨俱为前事，本院带领狼达官兵四十八万，齐往江西公干。的于五月初三日在广州府起马前进，仰沿途军卫有司等衙门，即便照数预备粮草，伺候官兵到日支应。若临期缺乏误事，定行照依军法斩首。[1]

从"火牌"上看，朝廷根据都察院右副都御史颜颐寿的奏报，派提督两广军务都御史杨旦在两广各处秘密调动兵马，并于五月初三在

---

[1] 王守仁：《王阳明全集》，第 1215 页。

广州起兵，直奔江西袭击朱宸濠，要求沿途各衙门供应粮草。

其实，这个"火牌"是阳明先生让人伪造的，是雷济派精细之人设法打入南昌，让叛军"截获"的。朱宸濠看到这个"火牌"，心里产生疑虑：难道两广兵马真的已经杀来江西？

同时，阳明先生又和雷济伪造迎接京军的文书：

提督军务都御史王为机密军务事：准兵部咨该本部题奉圣旨："许泰、邻永分领边军四万，从凤阳等处陆路径扑南昌；刘晖、桂勇分领京边官军四万，从徐州、淮安等处水陆并进，分袭南昌；王守仁领兵二万，杨旦等领兵八万，陈金等领兵六万，各从信地分道并进，刻期夹攻南昌。务要遵照方略，并心协谋，依期速进；毋得彼先此后，致误事机。钦此。"等因。咨到职，除钦遵外，照得本职先因奉敕前往福建公干，行至丰城地方，卒遇宁王之变，见已退住吉安府起兵。今准前因，遵奉敕旨，候两广兵齐，依期前进外，看得兵部咨到缘由，系奉朝廷机密敕旨，皆是掩其不备，先发制人之谋。其时必以宁王之兵尚未举动。今宁王之兵已出，约亦有二三十万，若北来官兵不知的实消息，未免有误事机。

以本职计之，若宁王坚守南昌，拥兵不出，京边官军远来，天时、地利，两皆不便，一时恐亦难图。须是按兵徐行，或分兵先守南都，候宁王已离江西，然后或遮其前，或击其后，使之首尾不救，破之必矣。今宁王主谋李士实、刘养正等各有书密寄本职，其贼凌十一、闵廿四亦各密差心腹前来本职递状，皆要反戈立功报效。可见宁王已是众叛亲离之人，其败必不久矣。今闻两广共起兵四十八万，其先锋八万，系遵敕旨之数，今已到赣州地方。湖广起兵二十万，其先锋六万，系遵敕旨之数，今闻已到黄州府地方。本职起兵十万，遵照敕旨，先领兵二万，屯吉安府地方。各府知府等官各起兵快，约亦不下一万之数，共计亦有十一二万人马，尽已彀用。

但得宁王早离江西，其中必有内变，因而乘机夹攻，为力甚易。为此今用手本备开缘由前去，烦请查照裁处。并将一应进止机宜，计议停当，选差乖觉晓事人员，与同差去人役，星夜回报施行，须至手本者。①

这封长长的文书说了三个意思：第一，朝廷早已洞察朱宸濠谋反之心，已派出各路大军前来围剿；第二，只等朱宸濠离开南昌，各路大军乘势夹击，则朱宸濠必被擒；第三，朱宸濠的军师李士实、刘养正以及大将凌十一、闵廿四早已投诚朝廷。

写完手本之后，阳明先生让雷济选派腿脚利索、擅长长途跋涉的仆人，多给盘缠，并将手本的内容当作真实情况告诉他们，让他们偷偷连夜赶往南京、淮安和扬州等地迎接官兵。

阳明先生又让雷济收买平常与朱宸濠有交往的人，让他们去宁王府报信，说阳明先生已派人去迎接官军。朱宸濠得到消息，对报信人厚加赏赐，派人四处捉拿迎接官兵的仆人。

朱宸濠看到手本之后，更加害怕，命人将那些仆人拦截抓获，严加拷问，这些仆人也不知道自己的文书是假的，只能按照出发时主人的吩咐招供。朱宸濠将信将疑，派人马到各处打探。

于是叛军又"截获"了阳明先生写给李士实、刘养正的"回信"各一封，信中说：

承手教密示，足见老先生精忠报国之本心，始知近日之事迫

---

① 　王守仁：《王阳明全集》，第 1216～1217 页。

于势不得已而然，身虽陷于罗网，乃心罔不在王室也。

所喻密谋，非老先生断不能及此。今又得子吉（刘养正，字子吉）同心协力，当万无一失矣。然几事不密则害成，务须乘时待机而发乃可。不然恐无益于国，而徒为老先生与子吉之累，又区区心所不忍也。

况今兵势四路已合，只待此公一出，便可下手，但恐未肯轻出耳。昨凌、闵诸将遣人密传消息，亦皆出于老先生与子吉开导激发而然。但恐此三四人者皆是粗汉，易有漏泄，须戒令慎密，又曲为之防可也。

目毕即付丙丁，知名不具。[①]

这封信的意思已经非常明白：李士实、刘养正乃是朝廷打入宁府的内应，还策反了凌十一、闵廿四等人。阳明先生告诉他们，现在朝廷兵马已经四处合围，只等宁王出城，同时嘱咐他们要注意保护自己的安全。

信的最后还来了一句"目毕即付丙丁，知名不具"。丙丁五行属火，意思是让他们看完这封信就烧掉，"知名不具"说明写信人跟收信人已经非常默契。

当然，朱宸濠截获的书信也是阳明先生与雷济、龙光等人策划的，阳明先生写完信以后，让雷济派人送给李士实，让龙光派人送给刘养正，想办法让朱宸濠"截获"。

被截获的书信与迎接京军的文书相互印证，朱宸濠对李士实、刘养正猜疑起来。

李士实劝朱宸濠越过安庆，直趋南京，朱宸濠不听；劝朱宸濠径

---

① 王守仁：《王阳明全集》，第1217页。

自蕲州、黄梅，直趋京师，朱宸濠也不听。

应该说，李士实还是有军事眼光的，他的策略与阳明先生的上、中、下三策的判断基本一致。但是他辅佐了朱宸濠，对手又是阳明先生，也是命该如此。

阳明先生又派雷济、龙光把刘养正的家属接到吉安厚养起来，并秘密派遣家人到刘养正处传递消息，又让跟刘养正交好的指挥高睿给刘养正写信。这样，李士实与刘养正也相互猜忌起来。

六月十八日，阳明先生到吉安后，又让雷济伪造南雄、南安、赣州等府报帖，每天飞报到吉安，打入南昌。此举一则动摇省城人心，二则鼓励吉安效义之士。

阳明先生又派人写了大量的告示，到处张贴，告诉老百姓现在平叛的人马已经从四面八方赶来，让百姓安心生活，不要惊慌，更不要传播谣言，同时鼓励百姓报效国家。

阳明先生又让人写了投降旗号和木牌，在各个路口都插满，告诉从逆叛军，只要投降就可以免死。阳明先生又在丰城设下疑兵，让叛军觉得官军马上要攻打南昌城。许多叛军也偷偷离开南昌城，投降官军。

经过阳明先生这一番真真假假、虚虚实实的布置，朱宸濠吓得龟缩在南昌城内，不敢出城。

六月十九日，阳明先生上疏飞报宁王谋反。因担心奏疏被叛军截获，朝廷接不到，六月二十日阳明先生又发出一份奏疏告急。

七月十三日甲辰，朝廷接到了巡抚南畿都御史李充嗣的告急奏疏，京师震动。

兵部尚书王琼与各位大臣在左顺门商议对策，诸位大臣面面相觑，没有人敢站出来斥责朱宸濠造反。《明史纪事本末》形容朱宸濠的势力，"宫掖树其私人，六卿半其羽翼；京省津梁，飞骑立达；荆蛮百越，振臂能呼"。

在这些大臣看来，朱宸濠这次造反必定能成功，靖难之役，殷鉴不远，万一被朱宸濠知道自己说了不合适的话，那就是灭族之祸，还是三缄其口，明哲保身为妙。

王琼此时站出来，说："诸君勿忧，吾用王伯安①抚赣州，正为今日，不过旦夕，贼成擒耳。"

接着，王琼在内阁值房写出十三条奏疏：请下诏削去宁王朱宸濠藩属身份，宣布其为叛逆；请下诏派将出兵，直趋南京；命南和伯方寿祥防守江都；命御史俞谏率淮兵助防南京；命户部尚书王鸿儒负责军饷供给；命王守仁率南赣兵由临江府、吉安府出发，湖广巡抚都御史秦金率湖广兵由荆州、瑞安出发，会师南昌；命南畿都御史李充嗣镇守镇江；命浙江巡抚许廷光镇守浙江；命淮安都御史丛兰镇守仪真，遏制叛军冲要；传檄江西各路，但凡有忠臣义士举义擒反者，封侯；南京守备操江武职和南京五府掌印敛书官各自上疏自陈，听取选用。

可见，王琼对宁王朱宸濠造反早已经做好准备，迎敌策略成竹在胸。

礼部主事梁日孚曾经对霍韬说："宸濠反时，满朝文武心向宸濠者，十有八九，都认为宸濠必定成功。真正屹立不惧者，只有王晋溪一人而已。"

就在朝廷大臣还在满腹狐疑、瞻前顾后之时，阳明先生已经与吉安知府伍文定带领义兵从吉安出发，赶赴疆场。

---

① 王伯安，即阳明先生。阳明先生，名守仁，字伯安，号阳明。古人同僚之间称字，以示尊重。

起初，阳明先生在南赣招募民兵，是因为当时朝廷同意以袁州、临江、吉安三府的盐税作为军费。南赣匪患平定后，朝廷收回盐税，官府没有军费，便将民兵解散归田，剿匪的勇兵悍将都已脱离官府编制，吉安举义勤王仍须临时招揽兵马。

好在此时阳明先生手中有王命旗牌。原来，福州三卫军人进贵作乱时，王琼派阳明先生平叛，并假以旗牌，颇有深意。王琼曾经对兵部主事应典说："进贵作乱小事一桩，不足以劳烦王守仁。但可以借此机会给他敕书，以防有其他变故。"

阳明先生牌行赣州府，"为此牌仰本府官吏，照牌事理，并行附近卫所，各行所属，起集父子乡兵军余人等，昼夜加谨固守城池，以保不测"，让赣州府准备粮草，"知府邢珣查将贮库钱粮尽数开具印信手本，先行呈报，毋得隐匿"，同时召集人马，随时准备出征，"一面行取安远等县原操不论上下班次官兵，各备锋利器械，通到教场，日逐操练，重加犒饷，选委谋勇官员管领，听候本院公文一至，即刻就便发行。敢有违误，定以军法处治，决不轻贷"。

阳明先生又移文两广总督都御史杨旦，共勤国难："烦为选取骁勇精壮兵快、乡夫、打手人等大约四五千名，各备锋利器械，选委谋勇胆略官员，或就委岭南道兵备金事王大用监统，给与各兵行粮，不分雨夜，兼程前来，共勤国难。"

先生又牌行福建布政司，要求福建选调兵马参加平叛，"选调兵马，选委忠勇胆略堂上官，督领各项交界地方，加谨防截，相机夹剿"。

先生又案行南安等十二府及奉新等县募兵策应，令"所属县分并卫所衙门，各起调官军乡兵，固守城池，保障地方。仍一面分调兵快，散布关隘，严加把截；一面选募骁勇精兵，大县约四五千名，小县约二三千名以上，各备锋利器械，供给粮草，择委能干勇力官员管领操练，其各项钱粮费用，听将在官钱粮动支，随申本院查考"。

阳明先生甚至还想起了吉水县民兵王益题、曾思温、易弘爵、王昭隆等人，这些人"素习武勇，人多尚义"，他要求当地官吏"即将各户义兵，照数调集，各备锋利器械，编成行伍，金选百长、总小甲管领，就仰该县查支官钱，给与口粮，暂且就屯本县操演武艺，听本院指日东下，随军进剿"。

为了招募义军，阳明先生可谓掘地三尺，能调动的兵力，都调动了，连永新县梅花峒及龙田、上乡、樟枧（jiǎn）、关北诸处的义兵都调动了。

梅花峒义兵是畲族，就像湖湘土兵、两广狼达一样，民风彪悍，勇于杀敌，同时也容易骚扰地方，阳明先生平定南赣，没有动用土兵狼达，就是担心他们为害地方，但是现在情况紧急，只能两害相权取其轻了。

阳明先生不但要调兵，还要安定民心。藩王在一般老百姓眼中，那是天大的官，百姓必然心存畏惧。阳明先生告诉老百姓："宁府未叛之前，尚为亲王，人不敢犯；今逆谋既著，即系反贼，人人得而诛之，复何所惮！"他还鼓励老百姓："尔等义民，正宜感激忠义，振扬威武，为百姓报仇泄愤，共立不世之勋，以收勤王之绩。"

兵马未动，粮草先行。招募人马，更须募集粮饷。

当时，赣县、兴国、永新等县正德十三年的交兑军粮，正在吉安排队等候发运。阳明先生下令吉安府安排空仓或者宽大寺观，将这些粮食收囤。

阳明先生又将吉安府官库钱米银两，以及京库银两、兑淮粮米，暂且借支，并让抚州府将建昌、抚州、广信、饶州四府将兑军粮米十余万石，暂作军饷。这样，军粮也有了基本保障。

一切准备就绪，吉安知府伍文定向阳明先生请教如何出兵，阳明先生说："兵家之道，不能冲其锋芒，攻其必备。我们显示只会自守，不会出兵的样子，等他出南昌，我们再尾随其后，先克复南昌，捣毁他的老巢，等他回兵来救时，再伏击他，这才是全胜之策。"

七月初三，朱宸濠亲自带兵直趋安庆。

本来，朱宸濠准备六月二十二日自己率领兵马直趋南京，在南京谒陵称帝，再进犯北京。结果，因为"截获"了那么多假情报，宁王被吓得龟缩在南昌不敢出城。随着各路探子返回消息，朱宸濠终于明白自己中了阳明先生的"无中生有"之计，这一耽误就是半个多月。

朱宸濠派宗支朱拱樤（tiáo）和太监万锐留下万余人守南昌，自己与宗支朱拱栟（bīng）、李士实、刘养正等带兵顺江东下。贼众六万人，号称十万，以刘吉为监军，王纶参赞军务，指挥葛江为都督，分五路一百四十队出鄱阳湖，直趋安庆。

当初，朱宸濠虽然自己不敢出南昌，但派太监余钦、贼首凌十一率众东下，一路烧杀抢掠，六月二十七日贼船五十余只到达安庆，将安庆团团围住。安庆知府张文锦与都指挥杨锐早有防备，安排人马四面防守，昼夜与贼人厮杀。

七月初五日，宁王朱宸濠率叛军大队人马到达安庆，船队首尾相连达六十余里。朱宸濠登黄舰，亲自指挥攻城。江西佥事潘鹏是安庆人，朱宸濠命他带着伪檄文上前劝降。潘鹏的家童在城头看到自己的主人，大声呼叫，被安庆都指挥杨锐一刀腰斩。城上士兵箭射潘鹏，吓得潘鹏落荒而逃。

叛军大怒，攻城更加猛烈，张文锦、杨锐等人死战不退。城中老弱妇女上城给官兵送水送饭，运送石头。如果叛军攻城，守军或砸石头，或泼沸水，叛军受伤严重。

见安庆久攻不下，李士实劝朱宸濠别在安庆滞留，直扑南京。朱宸濠大怒："安庆都攻不下来，更不用说南京。"

七月十六日，南昌守城军门官差人来报：赣州王都堂已经带领人马来到丰城，城中军民震骇，请求紧急派兵救援。

朱宸濠听后非常惊慌，准备马上回兵救南昌。李士实劝阻，认为应该直扑南京，一旦朱宸濠登基为帝，南昌自然解围，宁王不听。第二天，朱宸濠先派两万人去救南昌，自己也随后督大军往回赶，安庆围解。

朱宸濠万万没有想到，再次进南昌是以俘虏的身份。

第九部分

江西平叛（下）

　　阳明先生率领义军以迅雷不及掩耳之势，迅速收复南昌，并在南昌以逸待劳，等待叛军回军救援。宁王朱宸濠不顾谋士劝阻，执意回军争夺南昌。双方在鄱阳湖三日三战，最后阳明先生以火攻之计歼灭叛军，活捉宁王，取得了完全胜利。阳明先生自吉安起兵至此，前后共计三十八天，创造了战争史上的传奇。而此时远在北京的正德帝才刚刚接到宁王造反的消息，决意亲征江西，又给阳明先生带来极大的困扰。

阳明先生侦知朱宸濠离开南昌，迅速组织进兵。

七月十三日，阳明先生与吉安知府伍文定、通判谈储、推官王晔（wěi）等发兵吉安。

临江知府戴德孺，袁州知府徐琏，赣州知府邢珣，瑞州通判胡尧元、童琦，南安推官徐文英，赣州都指挥余恩，新淦知县李美，泰和知县李楫，宁都知县王天与，万安知县王冕等各自率兵从当地出发，相约十五日会师樟树。

十五日，各路人马会师于樟树，整顿兵马。

十八日，大军在樟树誓师，出发，抵达丰城。

在丰城，大家商量进攻方向。有人说："宁王计划了十几天才离开，南昌必然戒备森严，攻打南昌恐怕很难。现在宁王久攻安庆不下，士兵已经灰心丧气，如果大军在江中逼近叛军，与安庆官军前后夹击，叛军必败。宁王败，南昌不攻自破。"

阳明先生说："并非如此。我军如果越过南昌，与叛军在江上对峙，安庆官军仅能自保，不能与我形成夹击之势。而南昌叛军绝我粮道，九江、南康叛军从背后攻击，我军腹背受敌，不利。不如先攻南昌，宁王久攻安庆不下，精锐已经全部出动，南昌守备必然薄弱，我军士气正盛，南昌必克。宁王听说我攻克南昌，必然放弃攻打安庆，回兵救援。这时，我军已克南昌，叛军士气必然沮丧，如此，首尾牵制，宁王必为我所擒。"

于是，阳明先生调动各路人马，准备攻城。

第一路统兵官吉安府知府伍文定，统部下官军兵快四千四百二十一名，进攻广润门，留兵防守本门，直入布政司屯兵，分兵把守王府内门。

第二路统兵官赣州府知府邢珣，统部下官军兵快三千一百三十余名，进攻顺化门，留兵防守本门，直入镇守府屯兵。

第三路统兵官袁州府知府徐琏，统部下官军兵快三千五百三十名，进攻惠民门，留兵防守本门，直入按察司察院屯兵。

第四路统兵官临江府知府戴德孺，统部下官军兵快，新、喻二县民兵三千六百七十五名，进攻永和门，留兵防守本门，直入都察院提学分司屯兵。

第五路统兵官瑞州府通判胡尧元、童琦，统部下官军兵快四千名，进攻章江门，留兵防守本门，直入南昌前卫屯兵。

第六路统兵官泰和县知县李楫，统部下官军兵快一千四百九十二名，夹攻广润门，直入王府西门屯兵把守。

第七路统兵官新淦县知县李美，统部下官军兵快两千名，进攻德胜门，留兵防守本门，直入王府东门屯兵把守。

第八路中军营统兵官赣州卫都指挥余恩，统部下官军兵快四千六百七十名，进攻进贤门，直入都司屯兵。

第九路统兵官宁都知县王天与，统部下官军兵快一千余名，夹攻德胜门，留兵防守本门，直入钟楼下屯兵。

第十路统兵官吉安府通判谈储，统部下官军兵快一千五百七十六名，夹攻德胜门，直入南昌左卫屯兵。

第十一路统兵官万安县知县王冕，统部下官军兵快一千二百五十七名，夹攻进贤门，把守本门，直入阳春书院屯兵。

第十二路统兵官吉安府推官王昈，统部下官军兵快一千余名，夹攻顺化门，直入南昌、新建二县县学屯兵。

第十三路统兵官抚州通判邹琥、知县傅南乔，统部下官兵三千余员名，夹攻德胜门，留兵防守本门，随后于城外天宁寺屯兵。

同日，阳明先生向南昌城官民发出通告：

> 照得宁王造谋作乱，神人共愤，法所必诛。在城宗支郡王仪宾皆被逼胁，如钟宁王无罪削爵，建安王父子俱死，军民人等或覆宗灭族，或荡家倾产，或勒取子女，皆恨入骨髓，敢怒而不敢

言，今日之事，岂其本心。

本院仰仗朝廷威灵，调集两广并本省狼达汉土官兵二十余万，即日临城，亦无非因民之怨，惟首恶是问。告示至日，宗支郡王仪宾各闭门自保，商贾买卖如故，军民弃甲投戈，各归生理，无得惊疑。

该府内臣校尉把守人员开门出首，或反兵助顺，擒斩首恶，一体奏闻升赏。其有怀奸稔恶从逆不悛者，必杀不赦。凡我良善军民，即便去恶从善，毋陷族灭，故示。[1]

探马报告在南昌城外坟场，叛军有伏兵三千人，与南昌成掎角之势，策应南昌。阳明先生派奉新知县刘守绪、典史徐诚领兵四百，抄小路趁夜色袭击坟场伏兵，一举将叛军击溃。败军逃入南昌城中，守城叛军听说阳明先生的人马已经从四面八方包抄过来，惊恐万状。

十九日，阳明先生在市汊发布战前总动员，申布朝廷之威，再曝宁王之恶，并和诸将约定军法：一通鼓响，靠近城墙；二通鼓响，登上城头；三通鼓响，不能登城者，杀登城分队；四通鼓响，不能登城者，斩将。

动员之后，大家群情激奋，斗志昂扬。傍晚，全部人马出发，二十日黎明，到达指定地点。

南昌城中的叛军哨兵突然发现城外黑压压的全部是官兵，吓得大声呼喊，当叛军从睡梦中惊醒时，官兵已经登上南昌城头。叛军四散奔逃，官兵打开大门，让大部队进城，南昌被攻克。

当时，攻城军队中赣州、奉新士兵多是被招安的强盗，非常彪悍，进城以后大肆杀掠，不遵法令，很多老百姓被杀伤。阳明先生命

---

[1] 王守仁：《王阳明全集》，第492页。

人将数名不遵守军令的士兵斩首，才压服这群人。

宜春王朱拱㰀及伪太监万锐被官军生擒，宁王府中眷属得知南昌城破，纵火自焚，大火引燃了周围的民居。阳明先生命令各路人马赶紧救火，安抚百姓，释放胁从官员，查封府库，查封关防印信，共搜获大小衙门印信九十六枚。被朱宸濠胁从的布政使胡濂、参政刘斐、参议许效廉、副使唐锦、佥事赖凤、都指挥王玘等，都来自首。

后来，朝中有大臣攻击阳明先生破南昌城后，不能约束士兵，杀戮过重。殊不知，阳明先生所部从人马集合完毕到攻克南昌仅有三天，如何训练部队，如何整顿军纪？

但军纪整顿与迅速平叛之间孰轻孰重？阳明先生本来极其重视军纪，南赣剿匪时，因土兵狼达扰民，即使他们骁勇善战都不用。那时阳明先生有足够的时间、财力、物力。现在，如果不能迅速平定叛乱，那就是国家动荡、社稷危急。军纪扰民与战火连天相比，已经微不足道了。这是阳明先生善于抓主要矛盾。

事成了，有人跳出来吹毛求疵，这是人之常情。可见，言之易，行之难，古今中外，概莫能外。

阳明先生攻下南昌，有人建议迅速出兵安庆，以解安庆之围。

阳明先生说："不必出兵，宁王必然回军救南昌，我们在鄱阳湖上伏击，以逸待劳。宁王有上中下三策，上策直趋北京；中策直趋南京，谒陵称帝；下策回救南昌。"

有人问："宁王何以必取下策？"

阳明先生微微一笑，说："驽马恋栈豆，知其不能舍也！"在阳明先生眼中，宁王就像一匹劣马，只知道贪图马槽里那几粒豆子。

二十二日，有谍报，宁王果然率大军浩浩荡荡地来救南昌。

阳明先生召开军事会议，与众人商量应对之策。

有人提出："现在宁王士气正盛，南昌城丢失，所谓哀兵必胜，何况叛军人马全部前来。我方援兵尚未赶到，不能与其抗衡，不如紧闭城门，等待援军。叛军久攻不下，兵孤援绝，必将不战自溃。"

阳明先生说："宁王兵力虽强，但所到之处烧杀抢掠，挟持百姓，没有遇到真正的强敌。宁王能鼓动士兵，靠的是事成之后封侯拜相之类的诱惑。现在进不能进，老巢又丢，沮丧而归，叛军早已人心惶惶。我以精锐之师攻他，他必不战自溃。"

这一日，抚州府知府陈槐也率兵赶到。

阳明先生派吉安府知府伍文定、赣州府知府邢珣、袁州府知府徐琏、临江府知府戴德孺各领五百人，分四路攻击，出其不意。都指挥余恩带兵四百人，在鄱阳湖上做诱敌之兵。

抚州府知府陈槐、瑞州府通判胡尧元、童琦、吉安府通判谈储、推官王晖、徐文英、新淦县知县李美、泰和县知县李楫、万安县知县王冕、安义县知县王轼、奉新县知县刘守绪、进贤县知县刘源清等各领兵百余人，四处设置疑阵，布防埋伏，只等伍文定与叛军一交手，便从四面合击。

各路人马安排完毕，阳明先生下令赈济军民，又担心宗室郡王将军为宁王内应，亲自前往安抚，以安其心。先生又发出布告：凡是胁从者不问罪，哪怕曾经接受宁王伪官爵，只要能逃回自首，皆可免死。斩杀叛贼归降者给赏。先生并命人四处传播消息，让叛军不攻自乱。

初破城时，阳明先生命城中工匠打造十万块免死木牌，众人皆不知其做何用处。

二十三日，谍报叛军先锋部队已经到樵舍。阳明先生将十万免死木牌放入水中，使其顺流而下。当时，叛军听说老巢已丢，人心惶惶，有人想逃走，又怕造反这种事情一旦参与，便是死罪。这时，众人见到上游漂下免死木牌，一时之间争抢起来，拿到木牌便离叛军而去。

这便是人心。如果阳明先生没有给叛军这条活路，造反便是死路一条，无论胜败，叛军唯有死战到底。朱宸濠造反，虽然裹挟人数众多，但被胁迫的人居多，也有投机之人，想给自己博取一个封侯拜相的机会。现在安庆叛军打不下来，老巢又丢，造反基本不成了，有了这条活路，除非罪大恶极知道必死之人，或者死心塌地给朱宸濠卖命之人，其余的人定然是想方设法逃走。阳明先生这十万块木牌，恐怕也抵得上十万兵。

阳明先生命各路兵马趁夜色逼近叛军，伍文定打前锋，余恩紧随其后。邢珣带兵绕到叛军背后，徐琏、戴德孺攻左右两翼。

二十四日，叛军战船乘风擂鼓进攻，逼近黄家渡，气焰十分嚣张。伍文定、余恩假装败退，叛军拼命追赶，战斗队形逐渐松散。这时，邢珣带兵从背后杀出，直插叛军中部。伍文定、余恩掉转船头，向叛军掩杀过来，其余埋伏的队伍，纷纷冲向敌阵。叛军被杀得大败，退守八字脑，又有些人觉得形势不妙，悄悄离开阵营，当了逃兵。

朱宸濠问："现在船泊于何处？"有人回答："黄石矶"。南方人发音"黄""王"不分，朱宸濠听成了"王失机"，气急败坏，竟然举剑将那人砍死。然后他下令调九江、南康兵前来助阵。

这一天，建昌知府曾玙也带兵前来助阵。阳明先生说，九江、南康不克复，始终是个梗阻，湖广援军过不来，于是命抚州府知府陈槐率兵四百，会同饶州府知府林珹所率兵马攻打九江，派广信知府周朝佐攻取南康。

宁王从九江、南康调兵，阳明先生派兵收复九江、南康，等于叛军将九江、南康拱手相让了。

二十五日，叛军集合兵力又前来挑战。伍文定所部顶不住，稍稍退却，在后方指挥的阳明先生喝令将后退士卒砍了，稳住阵脚。

此时伍文定站在铳炮之间督战，战火燎燃了胡须，他仍死战不退。叛军这边情形也不妙，就连朱宸濠的副舰都中炮了。

就在双方僵持之际，叛军忽然看到对面官军阵营中升起一面大牌，上书：宁王已擒，毋得纵杀。叛军一看，以为宁王真的被擒，不禁人心慌乱，斗志丧失，顿时大败，不得不退守樵舍。这一战，官兵斩敌两千余人，淹死的叛军不计其数。

在樵舍，宁王命人将所有战船连起来，组成方阵，并拿出金银来收买将士。阳明先生命人准备火具，伍文定正面迎敌，邢珣攻敌左侧，徐琏、戴德孺攻敌右侧，余恩等人设伏，看火光一起，四面合击。

二十六日清晨，宁王朱宸濠——按照他准备采用的伪年号"顺德"，应该是"顺德皇帝"——生命中最后一次上早朝。早朝上，朱宸濠下令要将昨天不尽力的人斩首，正在吵吵嚷嚷之际，突然火光四起，炮火连天，官兵从四面掩杀过来。叛军顿时慌乱成一团，大火迅速蔓延开来，由于舰船已经连在一起，判军逃无可逃，连朱宸濠的战舰都着起了大火。

一看大势已去，朱宸濠与众位妃嫔流泪告别，妃嫔们跳水自尽。朱宸濠还想着逃走，仓皇间四处张望，看到芦苇间有一条小渔船。朱宸濠大声呼喊，渔人将船撑过来，朱宸濠上船，以为终于可以逃出生天，岂料这条渔船竟然直接将他送往官军大营。原来，这是阳明先生安排在这里等候宁王的。

此役被生擒者除朱宸濠外，尚有世子、郡王、将军、仪宾及伪太师李士实、国师刘养正、元帅、参赞、尚书、都督、指挥、千百户等官数百人；胁从太监王宏，御史王金，主事金山，按察使杨璋，佥事王畴、潘鹏，参政程果，布政使梁辰，都指挥邓文、马骥、白昂等；擒斩叛军三千余人，落水溺死者三万余人。漂浮在鄱阳湖上的死尸与衣甲器仗等物，堆起来就像小山一样。

一场轰轰烈烈的反叛闹剧就此收场。自正德十四年六月十四日宁王起兵到七月二十六日阳明先生生擒宁王，前后共计四十二天。自六月十八日阳明先生吉安举义，到七月二十六日生擒宁王，前后共计三十八天。

此时，湖广、福建的援军尚在半路上，两广人马还没完成集结。

剩下的贼船四散奔逃，阳明先生派兵追剿。七月二十七日，官军在昌邑追上叛军，歼灭千余人；七月二十八日，又在吴城歼敌千余人。同日，阳明先生得知府陈槐军报，收复九江、南康、擒斩千余人。

阳明先生平叛之役堪称经典。按照《擒获宸濠捷音疏》的说法，阳明先生"以万余乌合之兵，而破强寇十万之众"，这并非夸张。

宁王是"积蓄十年，精兵十万"，而阳明先生是仓促临敌，无兵无将、无粮无饷，从六月十八日发布檄文到七月十三日出兵，前后共二十四天，除吉安人马外，其余各州府人马到七月十五日才集合到樟树。官军攻克南昌后，还陆续来了几个府县的人马。可谓是"乌合之兵"。

像这样以少胜多、以弱胜强，而又取得完胜的战例，从古至今，少之又少。尤其值得称道的是，据阳明先生《开报征藩功次赃仗咨》载，平叛部队仅阵亡六十八人。

阳明先生何以取得这样的胜利？也有人问过阳明先生："用兵有术否？"

阳明先生回答："用兵何术？但学问纯笃，养得此心不动，乃术尔。凡人智能相去不甚远，胜负之决不待卜诸临阵，只在此心动与不动之间。"

人和人之间智力的差别并不大，或者说不是最关键的因素，真正的差距来自心的动与不动。

阳明先生在上任南赣巡抚前，曾经回乡探亲。他的朋友王思舆对季本说："阳明此行，必立事功。"季本问："何以知之？"王思舆回答："吾触之不动矣。"如此看来，阳明先生立功乃是必然，而立功的根本就在于此心不动。

何谓"此心不动"？就是这颗心不为荣辱得失乃至生死动摇。不动不是人心里有生死、荣辱、得失，强按着不让它动，是看透了生死、荣辱、得失的本质，心因而不动，这是真不动心。

心如止水，鉴照天地，万事万物都清清楚楚、明明白白。如阳明先生所言，"妙用流行就是'神'，其萌动处就是'几'""良知无前后，只知得见在的'几'，便是一了百了"。

以阳明先生滞留宁王南昌十余日为例：

阳明先生在得知宁王造反的消息之后，迅速判断出宁王可能采取的上中下三策，且只有下策留在南昌，才能将造反的恶果最小化。于是先生用"疑兵计""离间计"滞留宁王半月有余。

能够提出上中下三策，虽属远见卓识，也并非只有阳明先生一人能做到。比如宁王的参谋李士实就多次向宁王建议从蕲州、黄梅直趋京师，或直趋南京，谒陵称帝。

阳明先生没有把宁王想成好糊弄的蠢人，对照十几天后兵部尚书王琼给正德皇帝的用兵建议，我们就会发现，从排兵布阵到指挥者的安排，两者惊人地相似。这说明阳明先生伪造的每一份文书都完全符合当时的局势，不由得宁王不信。

更何况阳明先生当时用的是"死间"，萧禹、雷济等人派出去送信的人是必死的，他们也根本不知道内情，以为自己确实是去迎接京军。这些人被宁王抓住之后，越严刑拷打越证实文件的真实性，一点儿漏洞都没有。

阳明先生也没有幻想这样的策略只有他能够想到。在离间宁王与李士实、刘养正的信中，他说"今兵势四路已合，只待此公一出，便可下手，但恐未肯轻出耳"，这样真真假假的做法，此时任何人建议宁王离开南昌，宁王都不敢轻易相信。

《平濠反间遗事》中记载，雷济问："宁王见此恐未必信。"阳明先生答："不信，但会不会怀疑呢？"雷济回答："怀疑恐怕难免。"阳明先生说："只要怀疑，宁王大事去矣。"

正是宁王的怀疑，让他不敢轻举妄动，而是派出探马四处打探消息，等确定是阳明先生的疑兵之计后，已经十几天过去了。这十几天给阳明先生争取了战略主动。

当然，也不要因此就把阳明先生想象成《三国演义》中"大智近妖"的诸葛孔明式的人物，"谈笑间，樯橹灰飞烟灭"。阳明先生从来没有感觉自己智珠在握。从《阳明先生年谱》的一段记载中，我们就可以看出当时局势之紧张：

在吉安四处召集兵马时。一日，邹守益来报阳明先生："听说朱宸濠派人游说叶芳夹攻吉安。"

阳明先生说："叶芳必不反，这些新民以前以茅草为屋，反叛时就烧掉。后来我路过其巢穴，已允许他们砍伐大木头盖屋万间。现在他们党羽一千多人，肯定舍不得烧掉了。"

邹守益说："他们若跟朱宸濠造反，有封侯拜相之望，不可以平常思路考虑。"

阳明先生沉默良久，说："即便天下人都反了，我们也当如此做！"

可见，阳明先生并非认为胜利就掌握在自己手中。既然没有把握，阳明先生为何还决意起兵？阳明先生起兵时只考虑应不应该起兵，根本就没有考虑是成功还是失败。如果先生算定肯定能成功才决定起兵，那不是忠君爱国，而是政治投机。

阳明先生为这场战争是付出极大心血的。《龙溪王先生全集》记载了阳明先生的弟子王畿与其弟子王慎中的一段对话，提到阳明先生"在军中四十日未尝睡"，虽然王畿与王慎中讨论的是"燕息"的功夫，但由此也可以看出阳明先生平定宁王叛乱绝不是轻轻松松的事情。

再看宁王，导致叛军失败的直接原因是阳明先生的火攻之计。问题是，宁王为何自用"连环计"？

即便《三国演义》是杜撰的，明太祖朱元璋火烧陈友谅总是真实的吧？作为朱元璋的后世子孙，朱宸濠为何还用铁链把战船连起来，让阳明先生有机会使用火攻呢？

答案只有一个，那就是两害相权取其轻。

宁王刚造反时气势汹汹，大家都认为肯定要成了，所以很多人跟着他。结果，宁王很快遇到"疑兵计"，吓得龟缩在南昌半个月不出来，已失去先机；接着又在安庆受挫，强攻不下；不久，南昌城丢失的消息传来；最后，几万人来救南昌，却在鄱阳湖上三战三败。

这种情形下，谁都知道宁王要完了，再跟着造反就是死路一条，能逃就逃。如果所有人都逃了，宁王就成了光杆司令，这仗还怎么打？！如何阻止手下逃跑？在一望无际的鄱阳湖上，最好的办法就是将船连起来，大家成为"一根绳上的蚂蚱"。

所以，朱宸濠给自己使用"连环计"，是被形势一步一步逼的。他是被阳明先生打败的，但他又何尝不是被自己的固执、幻想、猜疑、刚愎自用打败的呢？

阳明先生在使用"疑兵计"时，宁王吓得龟缩在南昌城中不敢出城。问题是，即便阳明先生假造的文书中所言为真，真的有大批部队守在南昌城外，现在宁王已经造反，难道还有退路吗？仅凭一座南昌城能守得住吗？

阳明先生评价宁王"驽马恋栈豆"，大概从这一点就可以看出来吧。

在安庆城下，李士实再次建议宁王放弃攻打安庆，直趋南京。但是宁王说"连安庆都打不下来，何谈南京？"，这就是被愤怒冲昏了头脑。

而宁王从安庆退兵，更加证实了阳明先生的判断。试想，宁王即便回援南昌成功，已经坐失良机，凭借一座南昌城还能有什么作为？只不过是早一天被擒还是晚一天被擒的问题。如果那一刻宁王拼死杀向南京，胜负尚未可知。

当然，也不要把宁王当成蠢材。蠢材怎么可能聚集十万兵马，有李士实、刘养正等谋士死心塌地地跟着他造反？他是一个枭雄。他之所以速败，只是因为在利害得失面前失去了分寸。其实，有几个人能在荣辱得失面前淡定自若呢？

而他的对手阳明先生却恰恰是在荣辱得失乃至生死面前淡定自若的人。这就是差距。

战争胜负取决于主帅的决策。一边患得患失，进退失据，一边此心不动，料敌先机，胜负之形判矣！

阳明先生的料敌先机，就是知"几"。知"几"就在于"此心不动"，其功夫便在格物。

"格物是止至善之功"，就是要去除一切幻想、一切懈怠、一切疏忽、一切荣辱得失之心、一切可能蒙蔽事物真相的念头，如此才能"如明镜之悬，而物之来者自不能遁其妍媸矣"。只有在真相的基础上，主帅才能做出正确的战略决断。

子曰："我欲载之空言，不如见之于行事之深切著明也。"[①]龙场所悟之道再高明，《传习录》论道再真切，如果没有阳明先生屡立奇功，恐怕不会如此容易被后人信服。

平定宁王之乱是对阳明先生格物功夫的重大考验，是对龙场所悟之道的再一次证实。

---

① 司马迁：《史记》，中州古籍出版社，1991，第1336页。

七月三十日，阳明先生上《擒获宸濠捷音疏》，这场战争正式结束。但是，阳明先生将要面临的是比平定叛乱更大的麻烦。

七月十三日朝廷接到宁王造反的奏疏后，虽然兵部尚书王琼上疏十三道，安排各路人马或遏制，或迎敌，但奏疏送进皇宫之后，等了三日没有批复，反而传出正德皇帝要亲征的消息。这让大臣们抓狂起来。

正德皇帝本性极好逸乐，纵情于声色犬马，是一位以行为荒唐著称的皇帝。《明史》称其"耽乐嬉游，暱近群小"。正德皇帝从正德九年开始出宫游冶，发展到正德十二年、十三年两年在北方边境游荡。

此时的正德皇帝朱厚照已经三十岁了，却还是像一个娇生惯养的长不大的孩子，总是依着自己的性子，做自己的英雄梦。

正德十四年正月十七日正德皇帝才回到宣府，二月初八回京。回京半个多月后的二月二十五日，正德皇帝给自己加了一个头衔"太师"，并下旨给礼部，"总督军务威武大将军总兵官太师镇国公朱寿将巡两畿、山东，祀神祈福，其具仪以闻"。他又要巡幸山东、江南。

这一下子把大臣们惹恼了，纷纷上疏谏止巡幸。正德皇帝大怒，对群臣进行了疯狂的打击。

三月二十日，皇帝将兵部郎中黄巩六人下锦衣卫诏狱，罚兵部郎中孙凤等一百零七人在午门跪五日。

二十二日，皇帝将大理寺寺正周叙等十人下诏狱，命周叙等十人与黄巩、陆震、夏良胜、万潮、陈九川、徐鳌戴枷在午门前罚跪五日。

二十三日，皇帝将行人司司副余廷瓒等二十人以及工部主事林大辂等三人下诏狱，同样戴枷罚跪五日。

二十五日，皇帝将郎中孙凤等一百零七人于午门各廷杖三十。

四月初一，皇帝将兵部郎中黄巩、员外郎陆震、吏部员外郎夏良胜、礼部主事万潮、太常寺博士陈九川、大理寺寺正周叙、工部主事林大辂、行人司司副余廷瓒、太医院医士徐鏊各廷杖五十。

黄巩、陆震、夏良胜、万潮、陈九川被削职为民，周叙、林大辂、余廷瓒被降三级贬为外官，徐鏊被贬谪到蛮瘴之地戍边。

其余联名上疏的三十人各被廷杖四十，降两级。

数日之间，因廷杖而死的有兵部员外郎陆震、行人司司副余廷瓒及工部主事何遵、大理寺评事林公黼、行人詹轼、孟阳、刘概、李绍贤、李惠等十一人。

朝廷众臣为阻止正德皇帝南巡付出了如此惨重的代价。这才刚刚过去三四个月，皇帝又要借着"亲征"的名义南巡，是可忍，孰不可忍！

大学士杨廷和等人上疏：朱宸濠怀有不轨之心已非一日，此前听说皇帝南巡不能说没有动心。今皇帝又要亲征，他必定以此为借口，抗拒王师，一则是给自己脱罪，二则也觊觎非分。任何意外都有可能出现。况且，皇帝离开京师，万一内地盗贼蜂起，外有蒙古犯边，如何处理？请皇帝依照兵部建议处置，方可保无患。

然而，劝谏无用。很快，正德皇帝下旨：

> 朕当亲统六师，奉天征讨，不必命将。先遣安边伯朱泰（即许泰，赐姓朱）领兵为前哨，趋南京；太监张忠、左都督朱晖（刘晖，赐姓朱）领兵趋江西，捣其巢穴；巡抚江西官别推暂令守仁兼领其事。余如部议。①

当日，正德皇帝又给自己下旨称，令总督军务威武大将军总兵官

① 《明武宗实录》卷一百七十六（五），"中央研究院"历史语言研究所校，北京大学图书馆藏本，第 3416 页。

后军都督府太师镇国公朱寿亲统各镇边兵征剿，平虏伯朱彬（就是江彬，赐姓朱）左都督朱周（神周，赐姓朱）随驾南征。

京师开始了新一轮的谏止亲征拉锯战。

七月二十日，给事中汪玄锡、御史吴闾上疏谏止亲征。皇帝下旨：宸濠悖逆天道，谋为不轨，人人得而诛之。朕亲统六师，以假威武大将军名号亲征平叛，安抚社稷，你为何来阻挠？今后再有阻扰者，朕必处以重刑，决不轻饶。

监察御史陈察上疏谏止亲征，被罚俸一年。皇帝下旨"再有犯颜来奏者，必治以极刑不宥"。

七月二十一日，接到宁王围攻安庆的军报，正德皇帝命安边伯朱泰征集各路人马，八月三日先行启程。左给事中祝续、齐之鸾，监察御史孙孟和、章纶随军纪功。这批人的任命将给阳明先生带来莫大的麻烦。

八月初八，正德皇帝命大太监张永率一千人，以"提督赞画机密军务"身份，核查朱宸濠反逆事情，并查核宫眷库藏。张永将成为阳明先生的一大助力。

八月十三日，阳明先生平叛擒濠的消息传到南京，南京六科给事中王纪等以及十三道监察御史吴彰德等上疏，认为朱宸濠叛逆造反，皇帝亲征，但是现在朱宸濠已经被擒获，皇帝就不要亲征了。正德皇帝仍然不听。

八月二十二日，正德皇帝率领大军从京师出征。

八月二十六日，正德皇帝带领人马到涿州，住在大太监张忠的私宅。这时，阳明先生的《擒获宸濠捷音疏》才抵达朝廷。但是皇帝已经决心南下，张忠、张永、江彬、朱泰等人都想从平定宁王叛乱中争一份功劳，于是劝说皇帝将奏疏藏起来。

奏疏是通过通政司上奏的，当然瞒不住大臣们。八月二十七日，大学士杨廷和上疏言通，既然现在宁王已经被擒获，蒙古又来犯边，不如皇帝派亲信重臣前往江西会同王守仁核查处理善后事宜，如此"收南征北伐之全功"。皇帝置之不理。

九月十四日，六科都给事中汪玄锡等人，十三道监察御史王尧封等人又上疏：南京守备官报告，叛逆宸濠已于七月二十六日就擒，各路人马都已经被遣散。现在宣府、大同告急，边军半数跟随皇帝南征，防御力量薄弱。而且，江北的徐州、扬州，江南的苏州、常州都发大水，老百姓困苦不堪。京边官兵及各省动调官军民快十余万，一日的费用何止万金，如果这样下去，会激发更大的矛盾。皇帝仍然不听。

古代的信息传递速度慢得让今天的人们难以想象。阳明先生六月十九日在吉安上疏告急，一直到七月十三日奏疏还没有到达北京，兵部召集会议是因为南京传来宁王叛乱的消息。

兵部尚书王琼说"有王伯安在，宁王必擒"时，其实根本不知道阳明先生在吉安召集人马平叛，只是根据对阳明先生的了解说的这番话。

而正德皇帝决定亲征的旨意传到阳明先生那里已经是八月十六日了。

虽然战争结束了，但战后重建是个更加复杂的问题。江西地方自从正德十四年三月到秋七月，一直没有下雨，旱情非常严重，禾苗全部枯死。再加上六月十四日宁王起兵叛乱，整个江西都受到惊扰，有被胁从叛乱的，有被官府征调防御的，还有跟随官府平叛的，死伤人数达数万人之多。江西的创伤不知何时才能真正平复。

皇帝在北方边境巡幸时的行为已经尽人皆知，阳明先生清楚正德皇帝"亲征"对江西意味着什么！如果皇帝真来到江西，对江西不是雪上加霜的问题，而是"屋漏偏逢连夜雨，船迟又遇打头风"，是生存的问题。

阳明先生急忙上疏谏止皇帝亲征："至二十六日，宸濠遂已就擒。谋党李士实等，贼首凌十一等，俱已擒获。贼从俱已扫荡，闽、广赴调兵士俱已散还，地方惊扰之民俱已抚帖。"大战已经结束，叛臣已经被擒，连前来增援的部队都已经被遣散了，"亲征"的基础不存在了。而且朱宸濠觊觎皇位已久，奸细遍布天下，对朝廷动向一清二楚。他们起兵之日，就可能预料到皇帝要亲征，不排除有刺客在必经之路行刺皇帝的可能。

阳明先生禀告皇帝，朱宸濠是朝廷重犯，应该押赴京师审讯，但是如果安排其他人押送，害怕出现意外，所以，臣决定于九月十一日亲自带领官军，将朱宸濠一干逆贼押赴京师。潜台词是朱宸濠已经送到京师了，您来了也没有意思了。

实际上，阳明先生打的是时间差。也就是说，皇帝如果阻止阳明先生献俘，文书还到不了江西，阳明先生的献俘队伍就已经上路了。

九月十一日，阳明先生已经按照奏疏中报告的计划，押解着朱宸濠及其他重要人犯赴京献俘。此时，正德皇帝正带着人马一路游山玩水、敲诈勒索，慢悠悠地向南进发。

或许担心押解路途中出现意外，或许是担心被亲征的先锋部队拦截，阳明先生和押解队伍没有走长江，而是沿信江东下取道杭州。

不久，安边伯朱泰与提督军务太监张忠、平贼将军左都督朱晖带领数千京军，溯江而上，抵达南昌。这些人本来就是想来南昌抢宁王的，因为把宁王抢到手那就是平叛的功劳到手了。不料，阳明先生居然押着朱宸濠献俘去了，如果阳明先生献俘，他们怎么争这个功劳？

于是，太监张忠派锦衣卫都指挥佥事马骥带着威武大将军檄和江西按察司停止献俘呈，追赶阳明先生一行。马骥一直追到广信府，才追上阳明先生，以为阳明先生这次必定要将宁王等一干人犯交付给他们。结果，阳明先生拒绝移交人犯，只是给江西按察司回复一封公文，让马骥等人带回去交差。

为了防止再有人追赶拦截,阳明先生令人走小路取道玉山,直奔杭州而去。

同时,为防止给人留口实,阳明先生又行文兵部,从《咨兵部查验文移》中,我们可以看出阳明先生收到的拦截文书不仅出自张忠一人,张永、朱泰均给阳明先生发过文书。阳明先生向兵部汇报自己的处置意见,并说:

> 今照前因,照得本职缪当军旅重寄,地方安危所关,三军死生攸系,一应事机,若非奉有御宝敕旨,及兵部印信咨文,安敢轻易凭信;今前项各官文移,既非祖宗旧章成宪,就便果皆出于上意,亦须贵部行有知会公文,万一奸人假托各官名目,乘间作弊,致有不测变乱,本职虽死,亦何所及?[①]

在咨文中,阳明先生指出他所先后收到的各官文移,既不是圣旨也不是兵部公文,不敢轻信,而且这些公文有违"祖宗旧章成宪",故无法判断其到底是不是皇帝的意见。即便这真是皇帝的意见,按法定程序也需要兵部知会公文。故而凡是不按法定程序送抵的文移,他概不遵行。

这中间确实有阳明先生谨慎之处,也是避免有人算后账。阳明先生先讲明自己不遵截止献俘公文的正当理由,说清楚为何不敢把俘虏交给马骥等人,即便有人对此不满,也无话可说。

阳明先生押着朱宸濠等一干人犯到达杭州时,大太监张永早已等在杭州。他是奉旨前来,"到江西体勘宸濠等反逆事情,及查理库藏、宫眷等事",并且持有皇帝的钧帖:"宸濠等待亲临地方,覆审明白,

---

① 王守仁:《王阳明全集》,第 499 页。

具奉军门定夺。"

如此，阳明先生就再也没有不遵从的理由了。但是，阳明先生仍然想努力一下。

阳明先生对大太监张永有所了解，知道他与致仕大学士杨一清关系不错，当年曾经一起定计除掉刘瑾，在文臣中口碑还算不错，而且对皇帝忠心耿耿。

阳明先生连夜拜访张永，但张永拒绝见面。阳明先生将阻拦的守门人呵斥到一边，大喊："我是王守仁，来与你商议国家大事，为何拒绝？！"张永被阳明先生的气势镇住，只得相见。

二人一见面，阳明先生就说："江西百姓，久遭叛逆朱宸濠荼毒，又经过这一场大乱，又有旱灾，现在还要供应京边军饷，困苦已极。他们为了活下去，只能上山为强盗。原来跟从朱宸濠尚是胁从，现在为穷困所迫，群盗蜂起，天下成土崩瓦解之势。如果到那时再起兵讨伐，还有可能吗？！"

张永沉吟片刻，说："我这次出来，是因那群小人在皇帝身边，我是想方设法调护左右，辅佐皇帝，并非为了争功而来。"

张永还是要将朱宸濠等人押回南昌，阳明先生自然不同意。

张永说："如果顺着皇帝的性子还有回旋余地，如果违了他的意，只会让那些小人更加恼怒，对天下事没有一点儿好处。"阳明先生默然，也知道张永说得有道理。

十月初九日，阳明先生请监军御史会同浙江都、布、按三司官员监督，将朱宸濠、刘吉等人犯，以及宫眷马匹等，逐一交割给太监张永，命随同自己献俘的江西按察司副使陈槐（原抚州府知府）共同督解逆犯回江西，"恐致疏虞，或生他变"，自己称病留在杭州净慈寺。养病是阳明先生无奈之中的消极抗争，也是想有机会面君陈述利害，劝皇帝回銮。

即便在清净的净慈寺山中夜宿，阳明先生仍然心如油煎：

常苦人间不尽愁，每拼须是入山休。

若为此夜山中宿，犹自中宵煎百忧。

百战西江方底定，六飞南甸尚淹留。

何人真有回天力，诸老能无取日谋？[1]

阳明先生在寺中待不住了，还是决意北上面君，顺运河北上到了镇江。

在镇江，他拜见了致仕大学士杨一清。杨一清因得罪钱宁致仕，正在镇江家中闲居。

杨一清是成化八年进士，比阳明先生的父亲王华中进士还早。杨一清与阳明先生父子都有来往。阳明先生任吏部验封司主事时，杨一清任吏部尚书，是阳明先生的老上级，在仕途上对阳明先生颇有照顾，阳明先生对杨一清执晚辈礼。

杨一清在朝多年，对正德皇帝的性格非常了解，劝阻了阳明先生面君的计划。阳明先生只得取道长江回南昌。

---

① 王守仁：《王阳明全集》，第627页。

第十部分

忠泰之变

正德帝率领的京军高层，多是太监和破落军官出身，以搜刮民脂民膏为能事，以抢夺功劳为己任。阳明先生与这些人斗智斗勇，既保全了百姓，又保全了自己。与这些人不同的是，以杨廷和为首的文官集团又对江西举义官兵各种刁难，乃至诬蔑陷害。此时此刻，比当年在龙场更加凶险，阳明先生又一次完成了思想的升华，提出"致良知"。

此时的江西已经一片大乱。

原来，张忠、朱泰率北军到达南昌后，得知阳明先生已经押着朱宸濠东下献俘，派马骥拦截又没有拦截成功，自己抢功的计划落空，勃然大怒。

当时，吉安知府伍文定已经升任江西按察使，按照礼仪前来拜谒张忠、朱泰。张忠、朱泰自恃是天子宠臣，哪里把一个小小的按察使放在眼里，一语不合便命人将伍文定捆起来。

伍文定乃是铮铮铁骨的硬汉子，哪里受得了这种气，大骂："我不顾身家性命，平定叛乱，何罪之有？！你们身为天子近臣，侮辱忠良，这是为逆贼报仇，其罪当斩！"

张忠大怒，将伍文定打倒在地。伍文定气急攻心，当场昏死过去，围观之人无不惊骇。伍文定感觉心灰意冷，上疏请求致仕。

张忠、朱泰在南昌骄纵跋扈，横行无忌。张忠自称是皇帝的兄弟；朱泰说皇帝是威武大将军，自己是威武副将军，与皇帝同僚；朱晖说自己是总兵官，是皇帝的儿子。这些小人的无耻嘴脸和正德皇帝的荒唐可见一斑。

这群人在江西到处敲诈勒索，搜刮民财。官员稍不如其意，就被捆起来，被诬陷是逆党。他们又说要给皇帝进贡，以各种名头勒索搜刮，军民无人不恨得咬牙切齿，却又无可奈何。他们在南昌搜刮之财物总计不下百万，简直是敲骨吸髓，搞得十室九空，饿殍遍野。

阳明先生在《乞宽免税粮急救民困以弭灾变疏》中，描述了北军给江西百姓带来的混乱和困苦：

　　随蒙大驾亲征，京边官军前后数万，沓至并临，填城塞郭。百姓戍守锋镝之余，未及息肩弛担，又复救死扶伤，呻吟奔走，以给厮养一应诛求；妻孥鬻于草料，骨髓竭于征输。当是之时，鸟惊鱼散，贫民老弱流离弃委沟壑；犷健者逃窜山泽，群聚为盗；独遗其稍有家业与良善守死者十之二三，又皆颠顿号呼于梃刃捶挞之下。郡县官吏，咸赴省城与兵马住屯之所奔命听役，不复得亲民事。上下汹汹，如驾漏船于风涛颠沛之中，惟惧覆溺之不暇，岂遑复顾其他……[①]

如果张忠等人想抢到平叛的功劳，最好的办法是将阳明先生扳倒。然而，阳明先生平叛之功天下人皆知，他们也知道不能轻易做到。于是，一个谣言从江西传至正德皇帝的行在：王守仁本来是准备跟宁王一起造反的，后来一看皇帝亲征，大势已去，才生擒宁王立功。

但是，谣言总是谣言，要想扳倒阳明先生需要证据。他们找到了一个突破口——冀元亨。

冀元亨，字惟乾，是湖广武陵人，正德十一年举人。他笃信阳明先生的学问，阳明先生巡抚南赣期间，一直跟随在先生身边。

起初，宁王朱宸濠为显示自己礼贤下士，曾经写信给阳明先生请教学问。阳明先生让冀元亨到宁王府讲学，想乘机感化宁王。宁王也想乘机拉拢冀元亨，跟他说些挑动的话。冀元亨就装傻，天天讲君臣大义，宁王把他当成了书呆子。

冀元亨回到赣州将宁王的举动向阳明先生报告，阳明先生大吃一惊，说"恐怕大祸临头了"，派人抄小路把他送回家乡常德。宁王造反，冀元亨听到阳明先生举义的消息，也赶来相助。

张忠、朱泰审讯宁王，想逼宁王承认与阳明先生通谋，但没有得到想要的口供。在反复审讯中，他们得知冀元亨曾经给宁王讲学，便以跟宁王结交为由，将冀元亨抓起来，严刑拷打，甚至用炮烙之刑，逼他

① 王守仁：《王阳明全集》，第361～362页。

诬陷阳明先生。冀元亨说:"元亨弱冠之年便立志做忠臣孝子,难道今天不能做个义徒吗?"冀元亨连阳明先生一个字的坏话都不说,张忠、朱泰得不到想要的口供,又不能放掉冀元亨,就派人把他押到京师诏狱中。

正德十五年八月,阳明先生移文六部要求审理冀元亨冤案:

> 后宸濠既败,痛恨本职起兵攻剿,虽反噬之心无所不至;而天理公道所在,无因得遂其奸;乃以本生系本职素所爱厚之人,辄肆诋诬,谓与同谋,将以泄其雠愤。且本生既与同谋,则宸濠举叛之日,本生何故不与共事,却乃反回常德,聚众讲学?宸濠素所同谋之人如李士实、刘养正、王春之流,宸濠曾不一及,而独口称本生与之造始,此其挟雠妄指,盖有不待辩说行道之人皆能知者。但当事之人,不加详察,辄尔听信,遂陷本生一至于此。[1]

正德十六年正月,阳明先生又致书御史谢源,恳请帮助平反冀元亨冤案。他在给弟子陆澄的信中也嘱托:"季惟乾事善类所共冤,望为委曲周旋之。"

冀元亨在狱中前后两年,举手投足犹如平常一般,从容自在,不忧不惧,那些看守都为之赞叹。他还经常和狱中之人谈论乐天知命之学,听者都忘了自己身处牢狱。

正德十六年四月三十日,冀元亨冤案得雪。由于两年狱中的摧残,五月四日冀元亨病逝于北京。阳明先生得知冀元亨死讯,悲痛万分,移文湖广布政司、按察司两衙门,优恤冀元亨家属,并致书王邦相、陆澄、谢源委托料理后事。

---

① 王守仁:《王阳明全集》,第514页。

张忠、朱泰等人抓捕冀元亨时，也没有放过他的家属。湖广有司奉命抓捕冀元亨家属。冀元亨的妻子李氏与两个女儿一点儿都不恐慌，李氏说："我夫君平生尊师讲学，怎么可能犯罪呢？"她说话时连手中的针线活儿都没有撂下。

冀元亨冤案昭雪，看守放她们出狱，李氏说："没有见到我的夫君，怎么能走？"按察司的夫人们请她做客，她也不去，自己在一间房子中，仍穿着囚服做针线活儿。有人问她，她便答："吾夫之学不出闺门衽席间。"

除了冀元亨，阳明先生帐下的谋士如龙光、萧禹、雷济等人因为使用反间计，都曾经与李士实、刘养正等人有书信往来，见此情形四散逃亡，一直到北军走后才敢回江西，落得个家破人亡。

此情此景，让阳明先生情何以堪？！但是，这样的对手与朱宸濠不同。朱宸濠是逆党，而这些人是阳明先生的同僚，还是阳明先生的上司、朝廷的钦差。

张忠、朱泰见阳明先生回到南昌，如见仇人，不但因为阳明先生献俘他们没有机会抢功，还因为阳明先生在《奏闻宸濠伪造檄榜疏》中说"觊觎者非特一宁王，请黜奸谀以回天下豪杰心"。他们认为，"奸谀"说的就是他们这些人。

更令他们难受的是，阳明先生要求查禁"因公科索民财"，要求皇帝圣驾南征，一切军马、粮草、器皿等供应从官府库存中支付；如果不够，库中银两无论是什么用途，先挪用保障圣驾，但是禁止借着皇帝亲征的名义勒索民财。还未收入官府的，不允许再追征；已经收入官府的，照数退还。阳明先生这道禁令，名义上是防范当地官员乘机勒索，实际上让跟张忠、朱泰来的那些人失去了勒索的借口。

于是，他们就放纵京军兵痞去冒犯阳明先生，甚至指名道姓地漫骂。阳明先生清楚地知道这些无赖手段是张忠、朱泰所出，根本不为所动。

阳明先生怕南昌百姓与北军发生冲突，引起大乱，就让那些血气方刚的青壮年到乡下躲避，只留下老弱病残看家，又贴出告示，让南昌百姓善待北军：

> 今京边官军，驱驰道路，万里远来，皆无非为朝廷之事，抛父母，弃妻子，被风霜，冒寒暑，颠顿道路，经年不得一顾其家，其为疾苦，殆有不忍言者，岂其心之乐居于此哉。况南方卑湿之地，尤非北人所宜，今春气渐动，瘴疫将兴，久客思归，情怀益有不堪。尔等居民，念自己不得安宁之苦，即须念诸官军久离乡土，抛弃家室之苦，务敦主客之情，勿怀怨恨之意。[①]

这段话的意思是，来到江西的北军也是为朝廷之事而来，他们抛家舍业，顶风冒霜，整年都不能回家。而且南方潮湿，北方人不习惯，尤其是现在春气萌动，瘟疫将起，他们也想念家乡。南昌居民知道自己不得安宁之苦，就应该理解这些官军之难，不要心生怨恨。

这则告示既安抚江西百姓，同时让北军看到之后感觉江西官民通情达理，也让这些人生起思乡之情，不愿长久驻扎江西。

北军南来，水土不服，好多人得病，阳明先生就供应药物，病死的就给棺材，路上遇上出殡，还下车吊唁慰问一番。人皆有良知，北军虽然蛮横，但看到阳明先生身为三品大员，对他们如此厚待，都说"王都堂爱我"，再也不肯冒犯阳明先生。

张忠、朱泰贼心不死，阴阳怪气地问阳明先生："听说宁王府富甲天下，他的那些财宝去哪里了？"

阳明先生微微一笑，说："当年朱宸濠为了结交京师的人，让他

---

① 王守仁：《王阳明全集》，第501页。

们做自己的内应，用那些财宝贿赂这些人。你们要看看账本吗？"

张忠、朱泰都曾经受过朱宸濠的贿赂，吓得不敢再问。

正德十四年十一月二十二日，冬至。按照当时的风俗，冬至是祭奠亡灵的日子。

阳明先生贴出告示，让全城百姓按照正常风俗哭奠亡灵，谁不哭奠便是不孝。南昌城中几乎家家户户有亲人在这场战乱中丧命，当天，整个南昌城哭声不断，纸灰漫天。北军看到此情此景，也思念自己的家乡、自己的父母、自己的祖茔，纷纷落泪，请求回家。

十二月二十六日，一路游荡闲逛、吃喝玩乐、胡作非为的正德皇帝也终于到了南京。

二十八日，南京给事中孙懋上《急献俘馘（guó）以彰天讨以修大祀疏》，劝谏皇帝不必亲临江西，当面捉拿朱宸濠，应该命令张永等将首恶朱宸濠、逆党刘吉等迅速押解到南京献俘于祖庙，早日班师。

不知道是不是这封奏疏的作用，正德十五年正月二十六日阳明先生接到圣旨，令阳明先生与总兵各官将朱宸濠押解至南京。押送队伍走到芜湖，皇帝又下旨让阳明先生等人回江西抚定军民。

遵照圣旨，阳明先生从安徽芜湖返回江西。正月三十日，先生路过九江，游庐山，在开先寺勒石纪功。

> 词曰："正德己卯六月乙亥，宁藩濠以南昌叛，称兵向阙，破南康、九江，攻安庆，远近震动。七月辛亥，臣守仁以列郡之兵复南昌，宸濠擒，余党悉定。当此时，天子闻变赫怒，亲统六师临讨，遂俘宸濠以归。于赫皇威！神武不杀，如霆之震，靡击而折。神器有归，孰敢窥窃。天鉴于宸濠，式昭皇灵，嘉靖我邦国。正德庚辰正月晦，提督军务都御史王守仁书。"从征官属列

*于左方。*①

　　当时小人对阳明先生诽谤已经甚嚣尘上，远在绍兴的叔祖王克彰有所耳闻，来信问询阳明先生。阳明先生专门回信解释安慰，并嘱咐家里人安心，不要听信这些谣言，同时也要管好家人，"清静俭朴以自守，谦虚卑下以待人"。

　　二月六日，张永、张忠、朱泰等人将朱宸濠押送到南京，但是没有进城，而是将朱宸濠看押在龙江的船上。

　　张忠、朱泰回到南京与江彬等人商议，如果扳倒阳明先生只有一个人能做到，那就是皇帝。他们诬蔑阳明先生其实本来准备跟宁王一起造反，后来一看皇帝亲征，大势已去，才生擒宁王立功；说阳明先生去福建之所以取道南昌，就是因为想给宁王祝寿；还构陷阳明先生与御史伍希儒、谢源将宁府的财物金帛全部收归己有；等等。跟随张忠、朱泰的纪功的给事中祝续、御史章纶也给皇帝上奏疏附随诬陷。

　　幸而，去南昌的队伍中还有都给事中齐之鸾。齐之鸾为人正直，张忠、朱泰在江西祸害无辜时，他多次为百姓回旋。这些人潜毁阳明先生，他又多次替阳明先生辩白。

　　张永见张忠、朱泰等人如此诬蔑阳明先生，对家人说："王都御史忠君为国，今天若被人陷害，他日朝廷再有事，谁还愿意为朝廷尽忠？"他将自己的所见所闻一一告诉皇帝，皇帝才不信那些谣言。

　　张忠看自己的诬陷没起作用，就另生一计，对皇帝说："王守仁现在已经不把圣上放在眼里，要造反了。圣上多次下旨，让他不要献俘，他都不听。圣上现在召他来南京，他必不敢来。"

　　张忠这次构陷还是很有水平的。明代著名史学家高岱就曾经说：

---

① 　王守仁：《王阳明全集》，第 1043 页。

阳明先生为保境恤民献俘，可以理解，但派一员大将去即可，何必放下巡抚职责，亲自献俘，且皇帝屡次制止都不听从？这不就是像当年岳飞一样恃功自傲吗？当年郭子仪对唐肃宗就不会如此。①

高岱的评论是书生之见。宁王朱宸濠造反时，不知道多少重臣暗中依附他，尤其皇帝身边的人，如江彬、钱宁、张忠、朱泰等人，都曾经收受过朱宸濠的贿赂。如果像锦衣卫指挥佥事马骥这样的人来抢朱宸濠，一般将领敢不给？如果朱宸濠落到居心叵测的人手中，会引出什么乱子来？故而，押送宁王朱宸濠非阳明先生不可。

但这番苦心连几十年之后的高岱都难以理解，何况疑心重的皇帝？再说，哪怕再差劲的皇帝，谁不认为自己英明神武，天下归心？他如何能理解阳明先生的苦心？

更何况，正德皇帝对朱宸濠贸然起事确实疑虑重重。给事中齐之鸾在他的《蓉川集》中记载：

正德十五年正月十五日，他接到皇帝的钧帖，命令他会同太监张永、张忠，安边伯朱泰，左都督朱晖，详细查勘朱宸濠反叛的情况，要弄清楚始末、来历、根由。帖中还特别提到安庆知府张文锦奏本中提到的"贼首吴十三、凌十一、涂承奉等口称的'倒被两京一二人误赚了我事'等语"，都御史王守仁等差来送奏本的差役供称的"有宸濠在阵前说称'我是正宗枝，有娘娘密旨来取我'以及宸濠在监狱说过的'被人哄了我了'等情"，这些一定亲自审问朱宸濠，追究其过往还交结什么人，有什么事情等。

其中，"都御史王守仁等差来送奏本的差役"，便是后来阳明先生在《行江西按察司审问通贼罪犯牌》中所说的那个王瑞。

王瑞是赣州卫舍人，阳明先生差遣他赴京奏报擒获逆贼文本，他

① 谈迁：《国榷》卷五十一，张宗祥校，中华书局，1958，第3192页。

却"迂道私赴太监张忠处捏报军中事情",至于他向张忠的人说了什么不清楚,但后果非常严重,"几至酿成大变"。

种种迹象表明,正德皇帝是起了疑心的。张永虽然极力回护阳明先生,但是并不能完全消除正德皇帝的疑心,于是皇帝下诏让阳明先生再赴南京献俘。

张忠、朱泰打着皇帝的旗号做事,阳明先生都不予理会。他们以为阳明先生肯定不会赴南京。幸好,当时张永就在皇帝身边,赶紧派人告诉阳明先生,如果有诏书至,马上启程赴南京。

阳明先生接到诏书后,直接奔赴南京。江彬、张忠、朱泰等人将他阻在上新河,不让他见皇帝。

《阳明先生年谱》记载,阳明先生受阻上新河,面对"汩汩"流淌的河水,心中无限苦闷,想:我自己蒙受不白之冤,死就死了。可是,家里倚门而望的老父亲,心里多么难过啊?!他对身边的弟子说:"这天地之间但凡有一小孔,能让我像舜一样窃父而逃的话,我绝对长往而不顾!"

两次往返南京,说明了当时阳明先生处境的凶险。

阳明先生自有一番感慨:"只如人疑我与宁王同谋,机少不密,若有一毫激作之心,此身已成齑粉,何待今日!动少不慎,若有一毫假借之心,万事已成瓦裂,何有今日!"

真正保全阳明先生的不是张永,张永只是助力。真正保全阳明先生的是阳明先生无"一毫激作"、无"一毫假借"那颗心。若是其中有丝毫的差错,张永又如何能保全先生?

一毫激作,一毫假借,这都是私心。私心不都是为了自己私利的心,更多是自欺欺人,不面对真相。但凡人有这样的心,至善之本体便被蒙蔽了,所发之意便不是诚意了。

阳明先生见不到皇帝,不得不从南京溯江而返,正德十五年二月二十四日，过铜陵，作《铜陵观铁船歌》卷：

> 铜陵观铁船，录寄士洁侍御道契，见行路之难也。
>
> 青山滚滚如奔涛，铁船何处来停桡。
>
> 人间刳木宁有此，疑是仙人之所操。
>
> 仙人一去已千载，山头日日长风号。
>
> 船头出土尚仿佛，后冈有石云船梢。
>
> 我行过此费忖度，昔人用心无已忉。
>
> 由来风波平地恶，纵有铁船还未牢。
>
> 秦鞭驱之不能动，羿力何所施其蒿。
>
> 我欲乘之访蓬岛，雷师皷舵虹为缫。
>
> 弱流万里不胜芥，复恐驾此成徒劳。
>
> 世路难行每如此，独立斜阳首重搔。
>
> 阳明山人书于铜陵舟次，时正德庚辰春分献俘还自南都。①

阳明先生多次往返南京与南昌之间，这次作《铜陵观铁船歌》，乃是有感而发："由来风波平地恶"，这铁船怎么能解决问题呢？纵然想脱屣人间，"乘之访蓬岛"，恐怕也是徒劳。阳明先生不由得感叹"世路难行每如此"。

皇帝最忌讳的是什么？大臣手握重兵。别人贪恋的权势，阳明先生却弃之如敝屣。为解除皇帝的疑虑，阳明先生索性躲进九华山中。

九华山也算是旧游了，十四年前阳明先生曾经专门到九华山问道。

那时阳明先生一心求道，在这里拜见了道士蔡蓬头，又翻越险岩

---

① 《铜陵观铁船歌》卷，现藏于故宫博物院。转引自任昉《王守仁平定宁王宸濠叛乱三次献俘行迹考略》，《故宫博物院院刊》，2012年第1期，第159页。

到地藏洞拜访"坐卧松毛，不火食"的异人，是那位异人称赞"周濂溪、程明道是儒家两个好秀才"。从阳明先生传世的著作中，我们会时时发现周濂溪、程明道二位大贤对他的影响，或许就是这位异人对阳明先生的影响所致吧。

十四年过去了，物是人非，地藏洞还在，那位"会心人"不知去向何方。

爱山日日望山晴，忽到山中眼自明。

鸟道渐非前度险，龙潭更比旧时清。

会心人远空遗洞，识面僧来不记名。

莫谓中丞喜忘世，前途风浪苦难行。①

哪里是他自己要遁世，是这前途的风浪太险，被逼无奈躲入深山。

这一次阳明先生在九华山中待了二十多天，遍游了九华山诸景。除了寄情山水，他还与名僧唱和，"宴坐岩头学老僧"，打坐于东岩石上。

这时，太监张永进言："王守仁是真正的忠臣，现在大家都争功，他准备弃官不做，入山修道。"被正德皇帝派去调查江西反叛事给事中齐之鸾也上疏，以全家数口担保阳明先生是忠臣。正德皇帝确信阳明先生的忠诚，便下旨让他继续提督南赣军务兼巡抚江西。

阳明先生立不世之功，却遭到如此之猜忌，固然是正德皇帝个性使然，然而，哪一个专制皇帝对自己的臣子，尤其是有作为的臣子，不是疑心重重呢？阳明先生对此看得非常清楚。

---

① 王守仁：《王阳明全集》，第640页。

他在正德十四年六月十九日上疏告变的同时，也上疏省葬，表示自己遇到变故，暂时如此，目的为牵制宁王，等皇帝派遣平叛大军一到，立即辞职回乡省亲。正德十四年八月，阳明先生又上疏乞归；正德十五年三月再次上疏乞归。

阳明先生的弟子钱德洪在整理老师遗稿的时候，发现阳明先生同一天上《便道归省疏》和《再报濠反疏》，感觉非常奇怪：老师怎么在国家危急存亡之际还顾得上回家省亲？老师自己倡义兴师，将朱宸濠消灭在旦夕之间，为何又请皇帝派军队平叛？后来他才明白老师的难处。

北军那群瘟神虽然被送走，但江西仍然是哀鸿遍野。自正德十四年，江西大旱，几乎颗粒无收，再加上战乱，民不聊生。阳明先生上《旱灾疏》，请求"将江西正德十四年分税粮通行优免"，但是没有得到答复。

而当阳明先生此次返回省城之时，户部相应官员已至江西催征税粮，此时江西民力凋敝，相应官员一时束手无策。三月二十五日，阳明先生再度上《乞宽免税粮急救民困以弭灾变疏》，请求免除江西正德十四年、十五年两年的税粮。

五月，江西又遭大水，阳明先生上《水灾自劾疏》："自春入夏，雨水连绵，江湖涨溢，经月不退。自赣、吉、临、瑞、广、抚、南昌、九江、南康沿江诸路，无不被害，黍苗沦没，室庐漂荡，鱼鳖之民聚栖于木杪（miǎo），商旅之舟经行于闾巷，溃城决堤，千里为壑，烟火断绝，惟闻哭声。询之父老，皆谓数十年所未有也。"

江西为什么发生这么大的灾害？阳明先生说："变不虚生，缘政而起，政不自弊，因官而作。官之失职，臣实其端，何所逃罪？"其实，阳明先生是借水灾自劾来劝谏皇帝。

宸濠之变，臣在接境，不能图于未形，致令猖突，震惊远迩，乃劳圣驾亲征，师徒暴于原野，百姓殆于道路。朝廷之政令因而阂隔，四方之困愈由是日深。臣之大罪一也。徒避形迹之嫌，苟为自全之计，隐忍观望，幸而脱祸。不能直言极谏以悟主听，臣之大罪二也。徒以逢迎附和为忠，而不知日陷于有过；徒以变更迁就为权，而不知日紊于旧章；徒以掇拾罗织为能，而不知日离天下之心；徒以聚敛征索为计，而不知日积小民之怨。此臣之大罪三也。上不能有裨于国，下不能有济于民，坐视困穷，沦胥以溺，臣之大罪四也。①

　　这四大罪状，其实哪里是臣子的罪状，都是皇帝放荡不羁，南巡扰民所致。尽管江西哀鸿遍野，也没有阻挡住正德皇帝玩乐的兴趣，虽然大臣们一再催促返京，他仍然在南京流连忘返。

　　阳明先生在给兵部尚书王琼的信中说："所以复有蠲（juān）租之请者，正如梦中人被锥刺，未能不知疼痛，纵其手足扑疗不及，亦复一呻吟耳。"对于朝廷免除江西的税粮，阳明先生心里根本不抱希望，只是职责之所在，又有民间疾苦在眼前，不得不上疏罢了。他不得不寄希望于王琼，"老先生幸怜其志，哀其情，速免征科，以解地方之倒悬"。

　　然而，朝廷免征税粮的批复终究没有到来。无奈之下，阳明先生与巡按御史唐龙商量，将宁王府的财产处理掉。除宁王强夺来的财产应归还本主，其余估价变卖，将变卖银两拨付南昌、新建两县，补充被宁王造反时抢走的库银，兑付淮安京库折银粮米及王府禄米，如果另有盈余则收归布政司官库。阳明先生用这种方法，解决了追征钱粮

---

① 　王守仁：《王阳明全集》，第366页。

的问题。

正德十五年六月一日，发生了一件震惊朝野的大事——牛首夜惊。这一天，正德皇帝到牛首山游玩，当夜便住在那里。皇帝出行，自然有御林军随行守卫。半夜，守卫皇帝的军队忽然发生惊扰，好长时间才安定下来。

《孙子兵法·行军篇第九》云：夜呼者，恐也。至于当时军队恐的是什么，没有人说得清楚。当时，朱宸濠虽然已经被擒，但并未被处死，还被押在江船上。民间传言是江彬要谋反。

起初，皇帝銮驾刚到南京，江彬索要城门钥匙，都督府请示南京兵部尚书乔宇。乔宇说："守备的目的就是防止意外发生。城门的钥匙，谁敢索取？即便索取，谁敢给？除非有天子诏书，否则不能给。"

江彬索要城门钥匙的目的是什么，没有人知道，但这件事确实令人生疑。牛首夜惊事件，人们怀疑江彬也不是空穴来风。

也是在六月，阳明先生离开南昌去赣州，并且在赣州"大阅士卒，教战法"。听人说万安多勇士，阳明先生命人前去征兵，并且说，不要求武艺有多高，只要有力气就行，很快招到三百多人。不仅如此，阳明先生还以"所辖地方盗贼不时窃发"的名义，将散居各县的兵快调集至赣州校场，集中操练。

这个举动显然引起了他人的疑虑，《阳明先生年谱》载，江彬派人来观察动静。在南昌的各衙门官员显然也听到了动静，请阳明先生回南昌的文书络绎不绝，劝告阳明先生不要待在用兵之地，让奸人生疑。阳明先生看到这些文书付之一笑。

弟子陈九川也问阳明先生。阳明先生说："我在省城时，面对那些权竖（指有权势的宦官）的滔天气焰，无端疑谤，祸患就在眼前，尚且内心从容。这些何足为忧？况且，我已经上疏乞去，只是与朋友讲学论道，教童子习礼歌诗，有什么可疑！纵使真有祸患，也不用怕。雷要打，随它打就是，为何要担心？我不能轻动，还有更深的考虑。"

阳明先生更深的考虑是什么呢？阳明先生在给升任江西副使的顾惟贤的信中说：

> 近得省城及南都诸公书报云，即日初十日圣驾北还，且云船头已发，不胜喜跃。贱恙亦遂顿减。此宗社之福，天下之幸，人臣之至愿，何喜何慰如之！但区区之心犹怀隐忧，或恐须及霜降以后，冬至以前，方有的实消息。其时贱恙当亦平复，即可放舟东下，与诸君一议地方事，遂图归计耳。①

阳明先生知道皇帝初十日圣驾北还，"不胜喜跃"，而且"贱恙亦遂顿减"，同时又说，心中仍怀隐忧，或许霜降以后，冬至之前才能有确实的消息，"贱恙当亦平复"。这其实是说，所谓"贱恙"，乃是先生心中有所忧虑，直到皇帝平安抵达北京，才能放下心来。"霜降以后，冬至以前"是推算皇帝回京的行程。

阳明先生又嘱咐顾惟贤趁着永丰、新淦、白沙一带发生流寇，让该道守巡官迅速出兵督捕，不但可以安靖地方，"亦可乘此机会整顿兵马，以预备他变"，而且要"即时一出，勿更迟迟，轻忽坐视"。由此，我们也就知道了阳明先生为何在六月突然离开南昌，到赣州练兵。

阳明先生得到的消息是基本准确的。

七月，正德皇帝以总督军务威武大将军总兵官后军都督府太师镇国公朱寿的名义，让阳明先生重新上捷音疏。阳明先生在奏疏中，将

---

① 王守仁：《王阳明全集》，第 824 ~ 825 页。

功劳归于威武大将军朱寿："旬月之间，遂克坚城，俘擒元恶，是皆钦差总督威德、指示、方略之所致也。"

闰八月初八日，在南京校军场，士兵将朱宸濠层层围住，正德皇帝让人将其放出囚笼，然后擂响战鼓发起冲锋，再将朱宸濠捉住，算是"擒获"俘虏，终于心满意足地要回銮北京了。

闰八月十二日，正德皇帝正式启程回京。

九月十二日，正德皇帝一行到淮安清江浦，在太监张阳家中盘桓三日。皇帝自己驾着小船在池塘里钓鱼时，突然翻船落入水中。左右侍从急忙跳进水里把皇帝捞起来，从此皇帝就害起病来。往北的行程中，皇帝基本上就不再游荡，銮驾十月二十六日到达通州。

礼部尚书毛澄上疏，将礼部拟定的凯旋仪式、献俘仪式报告正德皇帝。正德皇帝表示同意，但是说"宸濠朕自有处置"。

十一月二十日，太监魏彬突然传旨，命令五府、六部、都察院、通政司、大理寺、鸿胪寺、锦衣卫、六科、十三道，每衙门只留下副手，其余官员连同内阁、皇亲、公侯、驸马都赶到通州行在。当时江彬要造反的消息已经传得沸沸扬扬，大家接到圣旨更加恐惧：如果江彬真造反，这是将满朝文武一锅端了啊。

十一月二十二日，大学士杨廷和、毛纪赶到通州觐见皇帝说，大明朝一百多年的规矩就是大罪必须在京师市曹行刑，朱宸濠等人应当先祭告祖庙献俘，然后昭告天下。正德皇帝不同意。

杨廷和等人又劝说通州与京师近在咫尺，皇帝没有祭告天地祖庙，没有昭告天下，就议处朱宸濠等罪恶，就会出师有名而班师无名。皇帝仍然不听。

十二月初一日，巡按直隶御史叶忠到行在面君，说，现在朱宸濠已经被擒，皇帝应该马上回京，否则"万一变生肘腋，何以御之"。皇帝仍然不听。

十二月初五日，正德皇帝在通州赐死朱宸濠。

十二月初十日，正德皇帝回到北京。

为什么正德皇帝非要在通州赐死朱宸濠？《明实录》的说法是传言江彬怂恿皇帝继续北上宣府巡边。这种可能性大吗？不大。因为此时正德皇帝已经病得很重了，而且仅仅过了五天就回京了。看起来，正德皇帝是想方设法在进京前将朱宸濠处死。

从《明武宗实录》另一段记载中我们或许能看出端倪：正德皇帝北还京师，一直让朱宸濠的船紧紧跟在自己的御舟后面，防备心极重。[①]前面提到，齐之鸾记载的那道圣旨中，正德皇帝要查的就是"贼首吴十三、凌十一、涂承奉等口称的'倒被两京一二人误赚了我事'等语""有宸濠在阵前说称'我是正宗枝，有娘娘密旨来取我'及宸濠在监，又说'被人哄了我了'等情"。

两京的人到底是谁？一般人恐怕都没有那么大能量。正德皇帝之所以进京前处死朱宸濠，恐怕是担心朱宸濠活着进京会发生意外吧。

通州发生的事情，南昌官员应该等很长时间以后才能知道。

阳明先生已经于九月回到南昌。皇帝终于走了，老百姓的日子还要过，还要面对皇粮国税。

奇怪的是，《明武宗实录》记载，正德十五年八月二十八日，因为水灾朝廷免除江西十三府部分税粮。八月二十八日，皇帝还在南京，半个月后才启程回京。从南京发出圣旨到江西也不过十天左右。

但是，正德十五年十二月初十日的《征收秋粮稽迟待罪疏》中，阳明先生历数从正德十五年正月初二到十一月十三，朝廷关于江西税粮征免各种矛盾的说法，却单单没有提到这道对江西极其有利的圣

---

① 《明武宗实录》卷一百九十四（四），"中央研究院"历史语言研究所校，北京大学图书馆藏本，第 3633 页。

旨，仿佛这道圣旨只是存在于档案中，并未发到江西。

其实，在朝廷中有一股针对江西、针对阳明先生的暗流在涌动，从以下几件事中我们可以窥到端倪。

第一，张忠、朱泰陷害阳明先生谋反不成，诬陷说"宸濠金帛俱王守仁、伍希儒、谢源满载以去"。朝廷不加辨别，罢免了伍希儒、谢源，实际上等于间接确认了阳明先生贪赃。

第二，平叛的功臣，从安庆知府张文锦到南京守备各官，甚至连江彬辈都得到了封赏，朝廷却单单没有封赏阳明先生这个最大的功臣。

第三，江西两年间先有旱灾，后有兵乱，继有水灾，阳明先生连上四道奏疏，却得不到朝廷免税粮的待遇。当时江西是全国瞩目之地，朝廷对此不可能忽略。

这种事情的责任显然不能推给江彬、张忠、朱泰之流，他们是武将，不承担朝廷的行政职责。能做这样事情的，只能是内阁和六部堂官。

阳明先生的弟子黄绾在《阳明先生行状》中说："虽平日雅好公者，方公成功时，亦心害其能。考察之岁，承辅臣意，有功如邢珣、徐琏、陈槐、谢源等皆黜之。"① 江西巡抚任士凭在《江西奏复封爵咨》中说："时本爵功高望重，颇为当路所忌。"②

这个"辅臣""当路"指的就是内阁首辅杨廷和及其他能够左右朝局的高官。《明史·王守仁传》道出其中的原因："而大学士杨廷和与王琼不相能。守仁前后平贼，率归功琼，廷和不喜，大臣亦多忌其功。"③ 王琼是杨廷和的政敌，阳明先生跟王琼关系好，敌人的朋友就

① 王守仁：《王阳明全集》，第1182页。
② 同上书，第1249页。
③ 王守仁：《王阳明全集》，第1275页。

是敌人，就是这个逻辑。

远离政治中心的阳明先生，此时正在等待朝廷批复《四乞省葬疏》。从起兵平叛算起，阳明先生已经四上乞归省葬疏了。

阳明先生是在正德十五年闰八月二十日上《四乞省葬疏》，在奏疏中阳明先生言辞恳切，而且态度坚决：

> 夫虎狼恶兽，尚知父子；乌鸟微禽，犹怀反哺。今臣父病狼狈至此，惟欲望臣一归，而臣乃依依贪恋官爵，未能决然逃去，是禽兽之不若，何以立身于天地乎！夫人之大伦，内则父子，外则君臣。事君以忠，事父以孝；不忠不孝，为天下之大戮。纵复幸免国宪，然既辱于禽兽，则生不如死。
>
> ⋯⋯⋯⋯⋯
>
> 臣今待罪巡抚，若不请而逃，窃恐传闻远迩，惊骇视听。夫人臣死君之难，则捐其九族之诛而不恤，至其急父之危，则亦捐其一身之戮而不顾。今复候命不至，臣必冒死逃归。若朝廷悯其前后恳迫之情，赦而不戮，臣死且图衔结。若遂正以国典，臣获一见老父而死，亦瞑目于地下矣。[①]

虽然说如果朝廷再不批复，自己就要挂印而逃，但阳明先生也就是表达一下自己要求省亲的决心而已，毕竟有国法在，如果真挂印而逃，不就给自己的父亲、家族带来麻烦了吗？故而，阳明先生又给王琼写了一封信，希望他能为自己省亲周旋。

阳明先生何以舍封疆大吏不做，而必回乡省亲，不是常说"移孝

---

① 王守仁：《王阳明全集》，第 371 ~ 372 页。

作忠"吗?

阳明先生自正德十一年赴赣州任前省亲之后,一直到正德十六年都没有机会回乡省亲,这中间还经历了祖母去世。

阳明先生十三岁丧母,是由祖母一手抚养长大,祖孙情深,老祖母去世他不但没有机会见最后一面,连省葬扫墓的机会都没有。更何况,自从祖母去世,父亲哀伤过度,身体多病,父子之情本于天性,阳明先生如何能不思念?!这本是人之常情,这本是良知之本然。

然而,彼时朝廷扰攘纷纷,各种明争暗斗,谁有心思顾及一个巡抚省亲之事?何况当时江西刚刚平定,有阳明先生在总是胜过其他人担任巡抚。

正德十六年三月十四日,正德皇帝驾崩于豹房。

三月十八日,皇太后下令将江彬等下狱。

由于正德皇帝无嗣,按照"兄终弟及"的原则,张太后(明武宗的母亲)和内阁首辅杨廷和等大臣决定,迎请成化皇帝的孙子、弘治皇帝的侄子、正德皇帝的堂弟朱厚熜即皇帝位。

四月二十二日,朱厚熜即位,他就是嘉靖皇帝。嘉靖皇帝即位后,颁布诏令,革除正德朝弊政,一时间大明朝局呈现出欣欣向荣之气象。同时,新一轮的政治角逐也开始了。

四月二十八日,在六科给事中张九叙、十三道监察御史李献等的弹劾下,吏部尚书王琼、顺天巡抚都御史刘达下都察院审理;内阁令巡按御史将巡抚宣大都御史甯杲执送京师;礼部侍郎顾清、掌太常寺事礼部尚书刘恺、工部右侍郎冯兰、兵部右侍郎冯清、巡抚四川都御史马昊、巡抚两广都御史萧翀、礼部右侍郎张昱、巡抚榆林都御史陈璘致仕;户部尚书杨潭、兵部尚书王宪、工部尚书李鐩、都察院左都御史陈金和王璟、巡抚保定都御史伍符、工部左侍郎刘永、巡抚甘肃都御史文贵、抚治郧阳都御史毛珵已经自陈去职,不再追究。

大学士梁储请求致仕，嘉靖劝勉挽留他继续辅政。王琼上疏弹劾大学士杨廷和"窃揽乾纲，事多专擅，庇护私厚"，被嘉靖皇帝申斥。

五月初一日，大学士梁储再以病老为由，上疏请求致仕，朝廷再次挽留。梁储再三求去之后，嘉靖皇帝给予恩遇荣宠，允许其致仕。

朝廷新丧，嘉靖皇帝刚刚以藩王身份进京即位，尚无根基。六部堂官更换大半，次辅梁储也被迫致仕。此时，内阁首辅杨廷和可谓大权独揽，一言九鼎，或升或黜，或生或死，皆由心出。

五月初一日，巡按山东御史胡松上疏：江西叛乱时，都御史王守仁、知府伍文定首倡大义，虽然已经叙功，但许多闻风向义、勠力协谋者没有升赏。而逆党如钱宁、毕真虽已经被逮捕，怀奸酿祸善于盖匿者尚未正法典，请皇帝"核实酌行，务当功罪"。嘉靖皇帝命有司拿出意见。

五月初二日，朝廷下旨：

> 王守仁擒斩乱贼平定地方，朕莅政之初，方将论功行赏，所请不允，其敕守仁亟来京。[①]

"所请"就是阳明先生致仕还乡的请求。皇帝不允许阳明先生致仕，命他速来京师。尽管内阁很不情愿，毕竟阳明先生平定叛乱的大功摆在那里，没人能泯灭。

六月十六日阳明先生接到圣旨：

---

① 《明武宗实录》卷二（六），"中央研究院"历史语言研究所校，北京大学图书馆藏本，第64页。

以尔昔能剿平乱贼，安靖地方，朝廷新政之初，特兹召用。敕至，尔可驰驿来京，毋或稽迟，钦此。[①]

阳明先生接到圣旨后，于六月二十日启程赴京。

阳明先生决定趁赴京之际，便道回乡探亲，于是又上《乞便道归省疏》。这道上疏已经不是请示恩准，而是直接通知朝廷自己的决定。

阳明先生说，未经允许直接归省是"冒罪"，但也是情理所不容矣。如果不告知朝廷偷偷回乡乃是欺君，如果害怕耽误赴京期限而不探望父亲乃是忘父。欺君不忠，忘父不孝，世间没有人能不孝父而能忠君者，所以冒罪以请。

阳明先生并非说说而已，是真的要回家了。从南昌赴京应该走的路线是沿长江到镇江，由镇江转到京杭大运河，由京杭大运河到北京。但阳明先生选择的路线是由鄱阳湖沿信江取道广信府，由广信府、玉山一线到杭州。这显然是准备由杭州直接回绍兴。

阳明先生不愿意赴京，朝廷中也有人不愿意阳明先生赴京。

在杨廷和看来，阳明先生显然是王琼的人。阳明先生如果到京，以其赫赫之功，如何安排？要么入阁，要么任六部尚书。这显然都不是杨廷和能接受的。

于是，有言官上疏："朝廷新政，武宗国丧，资费浩繁，不宜行宴赏之事。"阳明先生到北京，宴赏的花费恐怕不及宫中一日的花费，这不过是借口而已。但是，此时杨廷和大权独揽，皇帝也得让他三分。

七月二十八日朝廷下旨，封阳明先生为南京兵部尚书，参赞军务，不必来京。南京兵部尚书也是尚书，但权势与北京的兵部尚书差

---

① 王守仁：《王阳明全集》，第382页。

了太多。更重要的是，南京的六部尚书不在皇帝身边，不能影响到皇帝。

八月二十六日，朝廷下旨：巡抚江西右副都御史升南京兵部尚书王守仁乞致仕，优诏不允，促赴新任。

八月二十九日，朝廷又下旨：先任巡抚江西右副都御史王守仁乞便道归省，许之。

从这几道前后矛盾的圣旨中，我们能看到当时朝廷内部斗争的缩影。但是，这些都不是阳明先生所关心的。他唯一记挂的是自己的老父亲。按照当时的交通条件，准许省亲的这道圣旨到浙江至少也得二十天。而《阳明先生年谱》记载，阳明先生于八月已经回到绍兴。看来，阳明先生确实是"冒罪"归省了。

正德十六年十一月初六日，山西道监察御史樊继祖、陈四渐上疏，向皇帝提出四条意见，其中一条为"明赏罚渐不及始""倡义督兵平定祸乱如王守仁者，尚迁延数月未蒙行赏"。

阳明先生自正德十四年七月二十六日擒宁王，到现在已经过去两年多了。六月朝廷下旨驰驿来京，半路上升南京兵部尚书，便没有了下文。朝臣仿佛集体遗忘了阳明先生平定宁王之乱这件事。

现在此事由言官提出来，朝臣不能不正视这个问题了，如果再装聋作哑，天下人都看不下去了。

兵部召集廷臣会议，最后决定封阳明先生新建伯、奉天翊卫推诚宣力守正文臣，特进光禄大夫柱国兼南京兵部尚书，参赞机务，岁支禄米一千石，给三代诰券，子孙世袭。朝廷遣行人赍敕慰谕，仍赏银一百两，纻丝四表里，赐宴南京光禄寺。

阳明先生于嘉靖元年正月初十日上《辞封爵普恩赏以彰国典疏》。这封奏疏不是一般礼仪性的辞赏，重点是要求普恩。

虽然阳明先生得到恩赏，但是江西参加平叛的人，大多没有任何封赏。阳明先生在功劳簿上记的那些人，大多被删削去了。阳明先生说：

> 夫倡义调兵，虽起于臣，然犹有先事者为之指措。而戮力成功，必赖于众，则非臣一人之所能独济也。乃今诸将士之赏尚多未称，而臣独蒙冒重爵，是袭下之能矣。[1]

尤其是冀元亨，阳明先生说冀元亨抱屈含冤而死，是由于他。现在他把所有的爵位官职都给冀元亨，都无法平复心中之痛。

不仅为前线将士鸣冤，阳明先生再提兵部尚书王琼的功劳。王琼在与杨廷和的斗争中已经完败，充军绥德。此时，阳明先生再提王琼的功劳也有鸣冤的意思了。王琼对阳明先生有知遇之恩，但此时阳明先生在朝廷并无发言权，只能借着谢恩奏疏，委婉地提醒皇帝王琼的功劳：

> 朝廷固已阴觉其谋，故改臣以提督之任，假臣以便宜之权，使据上游以制其势。故臣虽仓卒遇难，而得以从宜调兵，与之从事。当时惟惺惺谋议之臣，则有若大学士杨廷和等，该部调度之臣，则有若尚书王琼等，是皆有先事御备之谋，所谓发纵指示之功也。[2]

阳明先生说，殃莫大于叨天之功，罪莫甚于掩人之善，恶莫深于袭下之能，辱莫重于忘己之耻，如今四者都已具备，故而请皇帝将对自己的奖赏普施于众人，避免赏赐不均造成的困扰，以激励忠义之士。

---

① 王守仁：《王阳明全集》，第385页。
② 王守仁：《王阳明全集》，第384页。

七月十九日，阳明先生又上《再辞封爵普恩赏以彰国典疏》，仍然为江西的功臣义士争取奖赏：

> 圣旨殷优，独加于臣，余皆未蒙采录者，岂以江西之功果臣一人之所能独办乎？朝廷爵赏，本以公于天下，而臣以一身掠众美而独承之，是臣拥阏（è）朝廷之大泽，而使天下有不均之望也，罪不滋重已乎？①

阳明先生在奏疏中说，宸濠之变气势张狂，虽千里之外无不震骇。当时他并无巡抚之命，各官并非他的下属，他并未奉旨，各官是倡义，并非职责所在。如果当时各官都怀畏死偷生之心，以没有皇帝的明旨各自保护疆土为由，他也无可奈何。彼时，他们或提兵而至，或挺身而来，难道是为了今日之封赏吗？他们是真的忠君爱国。

> 夫下之人犯必死之难以赴义，则上之人有必行之赏以报功。今臣独崇爵，而此同事诸人者乃或赏或否，或不行其赏而并削其绩，或赏未及播而罚已先行，或虚受升职之名而因使退闲，或冒蒙不忠之号而随以废斥。②

如果这些为国家冒死赴难之人都算"不忠"的话，那些坐山观虎斗的人，又如何处置呢？这些人在处置过程中，不能说一点儿错误都没有，但是人在平时尚且难免犯错，何况在紧急关头，如何周全？这些人的军功还没有得到奖赏，自身却已经面临惩罚。

---

① 王守仁：《王阳明全集》，第386页。
② 同上书，第387页。

阳明先生又说：

> 今臣受殊赏而众有未逮，是臣以虚言罔诱其下，竭众人之死而共成之，掩众人之美而独取之，见利忘信，始之以忠信，终之以贪鄙，外以欺其下，而内失其初心，亦何颜面以视其人乎？故臣之不敢独当殊赏者，非不知封爵之为荣也，所谓有重于封爵者，故不为苟得耳。[①]

这封奏疏如石沉大海，没有任何回音。

为什么朝廷对江西倡义官员如此薄情？只因为这是阳明先生统领的义兵，朝廷某些人可谓"恨屋及乌"，不能不封赏先生，恶心人总是可以的，让下属抱怨先生总是可以的。因为自己，下属得不到公正待遇，这也正是阳明先生痛心疾首的原因。

文人害人的手段要比江彬之流高明得多，也阴险得多。他们不仅在朝廷中利用职权进行政治斗争，而且还利用修史的权力，对阳明先生大加诋毁，大概是妄图让阳明先生永世有冤难辩。

此处摘录《明武宗实录》几条记载为例：

> 1.（刘）养正，安福人。早有词华，议论英发，然浮薄诡谲，与人不相能，殊无乡典之誉，累赴会试不第，遂规夺郡城外尼寺居之，交结官司，取利以自给，后乃为隐者巾服，谈说性理，以耸人观听。王守仁知庐陵，雅敬重焉，遂与定交，相尚为

① 王守仁：《王阳明全集》，第389页。

矫饰盗名之习，一时冠盖过吉者无不往造其门。①

2. 守仁之改提督实结琼得之，故凡奏捷章专归功于琼，极其谀佞。琼亦甚如称奖，奏请无壅，赏赉稠叠，权谲相附，识者鄙之。然守仁驱不教之民，剪滋蔓之寇，不及数月遂成大功，其智略亦不可少云。②

3. 守仁才望素著，累次剿贼成功，升官荫子，宜勉，遵成命不准休致。时王琼为兵部尚书，奏入，琼甚喜，每事必左右之，自是诸边捷奏无不归功于本兵者，附下罔上之风实守仁倡之也。③

4. 初，守仁奉命勘事福建，以宸濠生日将届，取道南昌贺之。会大风，舟不得前，至丰城知县顾佖以变告，守仁大骇，遂弃官舟取小艇潜逵还赣。时宸濠与其伪国师刘养正谋使人追之不及，文定闻守仁还，急以卒三百逵于峡江至吉安，进曰："此贼暴虐无道，久失人心，其势必无所成，公素望重且有兵权，愿留镇此城，号召各郡邑义勇为进取图贼，不难破也。"守仁初不许，既而深然其言，乃下令各郡邑谕以大义，与文定日夜筹画军需器械粮草，旬日间皆具。④

5. 守仁复搜捕诸逆党，日戮数百人，军士因纵掠。郡王、将军、仪宾邸第以及富室无不被害。濠府中诸蓄积甚富，亦多失亡

① 《明武宗实录》卷一百三十七（五），"中央研究院"历史语言研究所校，北京大学图书馆藏本，第2707页。

② 《明武宗实录》卷一百六十四（十三），"中央研究院"历史语言研究所校，北京大学图书馆藏本，第3176页。

③ 《明武宗实录》卷一百六十七（六），"中央研究院"历史语言研究所校，北京大学图书馆藏本，第3240页。

④ 《明武宗实录》卷一百七十五（十），"中央研究院"历史语言研究所校，北京大学图书馆藏本，第3396页。

者。宫人闻兵入，惶惧纵火自焚，或相率盛服而缢一室中有至数人者，臭达于外，所存惟羸病数十人而已。始南昌城中人苦于宸濠之暴，至是复遭荼毒，皆归怨于守仁之不能禁戢云。①

6. 养正少有词藻，号才子，会试屡不偶，诡谈性理以要名誉士夫，多为所欺，王守仁尤重之，曰此吾道学友也……是岁濠生日，守仁假公便先期约养正往贺，会于吉安舟次，剧谈至夜半。养正先别去，遂从逆濠自出南浦驿迎入府，拜为军师，日夕望守仁至，遣人于生米观候之。而守仁至丰城闻变即返，濠实不虞守仁之见图也。养正就擒后犹冀守仁活之，守仁畏口逼令引决，传首至京，妻子没为奴。比守仁自南昌还，其母丧暴露，使人葬之。②

7. 上遣太监张永邀之，令复还江西，守仁执不可。时守仁携家而还，永乃潜遣人逻其资重，守仁惧，乃以宸濠付永，且厚结焉，遂与俱还。③

搞笑的是，《明武宗实录》却在"正德十五年冬十月庚戌"条这样记载：

> 上至通州。兵部尚书王琼往迎见。琼亦与宸濠交通者，时京师喧传有旨收吏部尚书陆完及琼，二家惧，每夜以私藏散寄之邻旧。及上将还，琼假公务以往，因求捄（jiù）于江彬事得释。

---

① 《明武宗实录》卷一百七十六（十），"中央研究院"历史语言研究所校，北京大学图书馆藏本，第3425页。

② 《明武宗实录》卷一百七十六（十六），"中央研究院"历史语言研究所校，北京大学图书馆藏本，第3438页。

③ 《明武宗实录》卷一百七十八（三），"中央研究院"历史语言研究所校，北京大学图书馆藏本，第3476页。

未几，彬引荐遂代完位。①

《明武宗实录》居然把宸濠造反之际满朝文武中唯一敢站出来的王琼诬陷为私通宸濠的人，把平叛首功者阳明先生描绘成投机钻营、因人成事的奸邪小人。

《明武宗实录》的总裁是杨廷和，他的儿子杨慎是副总裁。而实际上，宁王朱宸濠遍贿群臣时，杨廷和就是受贿者之一。恢复宁王府护卫之事，又是杨廷和趁极力反对的费宏不在内阁当值时办成的。随后，又是他指使言官攻击费宏，将其赶回老家。

漫天谤言能杀人于无形。这些文人的心智计谋岂是几个太监、武将所能拥有的？今天我们尚且能感觉到背后的阴谋，阳明先生当时心里肯定清清楚楚。

正德十五年八月，阳明先生写了一首诗，叫作《纪梦》。这首诗假托郭景纯之名，诉说了真正的大奸不是造反的王敦，而是被称为"贤相"的王导。

> 正德庚辰八月廿八夕，卧小阁，忽梦晋忠臣郭景纯氏以诗示
> 予，且极言王导之奸，谓世之人徒知王敦之逆，而不知王导实阴
> 主之……
> ……………
> 当年王敦觊神器，导实阴主相缘夤。
> 不然三问三不答，胡忍使敦杀伯仁？
> 寄书欲拔太真舌，不相为谋敢尔云！

① 《明武宗实录》卷一百九十二（一），"中央研究院"历史语言研究所校，北京大学图书馆藏本，第3609页。

敦病已笃事已去，临哭嫁祸复卖敦。

事成同享帝王贵，事败乃为顾命臣。

…………

王导真奸雄，千载人未议。

偶感君子谈中及，重与写真记。

固知仓卒不成文，自今当与频谑戏。

倘其为我一表扬，万世万世万万世。[①]

    王导出身于魏晋名门"琅琊王氏"，东晋建立后，官至侍中、司空、假节、录尚书事，领中书监，与其从兄王敦一内一外，形成"王与马，共天下"的局面。

    永昌元年，王敦以反对刘隗、刁协，替王导诉冤为借口自武昌举兵，攻入建康，史称"王敦之乱"。王敦反叛时，王导率族中兄弟子侄二十余人，每天到台阁处等待议罪领罚。王敦之乱被讨平后，王导被晋封为始兴郡公，食邑三千户，赐绢九千匹，进位太保。

    王导影射的是谁呢？"事成同享帝王贵，事败乃为顾命臣。"这样的评价显然不是江彬之流能担得起的，也不是一般朝臣所能承当的。

    正德皇帝是一个好大喜功之人，难道不知道受俘午门、献俘祖庙的威风，为何执意将朱宸濠赐死在通州？正德皇帝虽然荒唐，但是不傻，不但不傻，而且"性聪颖"。他大概担心朱宸濠活着进京城会发生变乱吧。

    往事如烟，转眼五百年过去了，有些史实成了永远的谜团。然而，历史不是掌权人书写的，历史写在人民心中。辅臣借助权力刻意

---

① 王守仁：《王阳明全集》，第 643～644 页。

抹黑阳明先生，最终却成了自己的罪证。

升迁还是降职，褒奖还是诋毁，这些对于阳明先生而言，"值若飘风浮霭之往来变化于太虚，而太虚之体，固常廓然其无碍也"。阳明先生唯一感觉对不起的就是跟他举义的部属。而让阳明先生欣慰的是，自己经过江西一番起起伏伏，提出了"致良知"。

第十一部分　致良知

　　面对朝廷的明枪暗箭，阳明先生无奈退隐九华山，在这里完成了思想的升华，提出"致良知"。何谓"致良知"？在江西南昌，阳明先生在与陈九川、王艮、何廷仁、黄弘纲等各位弟子的问答中，阐述了"致良知"思想，尤其是在《答罗整庵少宰书》中，阳明先生那份自信扑面而来。

孟子曰："故天将降大任于斯人也，必先苦其心志，劳其筋骨，饿其体肤，空乏其身，行拂乱其所为，所以动心忍性，曾益其所不能。"这段话对一般人而言就是一个道理，但对阳明先生而言，那是真真切切的经历。

当初，阳明先生将宁王以及那些张牙舞爪的太监、军官送走后，闭门待命。

一天，他将众弟子召来讲学，说："我自用兵以来，这格物致知的功夫觉得更精透了。"

弟子们有点儿听不懂了：先生每日军务繁忙，还有时间格物致知？！甚至有人在心里偷偷嘀咕，自己的老师是不是太迂腐了。

看到众弟子茫然的样子，阳明先生知道，这一堂格物致知课多么重要。

他缓缓地说："'致知在格物'，说的是面对具体场景所下的功夫。我们平时功夫如何，区别不大。但是我平定叛乱，一呼一吸之间就关系到生死存亡、社稷安危，全部精力都集中到这里。"

此时如何格物？

阳明先生说："只从一念入微处，自照自察，一些著不得防检，一毫容不得放纵，勿欺勿忘，触机神应，乃是良知妙用，以顺万物之自然，而我无与焉。"

这句话的意思是，观照自己的每一个念头，不能有一丝一毫的瞻前顾后，更不能有一丝一毫的放纵懈怠，既不自欺，也不松懈，面对具体情况良知自能判断。这就是良知的妙用，只是顺应万物之自然，不能掺杂一点点儿个人的念头在其中。

"人心本自神明，本自变动周流，本能开物成务。之所以被蔽累而不能成事，只是因为有利害、毁誉二事。一般人的利害，不过是一家的得失而已；一般人的毁誉，不过一个人的荣辱而已；但是，今天的利害毁誉，那是灭三族，是助逆谋反，关系到天下安危。

"就像有人怀疑我与宁王同谋，谋虑稍微不缜密，若有一毫意气用事之心，此身已成齑粉，哪里能到今天；行为稍微不慎重，有一丝自以为是之心，万事已成瓦裂，哪里能到今天。"

　　阳明先生叹了口气，说："这番苦心，也只有自己知道。这就好比真金遇到烈火，越锻炼越能散发出光辉。此处致得，方是真知；此处格得，方是真物。这岂是靠思维想象所能达到的？

　　"自从经历这番大利害、大毁誉，一切荣辱得失，就像一阵清风从耳边吹过，哪能让我动一念呢？今天虽然成了这事功，也不过是一时之间良知的自然呈现而已，转眼便是云烟，已经不放在心上了。"

　　在一般人看来，格物致知乃是读书做学问之事，阳明先生却在戎马倥偬之际格物致知。而且，正是这格物致知成就了平叛之大功，也正是这格物致知让阳明先生处险境如履平地。

　　如何格物？阳明先生说："只从一念入微处，自照自察，一些著不得防检，一毫容不得放纵，勿欺勿忘，触机神应。"

　　这段话说的是《大学》的诚意功夫，与《传习录·薛侃录》中"侃去花间草"一章相得益彰。

　　《传习录·薛侃录》记载了一段阳明先生与薛侃的对话，后世称这段对话为"侃去花间草"。这一段文字含义隽永，让人每读一遍都有不同的收获。

　　薛侃一日在花园中除草，大概草比较难除，他就感慨道："这天地间何以善难培养，恶却难以去除呢？"

　　阳明先生在一旁说："因为你没有培过善，也没有去过恶。"

　　等了片刻，大概看到薛侃不明白，阳明先生又说："你这样看善恶，都是从躯壳上起念，所以是错的。"

　　薛侃还是不明白。

　　阳明先生解释说："天地生万物，花和草在天地眼中是一样的，哪有什么善恶之分？你要看花，就以花为善，以草为恶；如果想用草，就以草为善了。这样的善恶，都是因自己心中的好恶所生，所以说是错的。"

薛侃问："如此岂不无善无恶了吗？"

阳明先生说："天理之本体原本是无善无恶的，气一发动才有了善恶之分。不动于气，便是无善无恶的，也就是《大学》所谓'至善'。"

薛侃问："佛家也说无善无恶，王学和他们有什么区别？"

阳明先生说："佛家是着在无善无恶上了，就一切都不管，不可以治天下。圣人无善无恶，只是不起个好恶的心，不动于气。然而'遵王之道''会其有极'，就是遵循天理，便有个裁成辅相。"

阳明先生与薛侃讨论"善""恶"，又提到一个我们不常见的词——动气。动气是什么意思呢？还是以阳明先生的原文来解。

"侃去花间草"这段对话，原文中有一句"若着了一分意思，即心体便有贴累，便有许多动气处"，从这句话可以看出"动气"的根源就是执着。关于"动气"，《答周道通书》中有"昔在朱、陆二先生所以遗后世纷纷之议者，亦见二先生功夫有未纯熟，分明亦有动气之病，若明道则无此矣"，《与黄宗贤（丁亥）》中有"二君必须预先相约定，彼此但见微有动气处，即须提起致良知话头，互相规切"，《书中天阁勉诸生》中有"或议论未合，要在从容涵育，相感以诚，不得动气求胜，长傲遂非"等，阳明先生用"动气"这个词大体意思是没有变化的，那就是因为执着而引起的情绪变化。具体到"侃去花间草"这段对话中，阳明先生认为恶的起因就是执着引起的对抗。

薛侃说："草既然不是恶，那就不应该除草了。"

阳明先生说："这样的看法，就是佛道两家的意见了。草如果妨碍你，除去又何妨？"

薛侃说："如果除草，不就又起了好恶之心了吗？"

阳明先生说："不起好恶的心，并不是完全没有好恶，否则那就成了没有知觉的人了。不起好恶是说好恶顺应天理，不去着一分意思。如此，就是不起好恶之心。"

薛侃问："除草如何能顺应天理，不着一分意思？"

阳明先生说："草如果妨碍你，应该去掉，那就去掉好了。偶尔去不掉，也不挂在心里。如果挂在心里，心体便有累，便会有许多动气处。"

薛侃问："如此说来，善恶完全不在物上？"

阳明先生说："只在你的心上。顺应天理便是善，动气便是恶。"

薛侃说："物终归是没有善恶的。"

阳明先生说："是的。世儒不明白这个道理，不去内心求索，却到外物上去讨寻，就将'格物'之学看错了。他们天天在外面讨寻，最终只落个'义袭而取'，终身还是行不著、习不察。"

薛侃又问："《大学》讲'如好好色，如恶恶臭'，怎么理解？"

阳明先生说："这正是顺应天理。天理本来如此，没有私意起好恶。"

薛侃问："'如好好色，如恶恶臭'，怎么能说没有意？"

阳明先生说："这是诚意，不是私意。诚意就是顺应天理。即便顺应天理，也不能着一分意。所以，《大学》说'有所忿懥好乐则不得其正'。应该是'廓然大公'，才是心之本体。体会到这一点就明白《中庸》的'未发之中'了。"

顺应天理是善的吧？但是我们执着于"顺应天理"，反而不是顺应天理了。这是朴素又微妙的辩证关系。一般理解，肯定不着于恶，但阳明先生说，不但不着于恶，连善也不能着。就像镜子，一旦表面上留下东西，不管美的、丑的，都会影响照的功能。不着，则心如晴空，天地间没有任何障碍，即便是风雨雷电都不是天地的障碍，万事万物无不在天地之内，这就是"廓然大公"。人之喜怒哀乐，便如天地之风雨雷电，心上没有留滞，便是喜怒哀乐之未发，便是《中庸》

说的"未发之中"。如此，心体才能自然流动，便是活泼泼的，"鸢飞戾天，鱼跃于渊"。这样的心才能裁成辅相。

心上善恶之念不留，便是至诚，但凡滞留念头便是自私小智，就将自己的心与真相隔开了。把自己的心与真相隔开了，人如何能做出正确的判断？没有正确的判断，如何有正确的行动？故《中庸》上讲"至诚之道，可以前知""至诚如神"，心上没有善恶之念留滞，真相就呈现在面前，不就自然"前知"，不就"如神"了吗？

这个"神"其实一点儿都不神，阳明先生说，我们这颗心"本自聪明睿智""本自文理密察"。心好比一面镜子，本来能映照万物，我们别说撒上尘土，即便是绘上牡丹花，也会影响它映照世界。镜子能映照世界，神吗？不神。可是，如果所有的镜子都被尘土或绘画遮蔽了，这个世界上只有一两面镜子是干干净净的，那就神了！

无论阳明先生给薛侃上的这一课，还是战后给弟子上的这一课，都是告诉大家镜子是可以不蒙尘的，不蒙尘的镜子照得更清晰。

阳明先生是这样说的，也是这样修的，故而能在虎狼丛中立身。《传习录》中阳明先生与弟子的交流可不是文字游戏，乃是真功夫。由此，龙场悟道是"大悟格物致知之旨"，也更加明了了。

真能格物以致知，其效果便是"触机神应"，由此阳明先生更加确信"人心本神，本自变动周流，本能开物成务"，这时"致良知"三字已经呼之欲出了。

阳明先生在给邹守益的信中说："近来信得'致良知'三字，真圣门正法眼藏。往年尚疑未尽，今自多事以来，只此良知无不具足。"

"致良知"这三个字涵盖"明明德、亲民、止于至善"三纲和"格物、致知、诚意、正心、修身、齐家、治国、平天下"八目，既点出本体，又点出功夫。阳明先生经过多年的教学，终于找出最简易、直接的方式来说自己的所悟。

良知就是《大学》之明德、至善，就是《中庸》之大本、达道，就是《论语》之仁。然而，良知不是文字，不是概念，也无法定义，那是生命的真实体验。我们就需要在忠君、孝亲、仁民、爱物中去体验，就在与这个世界互动中去体验。

阳明先生所忧虑的是："某于此良知之说，从百死千难中来，不得已与人一口说尽。只恐学者得之容易，把作一种光景玩弄，不实落用功，负此知耳。"

真理不会在圣贤经典中自然向我们呈现，我们需要通过不断的"博学、审问、慎思、明辨、笃行"去领会。我们领会了真理，也就是与圣贤心心相印。我们学习致良知，若是将其当作一门学问，只在文字上用功，不实心体证，便是"负此知"了。

这是经过朱宸濠之乱、忠泰之变，老天给阳明先生的礼物。起初，面对这样的皇帝，面对这样的朝廷，阳明先生不能说没有烦恼，不仅有烦恼，而且是大烦恼。正是这大烦恼，才有了这大菩提。

其中的转折点，就在九华山。我们从阳明先生的诗中或可窥得一斑。

起初，阳明先生上九华山是带着烦恼的。

> 爱山日日望山晴，忽到山中眼自明。
> 鸟道渐非前度险，龙潭更比旧时清。
> 会心人远空遗洞，识面僧来不记名。
> 莫谓中丞喜忘世，前途风浪苦难行。[①]

"莫谓中丞喜忘世，前途风浪苦难行"，不是王巡抚喜欢遁入深

<hr />

① 王守仁：《王阳明全集》，第640页。

山，是这世间有太多的风浪，让人无法前行。其中包含着多少无奈，多少烦恼。

> 尽日岩头坐落花，不知何处是吾家。
> 静听谷鸟迁乔木，闲看林蜂散午衙。
> 翠壁泉声穿乱石，碧潭云影透晴沙。
> 痴儿公事真难了，须信吾生自有涯。[①]

这大概就是阳明先生在东岩所作，每天坐在这岩石上，听着布谷鸟的叫声，看着蜜蜂忙忙碌碌的身影，忘记了身在何处，庄子云"吾生也有涯"，以有限的生命去处理无尽的公务，什么时候是尽头啊！阳明先生这个时候大概已经心灰意冷了。

> 淳气日凋薄，邹鲁亡真承。
> 世儒倡臆说，愚瞽相因仍。
> 晚途益沦溺，手援吾不能。
> 弃之入烟霞，高历云峰层。
> 开茅傍虎穴，结屋依岩僧。
> 岂曰事高尚？庶免无予憎。
> 好鸟求其侣，嘤嘤林间鸣；
> 而我在空谷，焉得无良朋？
> 飘飘二三子，春服来从行；
> 咏歌见真性，逍遥无俗情。

---

① 王守仁：《王阳明全集》，第641页。

各勉希圣志，毋为尘所萦！ [1]

世道大坏，人心愚昧，先生也没有能力去救，索性躲进深山，与老僧为伴。不是他要清高，而是不被人憎恶嫌弃就好。

阳明先生打坐东岩时，遇到一位僧人，叫作周金。据说，这位周金和尚在崖下打坐三年。他让医官陶埜（yě）引见，来拜见阳明先生，两人相谈甚欢。阳明先生作诗：

> 岩头有石人，为我下嶙峋。
> 脚踏破屦五十两，身披旧衲四十斤。
> 任重致远香象力，餐霜坐雪金刚身。
> 夜寒双虎与温足，雨后秃龙来伴宿。
> 手握顽砖镜未光，舌底流泉梅未熟。
> 夜来拾得遇寒山，翠竹黄花好共看。
> 同来问我安心法，还解将心与汝安。 [2]

阳明先生在这首诗后注："崖僧周金，自少林来，坐石窦中且三年。闻予至，与医官陶埜来谒。金盖有道行者，埜素精医，有方外之缘，故诗及之。"

"同来问我安心法，还解将心与汝安"中阳明先生引用了禅宗二祖慧可的典故。当年二祖慧可初见初祖达摩，二人有这样一段对话。

慧可禅师问："我心未宁，乞师与安。"

达摩祖师回答："将心来，与汝安。"

---

① 王守仁：《王阳明全集》，第641页。

② 束景南：《阳明佚文辑考编年》，上海古籍出版社，2012，第624页。

慧可禅师沉吟道："觅心了不可得。"

达摩祖师答："我与汝安心竟。"

慧可禅师听了祖师的回答，当即豁然开朗，心怀踊跃。

阳明先生引用这个典故是因为确实有人问，还是自问自答，自己给自己安心了呢？

> 莲花顶上老僧居，脚踏莲花不染泥。
> 夜半花心吐明月，一颗悬空黍米珠。[①]

在莲花峰上，阳明先生看到老僧"脚踏莲花不染泥"，不就是周濂溪之"出淤泥而不染"吗？这"黍米珠"就是那颗本心。无论世间如何纷纷扰扰，与这本心何干！这一刻，阳明先生大概已经从烦恼中走出来了。

> 一窍谁将混沌开？千年样子道州来。
> 须知太极元无极，始信心非明镜台。
>
> 始信心非明镜台，须知明镜亦尘埃；
> 人人有个圆圈在，莫向蒲团坐死灰。[②]

道州，就是北宋大儒周敦颐，号濂溪。濂溪先生著有《太极图说》，其中有"五行一阴阳也，阴阳一太极也，太极本无极也"之句。"心非明镜台"出典《六祖坛经》中慧能大师那首著名的偈子："菩提

---

① 王守仁：《王阳明全集》，第 638 页。

② 同上书，第 639 页。

本无树，明镜亦非台。本来无一物，何处惹尘埃。"阳明先生借"太极岩"来说自己的证悟，人人都有的这个"圆圈"就是良知。

当阳明先生奉命离开九华山，回南昌时，他在江面上回望九华山，心中已是豪情万丈：

> 五旬三过九华山，一度阴寒一度雨。
>
> 此来天色稍晴明，忽复昏霾起亭午。
>
> 平生山水最多缘，独此相逢容有数。
>
> 人言此山天所秘，山下居人不常睹。
>
> 蓬莱涉海或可求，瑶水昆仑俱旧游。
>
> 洞庭何止吞八九，五岳曾向囊中收。
>
> 不信开云扫六合，手扶赤日照九州。
>
> 驾风骑气览八极，视此琐屑真浮沤（ōu）。①

阳明先生在南昌时，便有一位读书人前来问学。这个人便是因谏阻南巡被贬为庶民的陈九川，字惟浚。

这是陈九川与阳明先生第二次见面，两人相识于正德十年。

当时，阳明先生的好友湛甘泉的母亲去世，湛甘泉扶灵归葬路过南京，阳明先生在南京做鸿胪寺卿，到龙江驿吊唁。之后，阳明先生与湛甘泉便讲起学来，这时新科进士陈九川也回乡途经龙江驿，作为后辈在一边旁听。

阳明先生与湛甘泉论"格物"，湛甘泉还是认为朱子的格物之说正确，阳明先生说："这是求之于外了。"湛甘泉说："如果认为格外物之理是求之于外，那你是自小其心了。"当时官学便是朱子之学，

---

① 王守仁：《王阳明全集》，第 636～637 页。

陈九川又是新科进士，自然也认为朱子之"格物"是正确的。

阳明先生又与湛甘泉讨论《孟子·尽心章》，陈九川一听，觉得阳明先生讲得非常透彻。或许就是因为《孟子·尽心章》阳明先生讲得透彻，陈九川没有轻视阳明先生的格物之说。

回到家乡，陈九川又写信给阳明先生请教"格物"，阳明先生回复："只要能真正下功夫，时间长了就明白了。"陈九川将旧本《大学》抄下来，反复诵读，渐渐觉得朱子的格物之说好像不是那么回事，但是对阳明先生所言"意之所在便是物"的"物"字感觉还是不明了。

陈九川在家读书三年，回朝廷为官，授太常博士。他刚刚为官几个月，遇到了正德皇帝决意南巡，因进谏被廷杖后削职为民。对此，陈九川没有放在心上，反倒觉得这是做学问的好机会，乘机赴南昌找阳明先生当面请教。

一见到陈九川，阳明先生就问："近来功夫如何？"

陈九川向阳明先生报告自己的学习心得："我这几年体验得'明明德'功夫就是'诚意'，从'明明德于天下'一步一步推其根源，推到'诚意'上再也推不下去了。后来我又体验到意的诚与伪，必须先觉知方可，就像颜子'有不善未尝不知，知之未尝复行'，也就豁然贯通了。但是后面还有一个'格物'。

"我想，我们这颗灵明怎么会善恶不知，只是被物欲遮蔽了，故而要去除物欲才能做到像颜子那样'未尝不知'，但是，又感觉与'诚意'呼应不起来，是不是功夫颠倒了。后来，我曾经请教过蔡希颜，希颜说'先生所说格物致知是诚意的功夫极好'。我问'如何是诚意功夫？'，希颜让我再体验。我仍然悟不出来，请先生指教。"

阳明先生感慨："可惜了！只一句话就能悟了。惟浚所举颜子的例子非常好，只要明白身、心、意、知、物是一件事。"

陈九川听了，有点儿迷糊了："物在外，怎么和身、心、意、知是一件事呢？"

阳明先生说："耳、目、口、鼻、四肢，这是所谓身；但是没有心怎么能视听言动呢？心如果想视听言动，如果没有耳、目、口、鼻、四肢也不行。故而无身便无心，无心便无身。就充塞处而言，叫作身；就主宰处而言，叫作心；就心之发动处而言，叫作意；就意的灵明处而言，叫作知；就意的涉着处而言，叫作物。只是角度不同，说法不同而已。

"意没有悬空的，必定着在事物上。所以要'诚意'，就要就其所着的事物去格，格去物欲而归于天理。在这件事上，便没有了遮蔽而致得了良知，这就是诚意的功夫。"

陈九川言下大悟，多少年的困惑顿时解开了。从正德十年到正德十四年，整整四年的时间，陈九川只为要弄懂什么是"格物"。而朱子在《大学集注》已经给出了其答案。作为两榜进士的陈九川，《大学集注》恐怕都能倒背如流，但是他没有止步于标准答案。这就是真求学！

一个真正下功夫的人，总是有许多疑问。只有朝向目标前进的人，才会遇到岔路口，才会遇到坎坷。也只有朝向目标前进的人，才能最终抵达目标。

正德十五年，阳明先生到赣州后，陈九川又到赣州请教。

陈九川问："近来功夫，虽然好像稍知头脑，但还是找不到一个稳当快活处。"

阳明先生答："你要去心上寻个天理，这是所谓'理障'。这里有个诀窍。"

陈九川问："是什么诀窍？"

阳明先生道："只是致知。"

陈九川问："如何致？"

阳明先生答："你的那点儿良知，就是你的准则。你意念着处，它是便知是，非便知非，更瞒它一些不得。你只不要欺它，实实在在依着它去做，善便存，恶便去。它这里何等稳当快乐。"阳明先生说："此便是格物的真诀，致知的实功，若不靠着这些真机，如何去格物？"

我们都以为那些智谋才略才能告诉我们如何做，谁能真信这良知？谁能真依着这良知？可是，我们没有想明白，那些智谋才略从哪里来？它判断的依据又是什么？

阳明先生感叹道："我也是近年来体会得如此清晰分明。开始的时候还不敢确定，恐怕只靠良知是不够的，再仔细体会，没有一点点儿欠缺。"

陈九川在离别时，写了一首诗："良知何事系多闻，妙合当时已种根。好恶从之为圣学，将迎无处是乾元。"

陈九川后来成为江右王门的代表人物，被列入《明儒学案》。

良知不是形式，是生命的真实。如果只是想让自己表现得像致良知的模样，那我们就离良知越来越远了。

阳明先生有位弟子，叫作王艮，字汝止，出身寒微，后来就学于阳明先生。《明儒学案》载，阳明先生以下，辩才最高明的是王龙溪，然而人们对他的言论有的相信有的不相信。只有王艮以眼前的小事，随手就能点醒别人。

王艮第一次见阳明先生并不是想来求学的，而是来论道的。那个时候的王艮还不叫王艮，叫王银。

王银是泰州人，盐场灶丁出身，七岁时曾就读于私塾，但不久因为家庭贫困就上不起学了。他跟随父亲到山东经商，把《孝经》《论语》《大学》放在袖筒里，逢人便请教，慢慢就能讲解了。

有一年冬天，他的父亲服徭役，早晨起来上工，虽然天寒地冻，还要用冷水洗脸。王银痛哭起来，说："作为儿子，让父亲受这么大的苦，还算是人吗？"自己代替父亲服徭役。

王银虽然无法像其他读书人那样专门学习，但是自己默默参究，以经书印证自己的感悟，以自己的感悟来印证经书，大有收获。这大概是他置身王门，仍成为其中翘楚的原因吧。

他还按照《礼记》的记载，自己制作五常冠、深衣、大带，还手拿笏板，说："我们天天说着尧的教诲，按照尧的教诲行事，却不穿尧时的服装，怎么能行呢？"

其实，孔子是反对这样的形式主义的。《礼记·儒行》记载，鲁哀公向孔子请教"儒服"，孔子回答："君子学问要广博，穿衣服要入乡随俗。我不知道什么是儒服。"

王银在泰州偏僻之地，又不是读书人，没有听说过阳明先生。有一个叫作黄文刚的人，是吉安人，寓居泰州。他听了王银的讲学，说："你所说的与我们江西的王巡抚的讲学非常像！"

王银一听，说："还有这种事！王公论良知，我谈格物，如果我们讲学相同，那是老天爷派王公启发天下后世；如果我们讲学不同，那是老天爷派我去启发王公。"当天他就收拾行囊，去江西拜访阳明先生。

他穿古服，持笏板，拿着两首诗来见阳明先生。阳明先生觉得这个人很奇怪，就降阶相迎，请他上座。王银也大摇大摆地坐下了。

阳明先生问："你戴的是什么冠？"

王银回答："有虞氏之冠。"有虞氏就是舜帝。

阳明先生又问："你穿的衣服是什么服？"

王银回答："是老莱子服。"老莱子是"二十四孝"之一，相传侍奉父母至孝，七十多岁了还装小孩子跌倒的样子，哄父母开心。

阳明先生问："你是学老莱子吗？"

王银回答："是。"

阳明先生问："你是学他穿的衣服，还是也学他装作跌倒，哄父母开心？"这一句话就把王银问蒙了，不由自主地侧着身子坐半边椅子，不敢再大模大样地坐在上座了。

他跟阳明先生讨论起"格物"，不觉被阳明先生所折服，感叹："阳明先生格物简易直接，我王银远远不如。"于是，他下拜称弟子。

王银回到住处再琢磨琢磨，感觉还有些地方不服气，后悔道："我怎么能轻易拜师呢！"第二天再见阳明先生，他说自己后悔了。

阳明先生说："很好！你这是不轻信，不盲从。"于是两个人又开始讲论。这一次，王银从心里服气了，才真正拜师。

一般人先不要说轻信不轻信，一介布衣能拜巡抚为师，那就是大大地赚了，怎么敢说自己不服气，还要继续辩论呢？这就是王银了不起的地方。

阳明先生对门人说："我平定朱宸濠叛乱都没有动过心，这个人却让我动心了。"阳明先生虽然希望真正的学问能够得到传播，但是也不希望别人轻信盲从。轻信的人必然会容易不再相信，盲从的人往往变成了迷信的人。这是阳明先生见才心喜啊。

阳明先生将王银的名字改为王艮，并赐字"汝止"。阳明先生去世后，王学大行天下，其中以王艮、王龙溪最有名。《明儒学案》将王艮一脉单独立为泰州学派。

说到江西教学，不能不提两个人，那就是何廷仁和黄弘纲。

阳明弟子中有"浙有钱、王，江有何、黄"之说，钱、王就是阳明先生后来在浙江老家收的弟子钱德洪和王畿，何、黄是指先生在江西收的弟子何廷仁和黄弘纲。可见，何、黄乃是阳明弟子中的翘楚。

何廷仁，字性之，号善山，江西雩都人。

何廷仁最早是大儒陈白沙的崇拜者。阳明先生到了南赣之后，何廷仁说："我遗憾自己不能拜陈白沙为师，再也不能失去这个机会了。"于是他赶到南康拜阳明先生为师。

在南赣时，阳明先生戎马倥偬，很少有时间讲学。新来求学的人便由何廷仁、薛侃等同人接引。何廷仁为人恳切，心气平和，教学不厌其烦，故而很多同门喜欢与他交往。

阳明先生回到绍兴，他就跟到了绍兴，仍然像在江西一样，接引新来求学的同人。阳明先生去世后，他跟其他同门在南京会讲，往来学习者达数百人之多。

何廷仁为人如其为学，朴实诚恳，从不谈论高深玄远的道理。他对"无善无恶心之体，有善有恶意之动"有自己的理解："老师说'无善无恶'是指心的感应没有痕迹，过而不留，是天然至善的本体。心的感应就是意，有善有恶是执着于事物而不能化，故而说'意之动'。如果以为心为无，而意为有，那是把心和意分为二了。离开用去求体，就不合于内外之道了。"

有人请教："求之于心，全无所得。行住坐卧，也没有什么可以定守的。"

何廷仁说："良知人人都能懂，所以不用刻意追求。你知无所得，无所定守，这就是良知。你就把心安在无所得、无所守上，这不是入门下手的真正功夫吗？何况心性本来无形无相，从何处而得？没有定体，从哪里守？你能知道无所得，这便是有所悟；知道无定守，便是有定主了。"

黄弘纲，字正之，号洛村，也是江西雩都人。他是在赣州从师于阳明先生的。从师不久，黄弘纲便作为阳明先生的优秀弟子来接引其他新学者了。

《传习录·薛侃录》中记载了黄弘纲向阳明先生请教的一段对话。

黄弘纲问阳明先生："戒惧是己所不知时功夫，慎独是己所独知时功夫。这种说法如何？"

"戒惧是己所不知时功夫，慎独是己所独知时功夫"是从朱子的《中庸章句集注》中归纳出来的。《中庸章句集注》解释"戒慎乎其所不睹，恐惧乎其所不闻"为"君子之心常怀敬畏，哪怕没有见、没有闻，都不敢轻忽"。其解释"君子慎其独也"为"幽暗之中，细微之事，还没有行迹，别人不知道，但是自己知道，更要谨慎"。

阳明先生说："只是一个功夫，无事时固是独知，有事时亦是独知。人若不知于此独知之地用力，只在人所共知处用功，便是作伪，便是'见君子而后厌然'。此独知处便是诚的萌芽，此处不论善念恶念，更无虚假，一是百是，一错百错，正是王霸、义利、诚伪、善恶界头。于此一立定，便是端本澄源，便是立诚。古人许多诚身的功夫，精神命脉全体只在此处。真是莫见莫显，无时无处，无终无始，只是此个功夫。今若又分戒惧为己所不知，即功夫便支离，亦有间断。既戒惧即是知，己若不知，是谁戒惧？如此见解，便要流入断灭禅定。"①

黄弘纲又问："不论善念恶念，更无虚假。如此说来，独知之地就不会出现没有念头的状态？"

阳明先生回答："戒惧亦是念。戒惧之念，无时可息。若戒惧之心稍有不存，不是昏聩，便已流入恶念。自朝至暮，自少至老，若要无念，即是己不知，此除是昏睡，除是槁木死灰。"

阳明先生回到绍兴，黄弘纲也追随到绍兴，不离先生左右达四五年之久。阳明先生去世后，黄弘纲又在绍兴为阳明先生料理家事三年，方才回到江西。

黄弘纲认为，阳明先生的"良知"便是周敦颐先生的"诚"，但是阳明先生多在发用上说，让人从知是知非上转头，这是方便法门。很多王门弟子便以善念为良知。

黄弘纲说："以意念之善为良知，终非天然良知。如果知为有意的知，觉为有意的觉，这是胎骨未净，终成凡体。由此可知，阳明先生

---

① 王守仁：《王阳明全集》，第31页。

所说有善有恶的意与知善知恶的知都不是定本。如果意有善有恶，则不得不跟着善恶跑，在念起念灭上下功夫，一辈子都合不上本体了。"

黄弘纲官至刑部主事，因为不愿意迎合上司而致仕归乡，与邹守益、聂豹、罗洪先等人讲学。

阳明先生的一位属官听阳明先生讲学，不由得感慨："这学问太好了。只是天天忙于处理诉讼案件，没有时间学啊。"

阳明先生听说后，说："我何尝让你离开你的诉讼案件，悬空地去讲学。"

我们也跟这位属官差不多，认为"讲学"要么是捧起书本来读书，要么就是一群人在一起清谈论说。

阳明先生说："你既然有官司的事情，就在官司的事情上去学，这才是真格物。如果遇到打官司的人，不能因为他回答不得体，就生起气来；也不能因为他说话好听，就生起欢喜心来；不能因为讨厌他请托，就想办法治他；也不能因为他请托，就顺从他；不能因为自己事务繁忙，就苟且马虎处理；不能因旁人说他不好，就受到影响。有没有这样的心，你自己知道。但凡有这样的心，都是私心。"

人人都容易被自己的情绪带走，甚至认为理所当然，却忘了如果自己是跪在大堂下的那个人，对坐在大堂上的那个人有何期待。这不正违反了《大学》中说的"絜矩之道"吗？！

这心头一旦有了执念，就如镜子蒙尘，便是偏倚。

阳明先生说："须精细省察克治，唯恐此心有一毫偏倚，枉人是非，这便是格物致知。"

功夫如此简易！假如一个人不识字，没有机会读圣贤书，有一个机缘听到阳明先生讲这一课，从此再也没有机会听讲课。但是他一辈子老老实实就是看好自己的心，"唯恐此心有一毫偏倚"，这个人能不能成为君子？

答案是一定能。

这个人若有这样的心，做事能不能成功？

答案是一定能。

我们这一辈子读的书不少，听的课也不少，能成为君子的有几人？关键就在于是不是在日用常行中下真功夫。阳明先生说："簿书讼狱之间，无非实学；若离了事物为学，却是着空。"

在阳明先生这里，没有人不可以致良知，没有人不可以走向圣贤，哪怕是聋哑人都可以。

泰和县有个聋哑人，名叫杨茂。他也来阳明先生处求学。阳明先生用纸笔跟他沟通。

一个聋哑人如何学圣学？

阳明先生："你口不能言是非，你耳不能听是非，你心还能知是非否？"

杨茂："知是非。"

阳明先生："如此，你口虽不如人，你耳虽不如人，你心还与人一般。"

杨茂连连拱手，表示确认。

阳明先生："此心若能存天理，是个圣贤的心；口虽不能言，耳虽不能听，也是个不能言不能听的圣贤。心若不存天理，是个禽兽的心；口虽能言，耳虽能听，也只是个能言能听的禽兽。"

杨茂激动地指着天拍胸脯。

阳明先生："你如今于父母，但尽你心的孝；于兄长，但尽你心的敬；于乡党邻里、宗族亲戚，但尽你心的谦和恭顺。见人怠慢，不要嗔怪；见人财利，不要贪图，只要行你自己是的心，不行你非的心。纵使外面人说你是，也不须听；说你不是，也不须听。"

杨茂连连拜谢，表示首肯。

阳明先生："你口不能言是非，省了多少闲是非；你耳不能听是非，省了多少闲是非。凡说是非，便生是非，生烦恼；听是非，便添是非，添烦恼。你口不能说，耳不能听，省了多少闲是非，省了多少闲烦恼，你比别人倒快活自在了许多。"

杨茂激动地拍着胸膛指天指地。

确实，我们自以为聪明，自以为能言善辩，不知多了多少无谓的烦恼。

阳明先生："我如今教你但终日行你的心，不消口里说；但终日听你的心，不消耳里听。"

杨茂顿首再拜。

一个聋哑人也可以致良知，只因为他也有一颗心。这天底下的道理就是如此简单。可我们何曾按照自己的心行过，何曾听自己内心的声音？

良知不是概念。若我们在概念里讨论致良知，永远讨论不清楚。

正德十五年六月，阳明先生在去赣州的船上写下了著名的《答罗整庵少宰书》，这篇文章被收录于《传习录》中卷，为历代阳明学者所重视。

罗整庵，名钦顺，字允升，号整庵，江西泰和人，弘治六年进士科探花，官至南京吏部尚书，后辞官隐居乡里专心研究学问，时称"江右大儒"，是明代"气学"的代表人物之一。

罗整庵的《困知记》附录中，有两篇《与王阳明》。阳明先生的《答罗整庵少宰书》便是回答第一篇的问题，第二篇则是嘉靖七年罗整庵针对《答罗整庵少宰书》的再次辩论，只是这封信还没有发出去他便听到了阳明先生去世的消息。

罗整庵《与王阳明（其一）》与阳明先生的辩论主要集中于《大学古本序》《朱子晚年定论序》，阳明先生《答罗整庵少宰书》是就这两方面内容来回答的。在阳明先生看来，罗整庵没有真正明白自己对"格物"的见解。

一个人固执于某一意见后，很难听进去别的意见。如果单纯地就逻辑推理而言，任何一种意见都能有一番逻辑推演以证明自己正确，同样，也能找出对方逻辑推演的漏洞。

然而，正如阳明先生所言，世间讲求学问者有两种，一种是讲之于口耳，揣摩测度，这种学问不过是求之于末；另一种是讲之于身心，能够行著习察，有真实生命体验，也就是求之于根本，这才是孔门之学。

在这篇文章中，阳明先生有两段酣畅淋漓的话语，那就是讲之于身心的那份自信：

> 夫学贵得之心，求之于心而非也，虽其言之出于孔子，不敢以为是也，而况其未及孔子者乎？求之于心而是也，虽其言之出于庸常，不敢以为非也，而况其出于孔子者乎？[1]

什么是"心即理"？这就是"心即理"！世间之是非皆出于心，而不是外在的某个权威，哪怕这个权威是孔子，是朱子。孔子、朱子以及一切圣贤的教诲与心相应，这就是"印心"，这就是"六经注我"！如不能与我心相应，则不敢苟同。

> 夫道，天下之公道也；学，天下之公学也，非朱子可得而私也，非孔子可得而私也。天下之公也，公言之而已矣。故言之而是，虽异于己，乃益于己也；言之而非，虽同于己，适损于己也。益于己者，己必喜之；损于己者，己必恶之。[2]

---

① 王守仁：《王阳明全集》，第 66 页。
② 同上书，第 68 页。

这段话在当时是何等石破天惊！孔子、朱子是证道的，不是道来证孔子、朱子。道不是某个人宣布据为私有，成为真理的终结者。任何人都是道的探索者。

从阳明先生与罗整庵的书信往来看，二者可谓"道友"。道友观点可以不同，但不能苟同。阳明先生与另一位好友湛甘泉也是如此。其实，当年朱子与陆象山也是如此，虽然观点不同，但不影响其成为好友。反倒是后学之间相互攻击，乃至排挤、打压，与诸位大贤相去甚远了。

"止于至善"，就是要打破那些执着，《论语》中称其为"意、必、固、我"。如何理解意、必、固、我？明末高僧憨山大师说，"意者，生心"，就是臆想、想象；"必者，待心"，就是寄希望于某种事情的发生；"固者，执心"，就是认死理儿，认为一定如何才对；"我者，我心"，就是自私自利的心。

人带着这些"意、必、固、我"，就把自己和天地割裂开来，天地万物如何可能为一体？这个世界上的纷争，有的因为钱财，有的因为权势，更多的是因为意见不同，认为只有自己的意见才是对的。

君臣有"意、必、固、我"则不仁不忠，父子有"意、必、固、我"则不慈不孝，夫妇有"意、必、固、我"则不和不顺，兄弟有"意、必、固、我"则不友不悌。

如果学者有"意、必、固、我"，认为只有自己的那套理论是对的，其他人没有资格辩驳，则如阳明先生所言"法堂前草深一丈矣"。

第十二部分

绍兴论道

正德十六年八月，阳明先生回到阔别多年的家乡绍兴省亲，又逢父丧守制，在绍兴待了整整六年的时间。这是阳明学发扬光大的六年，钱德洪、王畿、聂豹、南大吉等大儒拜入先生门下。这也是阳明先生学问圆融的时期，在晚年，阳明先生提出著名的"四句教"；离开绍兴前夜，又与钱德洪、王畿完成"天泉证道"；赴任广西途中，与送行的钱德洪、王畿又有了"严滩问答"。

正德十六年八月，阳明先生回到久别的家乡绍兴。

虽然阳明先生一直想退隐，但是大概他自己也没有想到，自己在绍兴一待就是六年。这六年，对于阳明学的传播是重要的六年。

九月，阳明先生回故乡余姚祭拜祖茔，又回到了瑞云楼。瑞云楼是阳明先生的出生地，关于这个名字的由来还有一个美丽的传说。

相传，当年阳明先生的母亲郑氏怀胎十四个月胎儿都没有生产。有一天晚上，祖母岑氏睡梦中看到有一群神人，穿着非常漂亮的衣服，吹奏着美妙的音乐，踏着彩云降临王家，将一个婴儿递到岑氏手中。岑氏从梦中惊醒，就听见婴儿降生的啼哭声。这名诞生的婴儿就是阳明先生。

阳明先生的祖父竹轩翁王天叙感觉这个梦非常吉祥，就给婴儿取了个名字"王云"。这个梦在乡间也传开了，大家就把阳明先生降生的这座楼称为"瑞云楼"。

阳明先生到五岁还没有开口说话。一天，他与其他的小孩子在一起玩，有一位出家人路过，看了阳明先生一眼，说："好个孩儿，可惜道破。"竹轩翁是何等聪明之人，听了这句话，马上知道了问题所在，就给孙儿改了个名字，叫作"守仁"。

说来也怪，自从改完名字之后，阳明先生便开口说话了，不仅能说话，而且还将爷爷竹轩翁读过的书都背诵出来。竹轩翁感到很奇怪，就问他，阳明先生回答："听爷爷读书的时候，就记在心里了。"

阳明先生祖籍在绍兴山阴县，也就是绍兴城。王家二十三世祖王寿迁居到余姚。阳明先生的父亲王华对山阴情有独钟，就从余姚又迁回绍兴山阴县光相坊居住。他们的房子被租给了一家姓钱的。

弘治九年，另一个男孩也降生在瑞云楼，这就是阳明先生的弟子钱德洪。

钱德洪，名宽，字洪甫，因避先世讳，以字行，号绪山。我们今天所读阳明先生的资料，无论《王文成公全书》还是《阳明先生年谱》钱德洪都是主要的整理者和编纂者。钱德洪在阳明学的传播上厥功至伟。

钱德洪早就听说过阳明先生的学问，也很向往。阳明先生在江西的时候，钱德洪就想去拜师。现在心目中的老师已经来到眼前了，钱德洪力排众议带着侄子钱大经、钱应扬以及朋友郑寅、俞大本，请阳明先生的侄子王正心引见，拜阳明先生为师。

第二天，夏淳、范引年、吴仁、柴凤、孙应奎、诸阳、徐珊、管州、谷钟秀、黄文涣、周于德、杨珂等七十四人，在余姚中天阁拜阳明先生为师。

后来，钱德洪成为这些门人中的佼佼者，与另一位门人王畿成为阳明先生的教学助手，人称"教授师"。

嘉靖元年二月十二日，阳明先生的父亲王华去世，享年七十六岁。

阳明先生在江西无时无刻不思念家乡的父亲，多次上疏请求返乡省亲或致仕回家。他在给自己的太族叔王克彰的信中说："老父疮疾，不能归侍，日夜苦切，真所谓欲济无梁，欲飞无翼。近来诚到，知渐平复，始得稍慰。"

在《归怀》诗中，阳明先生写道：

> 行年忽五十，顿觉毛发改。
> 四十九年非，童心独犹在。
> 世故渐改涉，遇坎稍无馁。
> 每当快意事，退然思辱殆。
> 倾否作圣功，物睹岂不快？

奈何桑梓怀，衰白倚门待！ [①]

满头白发的老父亲拄着拐杖，倚在大门口盼望着远行的儿子归来的画面，一直浮现在阳明先生的脑海里，这种思念和牵挂远远超过对建功立业的渴望。这就是至真的感情。如果一个人连对自己的亲人都无情了，谁能指望他去爱天下人？

幸运的是，阳明先生回来了，有半年的时间在父亲膝下承菽水之欢。

海日翁自从致仕之后，就在家中侍奉老母，自得其乐。太夫人岑氏以九十六岁高龄辞世，当时海日翁已经七十多岁，仍披麻戴孝，睡草席，枕土块，光脚送葬数十里。但从此，海日翁的身体也大不如前。

正德十四年，宁王起兵。有人劝海日翁去乡下避一避，海日翁说："我儿举兵讨贼，我怎么能躲避呢？我作为国之大臣，只恨自己太老了，拿不动刀枪，不能上阵杀敌了。我要与乡里子弟共守此城。"

海日翁去世后，按照当时的风俗，居丧期间后辈必须吃素。过了百日之后，阳明先生就允许子侄稍微吃一点儿干肉。他说："这些孩子好日子过习惯了，非得不让他们吃肉，这是逼着他们作伪。稍微宽松点儿，各尽各的孝心就好。"

绍兴风俗是主人家必须以饼糖招待来吊孝的人，还要杀羊宰牛，奢华无度，越是大户人家，越要搞得隆重。阳明先生把这些陋习通通革除，只是在年龄大的人的素菜中加两道肉菜，说："丧家吃素，让吊孝的亲朋也一样吃素，不是待客之道。"阳明先生的好友湛甘泉来吊孝，看到有肉菜，心中非常不高兴，回去后又来信责备，阳明先生

---

① 王守仁：《王阳明全集》，第648页。

也不辩解。

按照明朝的礼制，阳明先生要守制三年。从嘉靖元年，阳明先生就致仕在家乡，一直到嘉靖六年才离开。

嘉靖元年壬午，是大比之年。明代子、午、卯、酉年乡试，称"大比"。监生和秀才在所在各省参加乡试，考中为举人。

八月，浙江省乡试。钱德洪参加乡试前向阳明先生请益。阳明先生说："胸中须常有舜禹有天下不与气象。"

钱德洪不明白阳明先生的意思。

阳明先生说："舜禹有天下而身不与，有何得丧介于其中？"舜禹贵为天子却不认为天下是自己的，其他的得失岂能放在心上？

这让人想起阳明先生的科举考试。阳明先生二十五岁第二次会试落榜，同舍之人亦落榜，感觉非常羞耻。阳明先生安慰他："汝以不得第为耻，吾以不得第动心为耻。"阳明先生说"以不得第动心为耻"，也是不以得失荣辱动心的意思。

不知道是否因为阳明先生的教诲而放开手脚，钱德洪果然中举，这一年他二十六岁。

与钱德洪同榜中举的还有同门金克厚，金克厚第二年还考中了进士。

海日翁去世后，阳明先生的许多门人参与到治丧中。金克厚性格谨慎忠厚，负责监厨。物品的出库入库他管理得清清楚楚，如果不慎给错了，一定要追回来，使内外井井有条。

金克厚对钱德洪说："在监厨的过程中受益良多，我才考中进士。先生常说，学问必须真正做事之后才能有确实的体会，此乃至教啊！"

"心苟不忘，则虽应接俗事，莫非实学，无非道也。"一个人用心实学，则无时无处不是道，如果心在功名上，哪怕天天读圣贤书，也与道无关。

第二年，钱德洪参加礼部举行的会试。参加这一年会试的王学门人还有浙江余姚的徐珊，江西的魏良弼、欧阳德、王臣等，当然还有金克厚。

当时内阁首辅仍然是杨廷和，不知道是因为视阳明先生为政敌，还是因为确实不同意阳明先生讲学，他居然指使人在会试策问中诋毁心学。

徐珊一看考题勃然大怒，慨然道："我岂能昧着良知去讨好当权者！"他拒绝答卷直接离场走人。徐珊的这一举动，在士林引起了极大的震动，大家纷纷说："尹彦明后一人也。"

尹彦明，名焞，宋朝著名的大儒，年轻时拜程颐为师，后参加科举考试，那一年的考题攻击元祐党人，而程颐便被认为是元祐党人之一。面对攻击老师的考题，他也是不答而出，从此终身不参加科举。

古代读书人通过科举获得官职，先考童生，由童生考秀才，由秀才考举人，由举人考进士，历经无数次大大小小的考试，可谓"过五关，斩六将"。学子参加会试，相当于参加奥运会走进了决赛。徐珊居然因为考题攻击心学弃赛了。这一弃赛，放弃的不是金牌，而是进入官场的机会，是自己的政治前途。这就无怪乎当时此事引起如此大的震动。由此可见，徐珊是一个何等耿直而又有勇气的人。

消息传到绍兴，阳明先生听说后黯然不喜。而徐珊自己那股义气下去之后，在归途中也有了深刻的反思：

开始的时候，徐汝佩看到考卷便勃然大怒，以为先生如此用心对待世人，学问如此简易广大，竟然遭人诋毁。这样的人怎能与之并立于朝堂？算了，他就陪着先生隐居山谷，不与这样的人打交道了。

回来的路上，再去体会先生关于"致良知"的教诲，徐珊才突然醒悟自己错了。自己在拜阳明先生为师之前，不也是听到这样的教诲就嘲笑、指责、诋毁吗？等亲聆教诲，真正明白先生讲什么他才恍然大悟，对自己此前的行为追悔莫及。即便自己聆听教诲，他也没有做到身体力行让人信服，如何去苛责一个连教诲都没听过的人呢？如果那个人能够亲自聆听教诲，就不会做出这样的事情来了。这叫作"忘己之困而责人之速"啊！

徐珊回来拜见老师，将自己一路以来的反思跟阳明先生诉说一遍。阳明先生点点头，沉默了好久，还是没有说话。徐珊见此情形好像有所醒悟，第二天又来到阳明先生这里："夫子昨天不言之教，珊倾耳而听，若震惊百里，粗心浮气，一时俱丧。"徐珊请阳明先生将这一段写下来，这就是著名的《书徐汝佩卷》。

同样参加会试的欧阳德、魏良弼、王臣就没有如徐珊这样意气用事，也没有屈从当权者的心意，而是按照阳明先生的教诲，如实陈述自己的观点，也被录取了。

这一科钱德洪落榜了，他闷闷不乐地回到绍兴，去见阳明先生时，感叹世道的艰难。阳明先生却高兴地说："圣学从此大明于天下了。"

钱德洪诧异地问："世道如此，夫子何以说圣学大明？"

阳明先生说："我致良知之学如何能遍告天下人？现在会试录一出，即便是穷乡僻壤也都能看到。如果说我致良知之学不对，必然有人探求真正的学问。"

会试录是明朝科举的惯例，朝廷将每科会试结集成册，详细记载这一年的主考官、每房考试官、中试举人的名单和籍贯，以及考题、范文、考官批语等内容。会试录有两个作用，一是将录取结果公布天下，以示公正；二是作为以后的举子考试的范文。所以，会试录从来都是畅销书，出版以后，有志于科举的读书人都会买来仔细研究。故而，阳明先生说会试录一出，圣学必然大明于天下。

那些出题的人只看到攻击良知学说的一面，阳明先生却看到了良知学说随之遍行天下的一面。

阳明先生倡致良知，也是"舜禹有天下而身不与"的精神。我们如果认为自己掌握了真理，他人有不同意见就勃然大怒，就是占有了致良知学说，有了得失之心；同时也被致良知学说占有，成了致良知学说的奴隶。一颗执着于自己的学问的心，实际上已经被自己的学问遮蔽了，那不是致良知。

嘉靖二年会试落榜的举子中有一个叫王畿的人。

王畿，字汝中，号龙溪，学者称龙溪先生，绍兴府山阴县人。王畿性格豪放不羁，尤其讨厌汲汲于功名利禄的读书人。

阳明先生回到家乡后，南昌的许多读书人也追随而来。王畿看他们在阳明先生的府邸进进出出，以为他们是冲着伯爵来的功利之徒，暗自唾骂。南昌的魏良器想引导王畿拜入师门，王畿根本不理。

一天，魏良器与同门在一起投壶雅歌。王畿路过，说："你们这些酸臭文人也懂这个？"魏良器说："我等为学根本就不呆板，你只是不知道罢了。"这样，王畿与魏良器等人慢慢熟悉了，对他们的学问也越来越觉得有道理，这才拜阳明先生为师。

王畿在师门彻悟最深。后人赞叹王畿"文成之徒悟领者多，而最称入室则惟先生"，并说王畿所著《王龙溪全集》与《王文成全书》比翼齐飞，是王门最正宗的学问。

或许，王畿便是阳明先生心目中的狂者。

阳明先生说，狂者志在古之仁人，一切世间纷扰都不能累其心，如凤凰飞翔于千仞之上。狂者对世间的事物都不在乎，也不注意自己的行为举止。但是也因为狂者不掩饰自己，所以他的心还没有坏，只要一克念，便是圣人。

不像"乡愿"，这样的人在君子面前表现的是忠信廉洁，在小人面前则表现为同流合污，人人都说他好。但是，他的心思是以忠信廉洁取媚于君子，以同流合污取媚于小人，这种人的心已经坏了。故而，孔子说"乡愿，德之贼也"。

阳明先生感慨，今天这些名盛一时的士大夫连乡愿都不如，不过模仿个乡愿的模样而已。

阳明先生之所以一直说"乡愿狂狷"，是因为当时跟随阳明先生学习的人，真有力量承担的很少。阳明先生说："大抵近世学者无有必为圣人之志，胸中有物，未得清脱耳。"这一物就是思维障碍，就是意、必、固、我。

阳明先生在《月夜二首（与诸生歌于天泉桥）》中写道：

> 处处中秋此月明，不知何处亦群英？
> 须怜绝学经千载，莫负男儿过一生！
> 影响尚疑朱仲晦，支离羞作郑康成。
> 铿然舍瑟春风里，点也虽狂得我情。[①]

孟子渴望得天下英才而教育之，阳明先生何尝不是如此呢。

嘉靖三年，"大礼议"事件再起。

"大礼议"最早起于正德十六年。嘉靖皇帝即位后命礼部议定父亲兴献王的主祀及封号。礼部尚书毛澄秉承杨廷和的意见上疏，认为嘉靖皇帝应该称孝宗皇帝为皇考，称自己父亲兴献王为皇叔父，称自己母亲为皇叔母。也就是说，嘉靖皇帝朱厚熜相当于过继给伯父弘治皇帝朱祐樘，伯父成了父亲，父亲成了叔父。

嘉靖皇帝阅读毛澄的奏疏后大怒，说："父母可更易若是邪！"

---

① 王守仁：《王阳明全集》，第650页。

皇帝要求廷臣再议。以杨廷和为首的廷臣引用汉定陶王、宋濮王的故事仍坚持此前的意见。

进士张璁上疏，认为：礼非从天降，非从地出也，人情而已。廷臣所以为汉定陶王、宋濮王的故事与现在的情形并不相同，汉哀帝、宋英宗固然是定陶王、濮王之子，但是被成帝、仁宗养在宫中，预备立为后嗣。当今皇上是在正德皇帝继承弘治皇帝位十七年后驾崩无后嗣，本着"兄终弟及"的祖制即位的。

张璁的意见如果转化为今天的法律语言，那就是汉哀帝、宋英宗与汉成帝、宋仁宗是收养关系，是法律意义上的父子关系。而嘉靖皇帝即位是因为没有第一顺序继承人，他作为第二顺序继承人继承皇位，与弘治皇帝不存在法律意义上的父子关系。

嘉靖皇帝一看这个奏章，不由得大喜："此论一出，吾父子必终可完也。"皇帝令群臣再议。结果杨廷和说"秀才安知国家事体"，一句话就给否了。

当时也有大臣支持张璁的意见，于是满朝大臣加入了论战，有支持毛澄意见的，有支持张璁意见的，史称"大礼议"事件。

大礼之争持续了三年，最终嘉靖皇帝称孝宗曰"皇伯考"，昭圣皇太后曰"皇伯母"，献皇帝曰"皇考"，章圣皇太后曰"圣母"，大礼议定。

因"大礼议"事件，四品以上官员八十六人停职待罪，五品以下官员一百三十四人下狱拷讯并廷杖，打死十六人。

这一重大政治事件，阳明先生也有许多门人被卷入其中，如赞成廷议的邹守益、马明衡、舒芬、应良、陆澄等，还有赞成张璁的方献夫、黄绾、黄宗明等。

阳明先生在"大礼议"过程中未公开发一言，甚至门人朋友以大礼相问，也不作答。其有诗云：

一雨秋凉入夜新，池边孤月倍精神。

潜鱼水底传心诀，栖鸟枝头说道真。

莫谓天机非嗜欲，须知万物是吾身。

无端礼乐纷纷议，谁与青天扫宿尘？[①]

"大礼议"事件开启了明朝党争的序幕。当然，其中参与者也有很多就是纯粹的读书人，他们是出于对礼制的不同理解参与争论的。但是，无论是派系之争，还是理念之争，都不是真致良知。谁能真正为国家社稷着想，"谁与青天扫宿尘"？

阳明先生希望自己的弟子胸襟开阔，能够放下这些无谓的纷争，能够和衷共济，真正用心到国事上。

邹守益因"大礼议"被贬为广德州通判。在赴任之前，他特意绕道绍兴拜见阳明先生。谈话中，邹守益对被贬之事表现得不以为意，阳明先生赞叹他不以得失为念。邹守益大概也心灰意冷了，说："在官场，不过是逢场作戏而已。"阳明先生沉默了一会儿说："《尚书》言'允恭克让'，谦之'恭''让'是有了，自省'允''克'在不在？"

阳明先生一句话点醒了邹守益。"允""克"就是真心，如果没有真心，这"恭""让"不过是玩世不恭罢了。

邹守益终究不是尸位素餐之人，上任后修建复古书院，并刻《谕俗礼要》来感化民风，并将《谕俗礼要》寄给阳明先生，请求指教。

阳明先生当年科举是礼房，本身就是礼学大家。针对《谕俗礼要》，阳明先生专门给邹守益写信，点出"礼"的本质。

礼是根据人情来制定的，因而才能被人所遵守。如果我们发现礼违背了人情，不管是流传出现了错误，还是时代变迁的原因，都要做

---

① 王守仁：《王阳明全集》，第649页。

出调整，不能死守着不放，否则就是冥行，就是非礼之礼。

这既是对《谕俗礼要》的指点，应该也是对邹守益"大礼议"失意的劝告与调停吧。

另外两位弟子黄绾、黄宗明因"大礼议"受到嘉靖皇帝的重用。阳明先生让他们做一个"古之大臣"，说：

> 古之所谓大臣者，更不称他有甚知谋才略，只是一个断断无他技，休休如有容而已。诸君知谋才略，自是超然出于众人之上，所未能自信者，只是未能致得自己良知，未全得断断休休体段耳。今天下事势，如沉疴积痿，所望以起死回生者，实有在于诸君子。若自己病痛未能除得，何以能疗得天下之病！此区区一念之诚，所以不能不为诸君一竭尽者也。①

什么是能主持大局的人？不在于其智谋才略，而在于其胸襟能够容人。这胸襟之来源，就是不计个人荣辱得失，没有门户之见，唯一想的就是天下苍生。

前来绍兴求学的人越来越多。有来自湖广的萧璆、杨汝荣、杨绍芳，来自广东的杨仕鸣、薛宗铠、黄梦星，来自直隶的王艮、孟源、周冲等，来自南赣的何秦、黄弘纲等，来自安福的刘邦采、刘文敏等，来自新建的魏良政、魏良器等，来自泰和的曾忭，环坐听讲的人达三百多人，以至于房屋内都容纳不下。

当时绍兴知府是南大吉。南大吉，字元善，号瑞泉，陕西渭南县人，正德六年进士，阳明先生是那一年会试的同考试官，故而南大吉

---

① 王守仁：《王阳明全集》，第 185 ~ 186 页。

称阳明先生座师，自称门生。

南大吉与山阴县令吴瀛主持重新修葺稽山书院，并增建"明德堂""尊经阁"，请阳明先生在此讲学。稽山书院是宋朝名臣范仲淹在绍兴任越州知州时创建的，兴盛一时，后来慢慢湮废了。

阳明先生为此作《稽山书院尊经阁记》。在这篇文章中，阳明先生指出，"尚功利，崇邪说，是谓乱经；习训诂，传记诵，没溺于浅闻小见以涂天下之耳目，是谓侮经；侈淫辞，竞诡辩，饰奸心，盗行逐世，垄断而自以为通经，是谓贼经"[1]，即便每天诵读经典，这都不是真正的尊经。

阳明先生说，真正的宝藏在我们心中，经典是古圣先贤担心后世子孙忘记这些宝藏写出来的记账簿。我们学经典，是依据记账簿取出自己库中的宝藏。如果自己不知道取出宝藏，过着穷日子，还指着记账簿说"你看，这是老祖宗留给我们的家业"，那就是笑话了。

我们今天学习经典的目的是什么呢？是为了取出宝藏，还是把记账簿当作宝藏本身？

南大吉性格豪爽，不拘小节，也是一个善于取出宝藏的人。阳明先生跟他论学，启发他人人心中自有圣贤，不必他求。他心中有所悟。

一日，他请教阳明先生："大吉为政多有过失，先生为何一句话都不提醒我？"

阳明先生问："你有什么过失？"

南大吉就将自己的过失一件件数出来。

阳明先生说："我已经说过了。"

---

[1] 王守仁：《王阳明全集》，第215页。

南大吉惊讶地问："您什么时候说过？"

阳明先生说："我不说，你怎么知道的？"

南大吉说："我的良知告诉我的。"

阳明先生说："这良知不是我天天讲的吗？"

南大吉一听，爽朗地大笑起来，辞谢而去。

又过了几天，南大吉发现自己的过失越来越多，就跟阳明先生说："与其做了错事悔改，何如您提前告诉我，让我避免犯错误？"

阳明先生说："人言不如自悔真切。"

南大吉又大笑着辞谢而去。

又过了几日，南大吉觉得自己的过错更多了，对阳明先生说："行为上的过错还可以靠努力克制，起心动念的过错怎么办？"

阳明先生说："心就像铜镜一样。此前铜镜尚未打磨，可以藏污纳垢。现在铜镜已经磨明，哪怕落上一点儿尘土，马上就会显现出来。这正是入圣之机，努力啊！"

从南大吉与阳明先生这几段对话中，我们可以看出南大吉是真用功、真学习。

南大吉任上勇于任事，得罪绍兴当地的豪绅。嘉靖五年，南大吉回京述职，竟然被罢官。南大吉在回乡途中致信阳明先生探讨学问，对罢官之事只字不提。阳明先生感叹："此非真有朝闻夕死之志者，未易以涉斯境也！"

南大吉是真的达到这种境界了吗？

阳明先生给南大吉回了信，这就是名篇《答南元善》。在这封信中，阳明先生提出洒脱有两种：

一种是高抗通脱之士，他们不是真洒脱，不过是强制其心而已，一旦那些所借助的外物消失之后，就会"忧愁悲苦随之而作"。

另一种是有道之士，他们"见其良知之昭明灵觉，圆融洞澈，廓然与太虚而同体"。这样的有道之士，对于富贵、贫贱、得丧、爱憎，就像飘风浮云之于太虚，根本不会放在心上。这是真洒脱。

阳明先生提醒南大吉：你现在的境界是真的如有道之士，不计利害得失，还是借助于外物来压制内心的委屈，或者只是出于一时的意气？

阳明先生对弟子谆谆教诲，南大吉也没有辜负阳明先生的期待。他回到家乡，创建了渞（qiú）西书院，求学之士从四面八方而来。

南大吉在《明儒学案》中被列入"北方王门"。

在绍兴，阳明先生教学讲授的就是《大学》"天地万物一体"的宗旨，要门人各求本性，"致良知以达至至善"。阳明先生善于教学，学子们人人都欢喜，而且功夫容易入手。

在阳明先生流传下来的言教中，阐发"天地万物一体"宗旨最通透的当数《答顾东桥书》之"拔本塞源论"和《答聂文蔚书（其一）》。

顾东桥，名璘，字华玉，号东桥居士，世称"东桥先生"，长洲人，弘治九年进士，比阳明先生年少四岁。

从嘉靖元年到嘉靖六年，顾璘一直赋闲在家。他与阳明先生书信往来讨论学术，阳明先生的回信后来结集为《答顾东桥书》。

在关于"格物致知"的一番讨论之后，阳明先生慨然提出"拔本塞源"之论：

> 夫"拔本塞源"之论不明于天下，则天下之学圣人者将日繁日难，斯人沦于禽兽夷狄，而犹自以为圣人之学；吾之说虽或暂明于一时，终将冻解于西而冰坚于东，雾释于前而云滃（wěng）于后，呶呶焉危困以死，而卒无救于天下之分毫也已！[①]

---

① 王守仁：《王阳明全集》，第47页。

阳明先生在文中说:

> 夫圣人之心,以天地万物为一体,其视天下之人,无外内远
> 近,凡有血气,皆其昆弟赤子之亲,莫不欲安全而教养之,以遂
> 其万物一体之念。天下之人心,其始亦非有异于圣人也,特其间
> 于有我之私,隔于物欲之蔽,大者以小,通者以塞,人各有心,
> 至有视其父子兄弟如仇雠者。圣人有忧之,是以推其天地万物一
> 体之仁以教天下,使之皆有以克其私,去其蔽,以复其心体之同
> 然。其教之大端,则尧、舜、禹之相授受,所谓"道心惟微,惟
> 精惟一,允执厥中"。而其节目则舜之命契,所谓"父子有亲,
> 君臣有义,夫妇有别,长幼有序,朋友有信"五者而已。唐、
> 虞、三代之世,教者惟以此为教,而学者惟以此为学。[①]

圣人以"天地万物一体"之心的教学,使三代呈现出"天下一
家"的局面,人人各尽其能,而不争私利。但是,后来由于学术衰
落,才出现了各种问题:

> 三代之衰,王道熄而霸术焻;孔、孟既没,圣学晦而邪说
> 横。教者不复以此为教,而学者不复以此为学。霸者之徒,窃取
> 先王之近似者,假之于外,以内济其私己之欲,天下靡然而宗
> 之,圣人之道遂以芜塞,相仿相效,日求所以富强之说,倾诈之
> 谋,攻伐之计,一切欺天罔人,苟一时之得,以猎取声利之术,
> 若管、商、苏、张之属者,至不可名数。既其久也,斗争劫夺,

---

① 王守仁:《王阳明全集》,第47页。

不胜其祸，斯人沦于禽兽夷狄，而霸术亦有所不能行矣。①

后世儒者虽然也想恢复三代之治，但是没有抓住问题的根本，在训诂、记诵、辞章上做文章，不但不能挽回人心，反而成了争名夺利的工具，做到最好也不过是五霸富强之事业。阳明先生感叹："盖至于今，功利之毒沦浃于人之心髓，而习以成性也几千年矣。"他们嘴上说是共成天下之务，不过是满足私欲的借口而已。

> 所幸天理之在人心，终有所不可泯，而良知之明，万古一日，则其闻吾"拔本塞源"之论，必有恻然而悲，戚然而痛，愤然而起，沛然若决江河而有所不可御者矣！非夫豪杰之士无所待而兴起者，吾谁与望乎？②

"拔本塞源论"畅快淋漓，后来单独成篇，流传甚广。梁启超先生曾写按语：阳明先生这段话何其沉痛淋漓！读来如果不发羞恶、怵惕、创艾、奋发之心，这样的人必定与禽兽无疑。其中所言"称名借号曰'吾欲以共成天下之务'，而诚心实意乃'以济其私而满其欲'"，我们不能不当下警醒，自问：我能不能免于阳明先生的呵斥呢？心里如果有一丝一毫不踏实，则我之堕落指日可待！

《答聂文蔚书》中的聂文蔚，名豹，字文蔚，号双江，江西永丰县人，正德十二年进士。

正德十四年宁王叛乱时，他正在家乡，虽然没有亲见阳明先生，

---

① 王守仁：《王阳明全集》，第48页。
② 王守仁：《王阳明全集》，第50页。

却见识了阳明先生的文治武功。他的父亲聂凤对阳明先生也极其崇拜，对聂豹讲"为公卿父，孰与为圣贤父"，希望他有机会能够跟阳明先生学习。

嘉靖五年春，聂豹奉旨巡按福建，路过杭州，决意转道拜访阳明先生。此时，士大夫们对阳明先生的攻讦越来越猛烈，有人劝他不要去，但聂豹还是坚持己见，拜访了阳明先生。

聂豹的到来，让阳明先生非常惊喜，因为阳明先生看出聂豹是一位大才。而聂豹对阳明先生也是一见倾心，赞叹："君子所为，众人固不识也。"

聂豹对阳明先生讲学有不同看法，认为不应该将什么人都收为弟子。他后来在给阳明先生的信中说"道固自在，学亦自在，天下信之不为多，一人信之不为少者"，这才是"君子不见是而无闷"之心。

不知道阳明先生接到聂豹的信是否会苦笑，天下多少人以为阳明先生讲学是好名，是希望天下人相信自己，却不知道阳明先生的真心。阳明先生在回信中，阐述了自己的发心，这封信就是《答聂文蔚书（其一）》。

阳明先生说自己讲学不是计较别人信与不信，而是不能不讲。若君子能专致其良知，则"公是非、同好恶，视人犹己，视国犹家，而以天地万物为一体，求天下无治，不可得矣"。然而，"后世良知之学不明，天下之人用其私智以相比轧"，以至于"纷纷籍籍，而祸乱相寻于无穷矣"。

阳明先生深情地说：

> 仆诚赖天之灵，偶有见于良知之学，以为必由此而后天下可得而治。是以每念斯民之陷溺，则为之戚然痛心，忘其身之不肖，而思以此救之，亦不自知其量者。天下之人见其若是，遂相与非笑而诋斥之，以为是病狂丧心之人耳。呜呼！是奚足恤哉？

吾方疾痛之切体，而暇计人之非笑乎！人固有见其父子兄弟之坠溺于深渊者，呼号匍匐，裸跣颠顿，扳悬崖壁而下拯之。士之见者方相与揖让谈笑于其傍，以为是弃其礼貌衣冠而呼号颠顿若此，是病狂丧心者也。故夫揖让谈笑于溺人之傍而不知救，此惟行路之人，无亲戚骨肉之情者能之，然已谓之无恻隐之心，非人矣。若夫在父子兄弟之爱者，则固未有不痛心疾首，狂奔尽气，匍匐而拯之。彼将陷溺之祸有不顾，而况于病狂丧心之讥乎？而又况于蕲人之信与不信乎？[①]

这封信与《答顾东桥书》相互辉映，深刻反映了阳明先生"天地万物一体"的思想。何以说"天地万物一体"？我们的心本来与天地就是一体，是我们自己心中的执念障碍我们与天地万物相通。也只有放下这些，我们才能真正亲民，以天下人之陷溺为自己陷溺，汲汲皇皇而救之，不管人讥笑，不管人毁谤。

聂豹上任后又多次写信与阳明先生探讨学问。最后一次是嘉靖七年，那时阳明先生已经病入膏肓，仍俯卧在枕头上给聂豹写了回信：

> 盖良知只是一个天理自然明觉发见处，只是一个真诚恻怛，便是他本体。故致此良知之真诚恻怛以事亲便是孝，致此良知真诚恻怛以从兄便是弟，致此良知之真诚恻怛以事君便是忠。只是一个良知，一个真诚恻怛。若是从兄的良知不能致其真诚恻怛，即是事亲的良知不能致其真诚恻怛矣，事君的良知不能致其真诚恻怛，即是从兄的良知不能致其真诚恻怛矣。故致得事君的良知，便是致却从兄的良知；致得从兄的良知，便是致却事亲的

---

① 王守仁：《王阳明全集》，第70页。

良知。不是事君的良知不能致，却须又从事亲的良知上去扩充将来，如此又是脱却本原，著在支节上求了。良知只是一个，随他发见流行处，当下具足，更无去来，不须假借。[①]

嘉靖七年，阳明先生去世。聂豹得知消息，作《哭阳明先生二首》：

（其一）

闻道阳明事已非，独含清泪哭吾私。

人怜星陨悲诸葛，我泣山颓逝仲尼。

百战殊勋收伪汉，一言秘诀启良知。

斯文后死应谁与，万古龙山拜旧祠。

（其二）

奠位衔哀锁院门，山颓梁委裂心魂。

东流不尽门人泪，北斗谁知夫子尊。

气运盛衰关治乱，斯文命脉系乾坤。

难将修短论颜跖，已死周程今尚存。[②]

聂豹在心中已经把阳明先生看作孔子一样的圣人，阳明先生的立德、立功、立言不仅关乎一朝一代的兴衰，更关乎中华文化的真命脉。

嘉靖九年，聂豹任苏州知府。钱德洪、王畿路过苏州，他说：

---

① 王守仁：《王阳明全集》，第74页。

② 吴可为编校《聂豹集》卷十二，凤凰出版社，2007，第472页。

"当年没有称门人，希望以后再有机会见到先生，现在再也见不到了。"于是，他设阳明先生牌位，请钱德洪、王畿做见证，拜阳明先生为师。

聂豹在苏州任上，以忧病归，居家十余年，深悟《易经》《中庸》的宗旨，感叹："夫所谓良知云者，盖指不学不虑而言，则未发之中是也，其感则爱与敬也。学者舍不学不虑之真，而惟执爱亲敬长之感应以求良知，不几于义袭而取乎。"①可见，聂豹对良知学领悟之深。

聂豹也是江右王门的重要代表之一。

阳明先生最为学者所熟知的名句，非"岩中花树"莫属。

> 先生游南镇，一友指岩中花树问曰："天下无心外之物，如此花树，在深山中自开自落，于我心亦何相关？"
> 先生曰："你未看此花时，此花与汝心同归于寂。你来看此花时，则此花颜色一时明白起来。便知此花不在你的心外。"②

这件事发生在绍兴之会稽山，按照《旧唐书·礼仪志》的记载，会稽山便是古代四镇之南镇。

阳明先生的教学风格非常活泼，他常常携朋友门人在山中游览，随时启发。因为师生之间相处轻松，故而有师生相互问难。

有人问，这岩中花树在山中，人来这花也自开自落，人不来这花也自开自落，与我们的心有什么关系？如果说"心外无物"，这花不

---

① 徐儒宗编校《罗洪先集》卷十四，凤凰出版社，2007，第63页。
② 王守仁：《王阳明全集》，第94页。

就是心外之物吗？

我们来看阳明先生的回答。阳明先生说："你未看此花时，此花与汝心同归于寂。"注意，这里不是说的"无"，而是"寂"。阳明先生说"心外无物"，不是说那个物体不在心外，而是说它与这颗心毫无干涉，因而也就毫无意义。

就像这世界上每时每刻都发生着如此多的事情，但是我们不知道，对我们而言，这些事情某种意义上就是非存在。

这段话可以与《陆澄录》中阳明先生的另一段话对应：

> 澄尝问象山在人情事变上做功夫之说。
>
> 先生曰："除了人情事变，则无事矣。喜怒哀乐非人情乎？自视听言动，以至富贵、贫贱、患难、死生，皆事变也。事变亦只在人情里。其要只在'致中和'，'致中和'只在'谨独'。"[1]

物者，事也。世间各种各样的事变，如果不能启动我们的喜怒哀乐，与我们的心不发生交互，都算不得事变。

"你来看此花时，则此花颜色一时明白起来。便知此花不在你的心外。"这时，此花与我们的心发生了交互，因而才有了意义。"来看此花"不是此花进入我们的视线，而是花与我们的心发生了交互。如果此花在视线范围内，我们的心不在这里，这花我们也看不见，这便是"视而不见"。

譬如，我们身边许多人有各种困难，我们有可能同情一下，也可能熟视无睹，这对于我们而言就是"无事"，因为我们不把它放在心上。但是，同样的事情，在领导者看来，这就是民生大事，一定要解

---

① 王守仁：《王阳明全集》，第14页。

决，这就是"事"，甚至是至关重要的事。

从这个角度讲，每个人的世界是不一样的。换言之，世界是个怎样的世界，完全取决于我们自己的心。

阳明先生说："我的灵明，便是天地鬼神的主宰。"

我们都以为天地鬼神是我们的主宰，我们在天地鬼神面前是被动者，是无能为力的。但阳明先生说："天没有我的灵明，谁去仰他高？地没有我的灵明，谁去俯他深？鬼神没有我的灵明，谁去辨他吉凶灾祥？天地鬼神万物离却我的灵明，便没有天地鬼神万物了。"

这就是人之所以是自己的主人，人之所以立于天地之间。

我们是否能因此就认为，我们的心就是世界的本源？不。阳明先生说："目无体，以万物之色为体；耳无体，以万物之声为体；鼻无体，以万物之臭为体；口无体，以万物之味为体；心无体，以天地万物感应之是非为体。"

换言之，我们的心从哪里体现？从万事万物中体现。阳明先生说："意未有悬空的，必着事物。"如果没有事物，也就无所谓心，也就是"同归于寂"。

没有我们的心，也就无所谓世界；如果没有世界，也就无所谓心。这就是"心物一元"。

嘉靖六年，阳明先生接到出征广西的旨意。

在临行前，阳明先生把钱德洪叫到身边，仔细讲授《大学》，让钱德洪记录下来。这就是我们今天看到的《大学问》，也称《大学或问》。

《大学问》集中体现了阳明先生的思想，按照钱德洪的记载，这也是接引初入王门学者的基本教法。阳明先生说："吾此意思有能直下承当，只此修为，直造圣域。参之经典，无不吻合，不必求之多闻多识之中也。"

此前，曾经有门人想记录下《大学问》，阳明先生不同意，他说："这需要大家口口相传，一旦记录成书，别人就当作普通文字看了。"在将发广西时，阳明先生让钱德洪记录下来，或许有最后嘱托之意。

即便如此，阳明先生后来又专门写信嘱托钱德洪，不要轻易将此书拿出来示人："《大学或问》数条，非不愿共学之士尽闻斯义，顾恐借寇兵而赍盗粮，是以未欲轻出。"

阳明先生龙场悟道从《大学》入门，一生也一直在讲《大学》。阳明先生关于《大学》的著述有《大学问》《大学古本旁释》《大学古本序》等，在《传习录》《王阳明全集》中关于《大学》的讨论更是不胜枚举。

晚年，对《大学》的"格物、致知、诚意、正心"，阳明先生以"四句教"总结：

> 无善无恶是心之体，有善有恶是意之动，
> 知善知恶的是良知，为善去恶是格物。①

对于"四句教"的理解，钱德洪与王畿有分歧。

王畿说："先生说'知善知恶的是良知，为善去恶是格物'，恐怕不是究竟话头。"

钱德洪问："你这话是什么意思？"

王畿说："心之本体既然是无善无恶的，那意也应该是无善无恶的，良知也应该是无善无恶的，物也应该是无善无恶的。如果说意有善有恶，那心也不能说是无善无恶。"

钱德洪说："心体原本无善无恶，但是现在习染太久，心体上就

---

① 王守仁：《王阳明全集》，第103页。

有善恶在了，为善去恶正是恢复那心体的功夫。若说心体无善无恶，就说没有功夫可用，恐怕只是见解而已。"

王畿说："明天先生就要启程去广西了，今天晚上我们去问问如何？"

这天中夜时分，客人走后，阳明先生正准备休息，看到钱德洪、王畿等在那里，于是又出来，一起到天泉桥上就坐。

钱德洪将自己与王畿的争论告诉先生，请先生指教。

阳明先生高兴地说："我正要你们有此一问！我马上去广西了，朋友中间更没有人证悟到这个高度。你们两个人的见解要相互补充，而不是相互排斥。汝中需要用德洪的功夫，德洪须通透汝中对本体的体悟。你们两个相互补充，我这学问就没有遗憾了。"

钱德洪请阳明先生进一步指教。

阳明先生说："私欲之有是你自己有的，良知本体原本没有。本体就像太虚，太虚之中日月星辰、风雨露雷、阴霾饐气，什么东西没有？而又哪一物成了太虚的障碍？人心本体也是如此。太虚无形，一过就化，哪里费丝毫力气？德洪功夫需要这样，这才是本体功夫。"

王畿请阳明先生指教。

阳明先生说："汝中能见到此，最好自己默默修持，不要用来接引人。上根之人，世间难遇，一悟本体，即见功夫，物我内外，一起尽透，即便是颜子、程明道也未必做到。岂能指望人人如此？你们两个以后与学者讨论，务必依着我的四句宗旨'无善无恶是心之体，有善有恶是意之动，知善知恶的是良知，为善去恶是格物'。依照这个自修，可直登圣位。依照这个接引人，也不会有偏差。"

王畿问："本体悟透后，如何看待这四句宗旨？"

阳明先生说："这四句宗旨是彻上彻下，从初学一直到圣人，都是这一个功夫。初学者用此四句宗旨，便有所遵循，即便到圣人位，也依此修习不止。尧舜'精一'功夫，也只是如此而已。"

阳明先生又再次嘱咐道："你们两个以后再不可更改这四句宗旨。这四句中人以上以下都能接引。我这么多年来教法，变了几次，到如今才确立这四句宗旨。人自从有知识以来，被习俗所染，如今不让他在良知上实实在在地下为善去恶的功夫，只去空想一个本体，一切作为，都不着实。这可不是小病痛，不能不提前与你们说破。"

钱德洪、王畿都有所省悟。

这一段对话，被后世称为"天泉证道"。《阳明先生年谱》《传习录》中均有记载，《龙溪王先生全集》中也有《天泉证道纪》专门记载此事，文本略有不同。

阳明先生启程去广西上任，走的又是信江这条水路。钱德洪、王畿送阳明先生一程又一程，师徒几人游历了吴山、月岩、钓台。

师徒在严滩临别之际，阳明先生再次谈起"天泉证道"，嘱咐两位弟子要相互资用。阳明先生又借用佛教"实相""幻相"来申说："有心俱是实，无心俱是幻；无心俱是实，有心俱是幻。"

钱德洪还在思量，没来得及回答，王畿就说："前所举是即本体证功夫，后所举是用功夫合本体。"

阳明先生满意地点点头："可哉！此是究极之说，汝辈既已见得，正好更相切劘（mó），默默保任，弗轻漏泄也。"[1]

二人点头称是，与阳明先生告别。钱德洪在当时并未明白阳明先生与王畿的对答，几年之后，才体证到本体功夫合一。

十月，阳明先生到南昌的南浦驿，迎候在那里的弟子有邹守益、欧阳德、刘邦采、黄弘纲、何廷仁、魏良器等二三百人。

谈到"天泉证道"，阳明先生说："军旅匆匆，我也不知从何处说

---

① 王畿：《王畿集》卷二十，吴震编校，凤凰出版社，2007，第586页。

起。我一番意思已经在心中酝酿良久，不愿意轻易说出来，想等大家自悟。现在被汝中提出，这也是天机该泄露了。我虽然出山，德洪、汝中以及四方同志都还在阳明洞中。你们要想弄究竟，就前往浙江共同学习，自当有所收获。"

在南昌未停留几日，阳明先生又踏上了两广的征程。广西思恩、田州的战乱还等着阳明先生前去平息。

第十三部分　广西平叛

广西思恩、田州之乱起于当地土司，前任总督姚镆合四省之兵，前后一年多不能平定叛乱。阳明先生上任后写一纸书信，卢苏、王受等人率十几万人来降。接着，阳明先生又出兵八寨、断藤峡，剪除大明王朝立国以来未曾解决的心腹之患。此时的阳明先生已经重病缠身，离开广西，进驻广州，准备随时返回家乡。

广西之乱起于岑猛。

岑氏是广西大土司之一，自称是东汉开国名将岑彭的后裔。元朝至元年间，岑氏已经占据包括田州府在内的田州路大部分州峒，并被元朝朝廷任命为安抚总管。明初，时任安抚总管的岑伯颜主动投诚明太祖。明太祖封其为田州府知府，子孙世袭。

岑猛是岑伯颜的第四代孙。弘治年间，岑氏内讧，岑猛险些死于战乱。弘治十八年，朝廷平息叛乱后，将思恩改为流官知府，下辖田州，将岑猛降职为福建平海所千户。

岑猛作为土官，在田州就是土皇帝，自然不愿意去福建上任。正德初年，岑猛通过贿赂大太监刘瑾，又被任命为田州同知，等于恢复了土官职位。他积极扩大自己的势力范围，朝廷调用土兵也积极响应配合。

正德十二年，阳明先生联合湖广巡抚都御史秦金围剿山贼时，秦金曾调用岑猛所部土兵平叛，岑猛因功升任指挥同知。但是，岑猛并不满意，他渴望的职位是田州知府。由此，他心生怨气，经常凭借自己的兵力欺凌邻近州府。再加上岑猛厌恶朝廷官员的勒索，与朝廷官员关系不好，于是众人都说岑猛要造反。

两广都御史盛应期以此为借口，向岑猛索取重贿。岑猛本来就心存不满，又见朝廷大员如此无耻，便出言不逊。盛应期上疏状告岑猛造反，后来姚镆接任巡抚两广都御史，也上疏请兵讨伐岑猛，这才发生了两广之乱。

嘉靖五年六月，姚镆大兵压境。岑猛并没有选择对抗，反而下令不要与官兵交战。他写诉状向姚镆鸣冤，姚镆不听，继续下令进军，并斩杀了岑猛的长子岑邦彦。岑猛逃到归顺州，归顺州知州岑璋是岑猛的岳父，因为自己的女儿不被岑猛喜爱，岑璋一直怨恨岑猛。在都指挥沈希仪的威逼利诱下，岑璋将岑猛杀死。姚镆上疏报捷，并请求朝廷在思恩、田州设置流官。朝廷听从姚镆的建议，又以军功重赏姚镇等人。

岑猛被杀后，手下头目也大多被杀死，只有卢苏、王受等几个人逃走。嘉靖六年五月，卢苏、王受起兵造反。

这时，有传言说岑猛并没有死，而是纠结安南莫氏入侵广西，现在已经攻陷思恩，广西眼看不保。靖江宗室听到传言仓皇出逃，广西人心惶惶。一些与姚镆不和的人也说岑猛没有死，姚镆被归顺州骗了。巡按御史石金上疏弹劾姚镆"攘夷无策，轻信罔上。图田州不得，并思恩而失之"。

这封奏疏导致姚镆致仕，阳明先生出任四省总督。

岑猛与正德四年水西宣慰使安贵荣的心思何其相似。安贵荣也是觉得自己功高而朝廷封赏太少，心怀不满，甚至还挑动阿贾、阿扎造反。阳明先生用两封书信就折服了安贵荣，避免了一场大动荡。

姚镆不仅没有采取恰当的措施安抚土官的情绪，反而轻易出兵，在接到岑猛鸣冤的帛书后，仍然进军，最终导致两省动乱。"思恩、田州连年兵火杀戮之余，官府民居悉已烧毁破荡，虽蔀（bù）屋寻丈之庐，亦遭翻挖（wā）发掘，曾无完土，荒村僻坞，不遗片瓦尺椽，伤心惨目，诚不忍见。"这是阳明先生到广西后看到的情形。

阳明先生后来在给黄绾的信中说："思、田之事，本亦无大紧要，只为从前张皇太过，后来遂不可轻易收拾。所谓天下本无事，在人自扰之耳。"此可谓中肯之言。

阳明先生本不愿意出山。他在给黄绾的书信中说：

> 仆多病积衰，潮热痰嗽，日甚一日，皆吾兄所自知，岂复能堪戎马之役者？况谗构未息，而往年江西从义将士，至今查勘未已，往往废业倾家，身死牢狱，言之实为痛心，又何面目

见之！[1]

当年跟随阳明先生在江西平叛的将士，除伍文定升都御史，荫子千户；其他如邢珣、徐琏名义上升任布政使，接着被朝廷以各种借口罢免；戴德孺则死于赴任途中；陈槐被贬为民，伍希鸾、谢源以考核不合格的名义被罢官。

接到黄绾的回信，知道自己推辞不允，阳明先生又写信给黄绾："如果不能辞职，从今以后就会让你们操心了。江西等人的功劳固然不足为道，但已经八年多了，至今还在审查。那些当年效忠赴义的人，因此家业衰败，受冤而死。就算江西等人都是冒功，难道比不上京师、湖广、浙江吗？这件事还需要你在朝廷中说话。现在我说这些好像要挟朝廷一样。奈何奈何！"

阳明先生虽然身在绍兴，对于当时的朝局还是清楚的，他提醒黄绾：

> 东南小蠹，特疥疥之疾。群僚百司各怀谗嫉党比之心，此则腹心之祸，大为可忧者。近见二三士夫之论，始知前此诸公之心尚未平贴，姑待衅耳。一二当事之老，亦未见有同寅协恭之诚，间闻有口从面诛者，退省其私，多若雠仇。病废之人，爱莫为助，窃为诸公危之，不知若何而可以善其后，此亦不可不早虑也。[2]

朝堂之上暗潮汹涌，不仅是黄绾身处危局，阳明先生身在前线如

---

[1] 王守仁：《王阳明全集》，第684页。
[2] 同上书，第685页。

果没有朝廷支持，也是举步维艰。

但是，此时朝廷已经让姚镆致仕，让出两广总督的职位，给阳明先生铁券、禄米，让御史核实江西有功人士，只要才识可用、清议无干者都举用，还罢免了镇守太监郑润、总兵朱麒，授予阳明先生专任之权。这种情况下，阳明先生只能赴任。

十一月二十日，阳明先生到达梧州。在路途中，阳明先生已经了解到广西叛乱的真相。十二月一日，阳明先生上《赴任谢恩遂陈肤见疏》。在奏疏中，阳明先生陈述了自己对广西叛乱的看法。

第一，广西叛乱的根源。两广军门军政废弛，"上无可用之将，下无可用之兵"，遇到军情就要求土兵出征，有功则上级据为己有。不仅如此，有司还向土官索贿。于是，土兵既倦且怨，既怒且慢，开始不听从调遣。上下级之间的矛盾越积越重，"劫之以势而威益亵，笼之以诈而术愈穷；由是谕之而益梗，抚之而益疑"，矛盾越积越深，最终成了反叛与讨伐的关系。

第二，叛乱的处理方式。叛乱之所以蔓及两广，是因为有司动作过于张狂，两个头目叛乱只求保命，并非流劫乡村的恶匪。朝廷应该给他们生路，让他们改过自新。如舜征有苗，并非凭借武力。如此既能够节省钱粮，又可以恢复民生。

第三，流官的设置与否。思恩、田州设置流官之后，十几年来一直战乱不断，劳民伤财，而且当地土兵是中土与交趾的屏障，如果杀伤土兵太多，相当于自撤藩篱。

阳明先生在奏疏中说：

> 臣以匪才，缪膺重命，得总制四省军务，以从事于偏隅之小丑，非不知乘此机会，可以侥幸成功，苟免于怯懦退避。然此必多调军兵，多伤士卒，多杀无罪，多费粮饷，又不足以振扬威

武，信服诸夷，仅能取快于二酋之愤，而忘其遗患于两省之民，但知徼功于目前，而不知投艰于日后。此人臣喜事者之利，非国家之福，生民之庇，臣所不忍也。[①]

嘉靖七年三月，兵部针对这封奏疏回复意见。

第一，田州改土为流，不宜朝令夕改，可查其他府州事例，土流兼置。

第二，岑猛父子因犯罪已经革除职级，不能恢复知府级别，可以降为五品。

第三，卢苏、王受如果真能归顺，可以免死。

第四，思恩流官从弘治末年就设置，不宜改动。

第五，此前对生擒岑猛或斩首者的奖励仍然有效，以便奖励军功。

兵部希望阳明先生"不急近功再加远图，应抚应剿或剿抚并行，不宜偏执。应土应流与土流兼设尤在得人"，对以上五条"酌量采行，务使德威相济信义俱兼，庶边务有益国体无损"。

皇帝同意兵部意见，但同时认为阳明先生"才略素优，论奏必有所见，但未经询谋金同恐非定论，令与镇巡等官熟计以闻，其应施行者亦许以便宜从事"。

而此时，阳明先生已经兵不血刃地平定叛乱，并于嘉靖七年二月十三日上《奏报田州思恩平复疏》。

嘉靖六年十二月初五日，阳明先生到达平南县与都御史姚镆办理交接事宜。二十二日，太监郑润、总兵官朱麟也陆续回梧州、广州

① 王守仁：《王阳明全集》，第394页。

待命。

阳明先生会同巡按御史石金、布政使林富、参政汪必东等人商议军情。大家都认为思恩、田州之乱已经两年，影响广东、广西两省，兵力疲敝，民力枯竭，官员疲于奔命，不宜再战，如果穷兵黩武一雪前耻，且不论是不是能打胜，即便打了胜仗，也有十患。

一、死伤众多，有伤天和，亏损好生之德。

二、耗费银米十数万，战乱不息，财匮粮绝。

三、调集兵马疲敝，兼水土不服，每日都有病死，若再战必然土崩瓦解。

四、征用百姓，荒废耕种，老百姓饥寒交迫，必群起为盗，比思、田之乱更甚。

五、所调用兵马都是如卢苏、王受一样的土兵，诛杀一两个余孽，培养了数十个岑猛。

六、所有兵力聚集在思恩、田州，其他地方盗贼乘机作乱，无兵力可剿。

七、军粮运输所用马匹、运夫都是南宁各县供应，百姓困苦已极，即便不造反，也必然饿死。

八、土兵之间，兔死狐悲，且连续三年出征，劳苦抱怨，因一隅之小愤失三省土人之心。

九、田州临近交趾，剿灭田州土人等于自撤藩篱，给安南开疆拓土。

十、大胜之后，还需要兵力据守，每年征调兵力，有陈胜、吴广之患。

如果罢兵招抚，则有十善。

一、土人感恩戴德，培养国家元气。

二、节省开支，减轻百姓负担。

三、戍边之兵返乡，免于疾病死亡。

四、不废农时，百姓能休养生息。

五、使土人知朝廷神武不杀之威，不依赖他们出兵就可平息叛乱，避免土官拥兵自重。

六、兵马返回各地守备，盗贼有所忌惮，乡村免于劫掠。

七、节省运输，节省劳力，老百姓得以喘息。

八、土民无唇亡齿寒之危，安心定志，感激朝廷恩德。

九、以思恩、田州旧民各自保卫家园，防止安南进犯，又不需朝廷费用。

十、土民心悦诚服，百姓安居乐业。

阳明先生在奏疏中分析，为何进剿有十患，罢兵有十善，当事者还要进兵呢？因为有"二幸四毁"，也就是企图两种侥幸，避免四种攻讦。

两种侥幸是：下级官员希望拿人头来换封赏，上级官员希望通过胜利掩盖此前的过失。

至于四种被攻讦的可能，一是此前上疏请求出兵，最后没有结果，被人攻讦为轻举妄动；二是花费巨额军费，得不偿失，被人攻讦为浪费财力；三是动员数万之众，没有一战之功，被人攻讦为退缩畏避；四是顺从土夷人情，而违背士大夫的清议，被人攻讦为形迹嫌疑。

经过军事会议分析，阳明先生决定采取招抚的策略。

《奏报田州思恩平复疏》记载：嘉靖七年正月二十七日，田州府叛军头目卢苏、陆豹等人就递交了悔罪投降、陈情乞恩联名具状。

他们说，嘉靖五年六月，朝廷大兵压境，岑猛并无反抗，带着家属逃往归顺州，卢苏等头目也四散逃入山林避难。那些寄庄客户认为自己与岑猛并非一伙，没有逃走，结果都被杀害。许多躲进山里的土民头目，也被搜出来杀死。九月，归顺州知州岑璋送信来，说岑猛并没有死。十月，岑璋又说等来年春天护送岑猛回来。卢苏等人就聚集在一起，迎候岑猛。嘉靖六年春天，又听说岑猛已经死了，卢苏等想去投靠朝廷，结果四处都有朝廷官兵拦截，声称要悉数剿灭他们。朝廷还使出离间计，让卢苏杀王受，王受杀卢苏，他们谁都不敢相信官府。

现在朝廷派阳明先生来了，卢苏等人愿意率合府目民男子大小人等共计四万余口出来投降。

思恩府叛军头目王受、黄容等也联名具状，乞求投降，所说缘由与田州叛军差不多，并说真正劫掠乡村的并非他们，那是八寨蛮子假借他们的旗号做的坏事。他们愿意率所部男女共计三万余人投降。

虽然奏疏所述简单，好像那些叛军畏惧天威，只有纳首乞降一条出路。其实，阳明先生先将调集的土兵狼达撤走，表达招抚的诚意，又派儒士岑伯高深入叛军阵营劝降，才有后来看起来顺理成章的叛军头目乞降。

阳明先生接到联名具状，说："当今圣上以至孝之心，推及黎民百姓，唯恐一物不得其所。你们数万人命，岂能轻易剿杀。所以圣上派本大臣来查勘详情，给你们一条生路。你们接到军牌，马上解散兵丁，头目出来投降，可免一死。限期二十日，若你们不来投降，本院进兵剿杀，则可以无憾了。"

正月二十六日，卢苏、王受率众来南宁投降。二十七日，卢苏、王受等人命人将自己绑起来，到阳明先生帐前请罪。阳明先生赦免他们死罪，每人杖一百，以示惩罚。

至此，思恩、田州叛乱平定。

"十患""十善"就摆在那里，即便是在今天，我们不懂军事、政治的普通人，读了阳明先生的《奏报田州思恩平复疏》也能理解，当年姚镆等大臣难道看不出来吗？他们是被"二幸""四毁"遮蔽了眼睛。就像《大学》所言，"视而不见，听而不闻，食而不知其味"，因为"心不在焉"。

阳明先生的捷音送抵京师，姚镆大概也听到了消息，上疏称此前卢苏、王受叛乱马上就要平定了，却被巡按御史石金所阻，请求治石金阻挠兵权、养寇遗患之罪。石金则反击姚镆，说他劳师费财、冒功奏捷，夷孽复叛，不知道自行引咎，反而四处构陷。嘉靖皇帝下旨："姚镆嫉忿渎奏，法当究治，但念其曾有斩获功，姑革职闲住，夺其子恩荫。"①

姚镆弄了一个灰头土脸，自讨苦吃。

姚镆的判断也许是对的。但在他心目中只有胜败，没有国计民生。即便在姚镆的围剿下，广西叛军被剿灭了，那"十患"还在，只是实现了"二幸"而已，最终的结果还是生灵涂炭、民生疲敝、国力空虚，四处征剿，永无宁日。

这让人想起阳明先生写给黄绾的那句话：

> 只愿诸君都做个古之大臣。古之所谓大臣者，更不称他有甚知谋才略，只是一个断断无他技，休休如有容而已。②

思恩、田州的叛乱被平定了，不代表广西长治久安。阳明先生又制定了田州的治理策略：仍土官以顺其情，分土目以散其党，设流官以制其势。

仍土官以顺其情。岑氏世世代代管辖田州，当地百姓信服，且岑猛并无造反的确凿证据，朝廷立岑猛的儿子岑邦相为土官，便于管理当地土民。但田州的辖区不再是田州府，朝廷在田州府城外另设一

---

① 《明世宗实录》卷八十八（六），"中央研究院"历史语言研究所校，北京大学图书馆藏本，第 1999 页。
② 王守仁：《王阳明全集》，第 185 页。

城，设田州，将原田州府所辖四十八甲割出八甲归田州管辖。

田州与田州府是两个完全不同的概念。田州府相当于今天的地级市，而田州则相当于今天的一个大一点儿的县级市，所以，管辖范围也由四十八甲缩为八甲，仅相当于原来的六分之一。这样就避免田州岑氏再次坐大，形成对抗朝廷的地方势力。

分土目以散其党。阳明先生将田州府剩余四十甲，每三甲或二甲设一个巡检司，巡检由当地有威望的土人担任。但是，巡检司不归田州管辖，而归流官知府管辖，巡检的任命由流官负责。此四十甲缴税纳粮也不需要经过土官，直接交给流官。每个巡检司只有两三甲，也没有力量来对抗官府。巡检司自己世世代代享有土地，也不会轻易冒险跟田州土官勾结对抗官府，而田州土官岑氏没有羽翼自然不敢再作恶。

这就是以土目来分化土官的势力，类似于汉武帝的"推恩令"。如果巡检设流官，则这些土目可能还会和土官勾结，但是有了巨大的利益就不一样了。

设流官以制其势。流官就是官府直接派出的官员。为避免土官兼并扩大势力，阳明先生设流官来制衡土官。所有的土官、土目尽归流官管辖，官府通过缴税、授官、朝会、诉讼、参谒等活动，让土人逐渐习惯服从流官管理。

田州府改为田宁府，仍设流官衙门。田州府原来所辖土地割出二甲归流官，每年收入的三分之一归流官，三分之二归佃农。这样官府经费自给自足，又有当地一些微薄的税收，避免给当地百姓增加负担，生出事端。

思恩的治理方式与田州大体相同，广西的隐患基本消除。

阳明先生在治理思恩、田州之时，目光又投向了八寨、断藤峡。

八寨，分别是思吉、周安、古卯、古蓬、古钵、都者峒、罗墨、剥丁，居住的都是当地瑶民。八寨南边与交趾夷民勾结，西边与云、贵瑶贼串联，东北与断藤峡、牛肠、仙台、花相、风门、佛子及柳州、庆远、府江、古田等地山贼互为掎角。八寨盘踞数万人，纵横两千余里，四出劫掠。更可恶的是，他们趁思恩、田州之乱，攻击州县乡村，差点儿引起地方叛乱。

断藤峡是浔江最险恶的一段，两岸山高林密，从断藤峡山巅俯视浔江，过往军民历历在目。其中盘踞的瑶贼，与八寨、白竹、古陶、罗凤、仙台、花相、风门、佛子等处山贼相互呼应，累年流劫郡县乡村，杀人放火，劫掠财货子女，将绵延千里的区域都变成盗贼之区。

清代学者朱彝尊选编的《明诗综》中有一首《藤峡谣》："自藤峡径府江三百余里，诸蛮互为死党，出劫商船，得人则刳（kū）其腹投之江中。峡人谣云：盆有一斗米，莫泝（sù）藤峡水；囊有一百钱，莫上府江船。"

从这首民谣以及民谣的说明，我们可以看出当时盗贼之猖獗。

大兵压境之际，连外国远夷都被震慑，这些贼人却敢拥兵数千，四出劫掠，可见其嚣张猖獗。广西官员、士绅纷纷请求阳明先生剿灭八寨、断藤峡的瑶贼，还地方安宁。

四月十五日，阳明先生上《征剿稔恶瑶贼疏》：湖广永顺、保靖二司土兵班师途径与贼巢不远，再加上刚刚招抚的土目卢苏、王受土兵，分两路进剿八寨、断藤峡。

朝廷下旨："可仍谕守仁严督副总兵以下官相机攻剿，务绝宿寇，以靖地方。"而征剿八寨、断藤峡的行动早就开始了。

八寨、断藤峡等各处瑶贼也防备湖广土兵途经自己山寨附近时突袭，预先将家属、牲畜藏入大山之中，青壮年男人则聚集防守。哪知，阳明先生驻扎南宁之后根本没有征剿的动静，也不见调集粮草兵马，也不见湖广土兵班师的迹象，这些贼人就放下心来，防备也懈怠了。

岂知，湖广土兵已经分兵七路，偃旗息鼓悄悄进发了。四月初二日，湖广土兵在龙村埠悄悄登岸。永顺土兵进剿牛肠，保靖土兵进剿六寺，初三日寅时准时发动攻击。

那些贼人做梦也想不到湖广土兵凌晨突袭，一时之间仓皇失措，但这些贼人毕竟骁勇，仍顽强抵抗。湖广土兵也是骁勇之辈，头目彭明辅、彭九霄、彭宗舜等身先士卒，奋不顾身，杀得瑶贼败退到仙女大山。

初四，官军破仙女大山贼巢。

初五，官军攻破油砟、石壁、大陂等巢穴。剩余贼寇逃窜至断藤峡、横江边，因追兵太急，许多人被水淹死。

初十日，官军回浔江府驻扎休整一天。

十一日夜，永顺土兵于盘石、大黄江登岸，进剿仙台、花相等处，保靖土兵于乌江口、丹竹埠登岸，进剿白竹、古陶、罗凤等处，约定十三日寅时同时发动进攻。

这些地方的瑶贼听说牛肠贼巢被剿灭，已经胆战心惊，官兵突至，更是吓得魂飞魄散。虽然这些人比牛肠等处贼人更加凶恶，但也抵挡不住官军的攻势，逃窜至永安的立山安营扎寨，准备据守。

二十四日，指挥王良辅率土兵头目彭恺又兵分几路进攻立山，贼人四散奔逃，被杀被擒无数。

另外一路人马是刚刚受招抚的卢苏、王受。他们带领五千多人在右布政林富、旧任副总兵张祐的率领下进攻八寨。

他们于四月二十二日晚在新墟集合，密授进攻方略，趁夜悄悄快速进军，所过村庄都毫不知情。

二十三日黎明官军抵达贼寨，直接突破石门天险，敌人这才发现不对，以为神兵天降，顿时四处逃窜。接近中午，四处山寨贼人前来救援，也被官兵杀败，逃入山中。

二十四日，官军攻破古蓬等寨。

二十八日，官军攻破周安等寨。

五月初一，官军攻破古钵等寨。

初十日，官军攻破都者峒等寨。

参将沈希仪率督领指挥孙继武等官军和迁江土兵于高径、洛春、大潘追剿各寨逃窜贼人；都指挥高崧率督领指挥程万全等官军及土兵于思卢、北山搜剿逃窜贼人；同知桂鳌与思恩土目韦贵、徐五等分剿铜盆等寨；通判陈志敬督领武缘、应虚等处乡兵搜剿大鸣山等处。

五月十七日，卢苏、王受攻破黄田等寨。

六月十七日，官军攻破铁坑等寨。

各处贼人见他们的头目已经被擒斩，四散逃入深山，也有体格强壮的，向柳州、庆远等地逃去。官兵追到横江时，他们已经上船，但是船小人多，又加上遇到飓风，船都翻了，没有淹死逃到对岸的只有十之一二。逃入深山的贼人有摔下悬崖摔死的，有缺少食物饿死的，也有被山中瘴气毒死的。八寨贼人被扫荡一空，真正逃走的只有数十人。

八寨、断藤峡等处瑶贼相互勾连，盘踞千余里区域。贼人凶悍骁勇，杀人越货，流毒一方。明朝成化年间，都御史韩雍曾率官军三万人，永顺、保靖及西江土兵十六万人征剿，但剿灭不久又死灰复燃。这些地方的贼人成为广西的心腹之患，如果不剿灭，则广西永无宁日。

阳明先生利用班师路过贼巢的湖广土兵，以及用思恩、田州报效的土兵，不足八千人，就将贼巢扫荡一空，解除百年之患。

嘉靖七年七月初十日，阳明先生上《八寨断藤峡捷音疏》。十二日，又上《处置八寨断藤峡以图永安疏》，阳明先生说，自己因督兵亲自查勘贼巢，有些地方地势险要，应该设立卫所、县治，以断其脉络、扼其咽喉，否则，数年之间贼人就会复起，不过十年，又将成为地方祸患。

阳明先生因此建议：

一、将南丹卫城改建到八寨；

二、将思恩府城迁至荒田；

三、将凤化县治改迁到三里；

四、增设隆安县治；

五、在思龙添设流官县治，属田宁；

六、在五屯增设守镇城堡。

朝廷接到捷音疏后，嘉靖皇帝竟然不相信，说："此捷音近于夸诈，有失信义，恩威倒置，恐伤大体。但各洞徭贼习乱日久，劳亦不可泯。王守仁姑赐敕奖谕有功人员，下巡按御史核实以闻。"

更有甚者，有人挑刺，阳明先生是奉命抚剿思恩、田州，没有受命征剿八寨、断藤峡，现在又说要筑城建邑，这都不是人臣有权处理的。

礼部尚书方献夫、詹事霍韬与阳明先生亦师亦友。他们是广东人，对八寨、断藤峡的情况非常了解，因此上疏备述实情，历数对八寨、断藤峡用兵的"八善"。

乘湖兵归路之便，则兵不调而自集，一也。因田州、思恩效命之助，则劳而不怨，二也。机出意外，贼不及遁，所诛者真积年渠恶，非往年滥杀报功者比，三也。因归师讨逆贼，无粮运之费，四也。不役民兵，不募民马，一举成功，民不知扰，五也。平八寨，平断藤峡，则极恶者先诛，其细小巢穴可渐施德化，使去贼从良，得抚剿之宜，六也。八寨不平，则西而柳、庆，东而罗旁、绿水、新宁、恩平之贼合数千里，共为窟穴，虽调兵数十万，费粮数百万，未易平伏。今八寨平定，则诸贼可以渐次抚剿，两广良民可渐安生业，纾圣明南顾之忧，七也。韩雍虽平断藤峡贼矣，旋复有贼者，实当尔时未及区画其地，为经久图，俾余贼复据为巢穴故也。今五十年生聚，则贼复炽盛也亦宜。若八寨乃百六十年所不能诛之剧贼，山川天险尤难为功，今守仁既平其巢窟，即徙建城邑以镇定之，则恶贼失险，后日固不能为变，逋贼来归，不日且化为良民矣。诛恶绥良，得民父母之体，八也。①

方献夫、霍韬说，大臣出征在外，有利于国家社稷之事宜，可以不经授权直接处理，何况，朝廷还有允许阳明先生便宜行事的旨意。

奏疏又说：

夫国家论功，有二道焉：有开国效功之臣焉，有定乱拯危之臣焉。开国之臣，成则侯也，败则虏也，虽勿计焉可也；惟祸变倏起，社稷安危凛乎一发，效忠定乱之臣则不忘也，何也？所以卫社稷也。昔者王守仁之执宸濠也，可谓定乱拯危之功矣。奸人犹或忌之而谤其短，夫如是，则后有事变，谁肯效忠乎？甚矣！小人忌功足以误国也。②

嘉靖皇帝批复："所言已有旨处分。修建城邑防患事宜，其令守仁会官条画便宜上之，务在一劳永逸勿贻后艰。"

朝廷如何议论功过，已经不在阳明先生考虑范围之内了。他思考

① 王守仁：《王阳明全集》，第1213页。
② 同上书，第1214～1215页。

的是如何实现广西的长治久安。

自从平定思恩、田州叛乱之后，阳明先生就着手教化。无论在南赣还是广西，阳明先生一直是剿抚并用。征剿就好比治疗紧急症状，不治可能性命不保；安抚犹如调养身体，不调养好身体病症可能复发。

思恩、田州等地是少数民族聚居地区，文化比较落后。阳明先生在《批广西布按二司请建讲堂呈》中表达了自己对兴建学校的意见：南宁与各少数民族地界接壤，最适合用华夏文化来改变少数民族的落后面貌，尤其是此时刚刚平定叛乱，更适合修文德以来之。所以，这些看起来是庙堂教化之事，其实也事关军旅成败。

为此，阳明先生要求广西提学道兴建思田学校。同时，阳明先生也看到思恩、田州刚刚经过战乱的情况，民不聊生，即便兴建学校，也未必有人受学。为了让思恩、田州百姓能够受到文化熏陶，阳明先生采取了变通措施：但凡有生员，不管是廪生还是增生，只要愿意改田州府学，田州都接收。各地没有入学的儒生，愿意附籍入学的也允许。

阳明先生为何有这一举措？

《明史》记载，明朝各府县兴建学校，入学者为生员，都有定额，国家每月供应生员米六斗，还有鱼、肉。学子进入府学、县学不仅经济有了保障，而且拥有了社会地位。

思恩、田州就是以降低入学难度来招徕外地儒生，与我们今天提供优厚的税收条件招商引资的道理差不多。

阳明先生还委派季本设教南宁，派合浦县丞陈逅设教灵山县。

季本，字明德，号彭山，会稽人，阳明先生的弟子，正德十二年进士，朝廷授官建宁府推官。宁王朱宸濠造反，建宁在福建与江西的交界处，有个分水关是江西进入福建的要道，季本去防守。有巡按御史因科举考场的事，要求季本协办，当时能担任考场的考官那是非常风光的事情。季本却说"大敌当前，还调守关官员，这是不识时务"，拒绝前往。

后来，季本升任御史。嘉靖三年，因"大礼议"被贬谪为揭阳主簿。与季本同时被贬的有好几位官员，其中一位是陈逅，被贬为合浦县主簿。

阳明先生到广西后，即征用季本、陈逅到军门听用，相当于自己的参谋。思恩、田州之乱一结束，阳明先生兴办学校，就让季本担任南宁新建的敷文书院的掌院，让陈逅负责灵山县县学教授，同时代理灵山县知县。

在明代，广西尚属边荒之地，读书人很少，季本、陈逅这样的进士自然难得。就连没有功名的儒学生，阳明先生也要礼请教学。

当时有一位福建莆田的读书人，名叫陈大章，前来南宁游学，见阳明先生后，常常提及礼学。阳明先生经过考问，发现他确实通晓冠婚乡射等礼仪。阳明先生让南宁将陈大章邀请到学院，在生员中选取有志于礼学的以及年少资质好的读书人，跟陈大章学习礼仪。这些学生再将礼仪传播到城市乡村，教化民风。不但南宁要学习礼仪，其他各府县生员都要一体研习。

八寨、断藤峡的百姓与思恩、田州百姓又不相同。思恩、田州的百姓虽然以土民为主，但其与朝廷关系相对密切，互动频繁。而八寨、断藤峡的瑶民盘踞山林百余年，朝廷对他们疏于管理，他们属于化外之民。

征剿八寨、断藤峡后，左江道参议汪必东等和府江知府程露鹏提出，古陶、白竹、石马等处贼人，有的逃脱窜入府江等地，恐怕日后成为祸患，请求在平南、柱平等冲要地方驻扎土兵狼达，以备防守。

阳明先生否定了这一建议，说："用兵之法，伐谋为先；处夷之道，攻心为上。"征剿之后应该加以抚恤，以收服其心。凭借武力，不是长久之计，而且那些土兵狼达也不是良善之辈。驻军有四个弊端：

一、土兵狼达远离家乡防守，心中愤恨；

二、供应粮饷稍有不满，土兵狼达就会索求闹事；

三、土兵狼达和百姓杂居，骚扰地方，容易发生仇恨；

四、天长日久，财力消耗不起。

长此以往，就会形成"欲借此以卫民，而反为民增一苦；欲借此防贼，而反为吾招一寇"的局面。

四散奔逃的瑶民不相信官府的招抚怎么办？官府必须先抚恤那些良善的瑶民，让他们不跟这些恶人为伍，把恶人孤立起来，然后通过良善瑶民，将朝廷招抚的意思传达过去，让这些恶人逐渐接受招抚。如此，招抚策略就可以依次展开了。

阳明先生说，"柔远人而抚戎狄"，之所以叫"柔""抚"，就是不依靠武力，需要"顺其情而使之，因其势而导之，乘其机而动之，及其时而兴之"，这样做事就不难。现在众人都与此相反，是因为没有一颗忠恕恻怛的爱民之心，不愿为了地方长远之计而承担利害，所以，所有的措施都是粉饰修补，以免除自己的责任，这是天下的通病。

阳明先生要求，从知府往下的官员要亲自到良善村寨，厚加抚恤，待以诚信，告诉他们：朝廷之所以征剿贼巢，是因为他们多年作恶。你们良善村寨，我官府不会动你们一草一木。所以，你们要一心向善，不要被那些贼人煽动。对那些死不悔改的贼人，官府要不断征剿，一直打到他灭绝为止。以后官府征剿，你们也不要惊慌。那些贼人如果愿意改恶从善，接受招抚，官府就以良善之民待之，给他们一条自新之路，决不追究过往的罪过。

阳明先生说，官府哪里要一心杀人，如果那些贼人真来投诚，就实心招安，给他们盐米，让他们能够安心生活，并给他们选出酋长，让他们有人统领。同时，官府要清查被贼人侵占的土地，开设里甲，避免以后出现纷争，也要要求良民不要乘机报仇，激起民变。

招抚瑶民就像农民种地一样，扶植庄稼，除去杂草，用心耕耘浇灌，秋天自然有收获。这样良善之辈就更加听话，帮助恶人的人越来越少；恶人越受打击，则良善之辈就越来越多。这才是抚柔之道，哪里用依靠武力呀。

阳明先生的身体一直不好。这样繁巨的公务和湿热的气候，让阳明先生的病情越来越重了。他上疏朝廷，说明自己的病情，现在广西已经平定，请求还乡养病。阳明先生上疏后一边处理地方事务，一边慢慢回广州。

从南宁到广州，沿郁江而行，在横县东的江水北岸，阳明先生看到一座庙，一问才知道乃是伏波将军庙。

伏波将军乃是东汉开国大将马援。马援是阳明先生少年时代心目中的英雄。他曾经梦见自己参谒伏波将军庙，还赋诗一首：

> 卷甲归来马伏波，早年兵法鬓毛皤；
> 云埋铜柱雷轰折，六字题文尚不磨。[1]

听人一说是伏波将军庙，阳明先生便命令靠岸参谒。阳明先生惊讶地发现，这伏波将军庙竟然与自己梦中所见一模一样，不觉吟出当年所作诗句。随从也大感惊异，感叹人这一辈子的际遇绝非偶然。

阳明先生也感慨无限，又赋诗两首：

---

① 王守仁：《王阳明全集》，第658页。

（其一）

四十年前梦里诗，此行天定岂人为！

徂征敢倚风云阵，所过须同时雨师。

尚喜远人知向望，却惭无术救疮痍。

从来胜算归廊庙，耻说兵戈定四夷。

（其二）

楼船金鼓宿乌蛮，鱼丽群舟夜上滩。

月绕旌旗千嶂静，风传铃柝九溪寒。

荒夷未必先声服，神武由来不杀难。

想见虞廷新气象，两阶干羽五云端。①

　　少年时代的阳明先生渴望的是金戈铁马、建功立业。如今面对夜色中的乌蛮滩、孤独的伏波将军庙，阳明先生却知道以武力征服是不得已，而真正难的是神武不杀，是"修己以安人，修己以安百姓"。

　　虽然朝廷大臣人人都熟读《论语》，但有几个人不想杀人立功呢？阳明先生知道，自己在广西的作为"深知大拂喜事者之心，然欲杀数千无罪之人以求成一己之功，仁者之所不忍也！"

　　在广州增城，阳明先生拜谒了刚刚修茸一新的忠孝祠。忠孝祠中供奉的是阳明先生的五世祖王纲。

　　王纲文韬武略皆备。明朝初年，诚意伯刘伯温推荐他担任兵部郎中，后升任广东参议。广东发生苗民造反，王纲负责筹备军粮，公务完毕的回程路上，被增城一伙海盗杀害。

---

① 王守仁：《王阳明全集》，第658页。

随行的儿子王彦达才十六岁，怒骂不止。海盗也想杀掉王彦达，其头目说："父忠而子孝，杀之不祥。"他把王纲的遗骨收拾在一个羊皮袋子里，交给王彦达背回来。

洪武二十四年，朝廷在增城给王纲立庙祭祀。庙宇后来随着时间推移逐渐荒废了。阳明先生担任两广都御史后，增城知县朱道澜提出，广东参议王纲洪武年间因平定潮州叛乱被害，父子忠贞大孝，应该崇祀，请求将城南的天妃庙改为忠孝祠以祭祀。

到广州后，阳明先生参谒了增城忠孝祠，又到了自己老友湛甘泉的家中，并在壁上题诗：

> 我祖死国事，肇裡在增城。
> 荒祠幸新复，适来奉初蒸。
> 亦有兄弟好，念言思一寻。
> 苍苍蒹葭色，宛隔环瀛深。
> 入门散图史，想见抱膝吟。
> 贤郎敬父执，童仆意相亲。
> 病躯不遑宿，留诗慰殷勤。
> 落落千百载，人生几知音？
> 道通著形迹，期无负初心！[①]

阳明先生参谒伏波将军庙、拜谒忠孝祠、寻访湛甘泉家居，这一切看起来是偶然相遇或兴之所至，但这一切又好像在做告别。

阳明先生的病情越来越重了。

---

① 王守仁：《王阳明全集》，第659页。

第十四部分

此心光明

1529 年 1 月 9 日，即嘉靖八年十一月二十九日辰时，阳明先生病逝于返乡途中。江西百姓听到噩耗，纷纷为阳明先生披麻戴孝，沿途哭送。朝廷却以擅离职守的罪责剥夺了阳明先生的哀荣，并将阳明学打为"伪学"。黄绾在《阳明先生行状》中详细阐述了阳明先生被朝廷误解的原因。然而，无论朝廷态度如何，公道自在人心，阳明先生去世后虽然朝廷禁止祭祀，但各地私祭普遍，弘扬阳明学的书院不下百所。

阳明先生在《辞免重任乞恩养病疏》中说："顾臣病患久积，潮热痰嗽，日甚月深，每一发咳，必至顿绝，久始渐苏……若冒病轻出，至于偾事，死无及矣。"这虽然是推托之词，也是实情。起征思、田时，阳明先生便是扶病上路的。

在给黄宗贤的书信中，阳明先生说，自己的咳嗽是巡抚南赣时中暑毒而得的，现在所处的地方越来越靠南，咳嗽越来越严重了，恐怕要成痼疾，再也治不好了。根据书信内容，信发出的时间大概是阳明先生到达梧州后不久，尚在冬日。

嘉靖七年七月初十日，阳明先生在上《八寨断藤峡捷音疏》的同时，也上了《乞恩暂容回籍就医养病疏》：

> 臣自往年承乏南赣，为炎毒所中，遂患咳嗽之疾，岁益滋甚……去岁奉命入广……风气益南，炎毒益甚。今又加以遍身肿毒，喘嗽昼夜不息，心恶饮食，每日强吞稀粥数匙，稍多辄又呕吐……近者八寨既平，议于其中移卫设所，以控制诸蛮，必须身亲相度，方敢具奏；则又冒暑舆疾，上下岩谷，出入茅苇之中，竣事而出，遂尔不复能兴。
>
> ………………
>
> 夫竭忠以报国，臣之素志也；受陛下之深恩，思得粉身碎骨以自效，又臣近岁之所日夜切心者也。病日就危，尚求苟全以图后报，而为养病之举，此臣之所大不得已也。惟陛下鉴臣一念报主之诚，固非苟为避难以自偷安，能悯其濒危垂绝不得已之至情，容臣得暂回原籍就医调治，幸存余息，鞠躬尽瘁，以报陛下，尚有日也。臣不胜恳切哀求之至！[①]

---

① 王守仁：《王阳明全集》，第 444～445 页。

或许嘉靖皇帝根本没有意识到阳明先生病情如此严重，还以为是大臣谦恭之词，故而批复："卿才望素著，公议推服。近又身入瘴乡，荡平剧寇，安靖地方，方切倚任，有疾宜在任调治，不准辞。"

此时，阳明先生还不知道嘉靖皇帝不准自己回乡。在给黄绾的信中，阳明先生说："病躯咳患日增，平生极畏炎暑，今又深入炎毒之乡，遍身皆发肿毒，且夕动履且有不能。若巡抚官再候旬月不至，亦只得且为归休之图，待罪于南、赣之间耳。"

新任巡抚的任命终于还是没有等到，阳明先生的病情已经不能再等，先生开始由南宁经梧州回广东。

在给何廷仁的信中，阳明先生说："区区病势日狼狈，自至广城，又增水泻，日夜数行不得止，今遂两足不能坐立。须稍定，即逾岭而东矣。"此时，阳明先生病得站都站不住了。

但是，阳明先生还是记挂着讲学，希望何廷仁等江西同志先行到绍兴与钱德洪、王畿会聚，自己则等圣旨一下就回家乡，"必得一还阳明，与诸友一面而别，且后会又有可期也"。

黄绾在《阳明先生行状》中说，九月八日，行人冯恩带着圣旨到达广州。那时阳明先生已经卧床一个多月了，勉强起床接旨谢恩。但行人冯恩并非传旨让阳明先生养病，只是颁布了皇帝对平定思恩、田州叛乱的赏赐。

十月初十日，阳明先生再上疏乞骸骨，请求就医养病，并推荐林富代替自己。

阳明先生又给黄绾写信：

前贵奏去，曾具白区区心事，不审已能逐所愿否？自入广来，精神顿衰。虽因病患侵凌，水土不服，要亦中年以后之人，其势亦自然至此，以是怀归之念日切。诚恐坐废日月，上无益于国家，下无以发明此学，竟成虚度此生耳，奈何奈何！

⋯⋯⋯⋯⋯

巡抚官久未见推，仆非厌外而希内者，实欲早还乡里耳。恐病势日深，归之不及，一生未了心事，石龙其能为我恝（jiá）然乎？身在而后道可弘，皮之不存，毛将焉附？诸公不敢辄以此意奉告，至于西樵，当亦能谅于是矣，曷亦相与曲成之？^①

阳明先生急于返乡，固然是疾病加剧，然而他更担心的是"身在而后道可弘"，万一自己客死他乡，弘道的愿望就落空了。所以，他希望黄绾、方献夫在朝中能协调此事。

又等了一个月，仍然没有朝廷的消息，阳明先生决定启程。在翻越大庾岭前，阳明先生对布政使王大用说："你知道孔明托付姜维何事吗？"王大用马上领会阳明先生的意思，带兵护卫在阳明先生身边，并安排人准备棺椁。

十一月二十五日，阳明先生一行人翻过大庾岭到达南安。阳明先生给黄绾的信中说，"待罪南、赣之间"，等待圣旨。

先生在南安刚登舟，南安府推官周积就来拜见，周积也是阳明先生的弟子。见到周积进来，阳明先生坐起来，咳喘不止。稍稍平息下来，阳明先生问："近来进学如何？"周积将自己为政的情况向阳明先生汇报。

在王门中人看来，为政就是为学，为学乃是为政，知行合一，亲民、明德合一。阳明先生在《书朱子礼卷》中，就阐发了"学所以为政，而政所以为学，皆不外乎良知焉。信乎，止至善其要也矣"的思想。

---

① 王守仁：《王阳明全集》，第687页。

周积问阳明先生的身体，阳明先生说："病势危急，只剩一口元气在了。"周积退出，连忙找医生给先生看病。

二十八日晚，官船停泊在青龙铺。第二天早晨，阳明先生让人把周积叫进来，好长时间才睁开眼睛，说："我要走了。"

周积听了这句话，泪如雨下，问："先生有何遗言？"

阳明先生微微一笑，说："此心光明，亦复何言？"说完，先生就永远地闭上了眼睛。

这是嘉靖七年十一月二十九日辰时。

阳明先生去世的消息很快传到了赣州府。赣州兵备张思聪、赣州太守王世芳、推官陆府都从南赣赶来，与周积一起将阳明先生的遗体迎入南野驿。

十二月初三日张思聪与官属师生设祭入棺，南安、赣州大部分官员赶到南野驿哭奠。

十二月初四日，阳明先生的灵枢登舟，南安的百姓听到阳明先生去世的消息，从四面八方赶来给阳明先生送行，哭声震天动地，如丧考妣。

十二月初五日，灵枢抵达赣州府水西驿。

十二月初十日，灵枢抵达吉安府螺川驿。

十二月二十一日，灵枢抵临江府蒲滩驿。

灵枢所到之处，各地官员、士绅哭奠不断。而南赣的百姓们都听到了王都堂去世的消息，赶到赣江边，望着载着阳明先生灵枢的船，披麻戴孝放声痛哭。救他们于水火的王都堂再也不会回来了，让孩子读书的王都堂再也不会回来了，立乡约让他们和睦相处的王都堂再也不会回来了。

十二月二十四日，灵枢抵达南昌府南浦驿。建安府镇国将军朱宸洪，太监黎鉴，御史储良材，参政叶溥、李绯，参议钟云瑞，副使赵渊等上百位官员前来哭奠。

南昌的百姓也纷纷前来哭奠。他们不会忘记就在一年前，王都堂去广西就在南浦驿登岸。老百姓听说消息高兴坏了，离开江西七年的王都堂又回来了。他们簇拥着来到南浦驿，顶香相迎，大街小巷满满的都是人。王都堂下船后坐轿到衙门，人太多了轿子根本走不动。老百姓就把王都堂的轿子举起来，举过头顶，手传手把轿子传到衙门。他们愿意把自己的王都堂举过头顶。

老百姓想拜见王都堂。他们排着队从衙门东门进去，从西门出，有的人进去一趟感觉还是难舍，又排队再进去一次。从早晨一直到下午百姓才散去。他们光顾着见王都堂，忘了王都堂还要开衙办公呢。

南昌的读书人都来哭奠阳明先生。阳明先生到南昌的第二天拜谒文庙，就在文庙的明伦堂讲《大学》。他们听到消息蜂拥而至，明伦堂里里外外挤满了人。有一个叫唐尧臣的是个聪明人，借着给阳明先生献茶，才有机会挤进大堂听讲。

起初，唐尧臣不相信阳明先生的学问。听说阳明先生到南昌，他从乡间出迎，内心便已动摇，见到满街满巷的老百姓迎接阳明先生，大吃一惊："三代以下，哪里再有这种气象！"听了阳明先生讲《大学》以后，他心中怀疑顿消，正式拜阳明先生为师。同学黄文明、魏良器跟他开玩笑："这逃犯今天终于投降了！"唐尧臣说："那也得先生这样的大捕快才能降服我，你们哪能做到？"

应该说，唐尧臣是有见识的。一个人的学问如何，不是在于他讲的是否符合圣人的教诲，不是在于他的理论如何符合逻辑，而是在于他与这个世界的互动关系。南昌士民百姓对阳明先生的崇敬已经充分证明了阳明先生学问的伟大。

江西巡按御史储良材、阳明先生的门人提学副使赵渊等人请求阳明先生的灵柩等过完年再走。几天里，从早到晚都有百姓前来哭奠，赵渊更是每天都来哭奠。

正月初三，阳明先生的灵柩从南昌出发。那几天一直刮东风，船根本不能走。赵渊在船头焚香祷告:"夫子,你不愿意走,是舍不得江西的百姓吗?家乡的亲人、弟子也都等你回去呢。"祷告完,东风竟然转成了西风。灵船顺风东下。

此时,钱德洪、王畿也听到了阳明先生去世的噩耗。

嘉靖七年十二月十九日,钱德洪和王畿启程到杭州,准备进京师参加殿试。二十二日,有人从广东来,说阳明先生上告病疏,将由大庾岭返乡。两个人听说后又惊喜又怀疑,马上坐船到兰溪迎接。又听到传言说阳明先生已经去世,二人大吃一惊,又相互安慰:"老天护佑我道统,必然不会发生这种事。"

星夜兼程往龙游驿赶,两个人在龙游驿听到了确切的消息:阳明先生于十一月二十九日在江西南安去世。二人听后顿时蒙了。

嘉靖七年除夕,二人赶到常山。

正月初三日,钱德洪、王畿赶到广信府。

二人与大儒邵竹峰商量丧服之礼,邵竹峰说:"当年孔子去世,子贡就像自己的父亲去世一样,但是没有服丧服。"钱德洪、王畿说,虽是如此,但是阳明先生在归途中去世,身边没有人服孝不行,就跟邵竹峰商量:钱德洪父母都健在,不能服重孝;王畿服斩衰给夫子守孝,到绍兴再换成轻孝,钱德洪在绍兴穿孝,回到余姚则不穿孝。

于是,王畿服斩衰。斩衰是古代丧服制中最重的孝,就是父亲去世儿子服的孝。换言之,在王畿心中阳明先生如自己的父亲一般。

钱德洪、王畿给同门发出讣告,除告知同志奔丧外,还约定等丧事稍缓之后,收集阳明先生遗留的书信以及各位同学自己的记录,结集成书。

这一天,阳明先生的养子王正宪也赶到广信府。

正月初六日,钱德洪、王畿、王正宪在弋阳迎到了阳明先生的灵柩。

二月初四日,阳明先生的灵柩抵达绍兴,浙江官员纷纷前来哭奠。阳明先生的弟子门人也从各地赶来奔丧。

嘉靖八年正月初七日，阳明先生离开两广的消息就传到了嘉靖皇帝那里。嘉靖皇帝大怒，认为阳明先生专擅且怀疑有诈，谕令吏部："守仁受国重托，故设漫辞求去，不候进止，非大臣事君之道。卿等不言，恐人皆效尤，有误国事，其亟具状以闻。"[①]

二月初二日，吏部上奏："王守仁因病重离任，死于南安。因为他正在病重之际，来不及奏报，情有可原，请陛下宽恕。"

靖皇帝仍不能平息怒火："守仁擅离重任，甚非大臣事君之道，况其学术事功多有可议。卿等仍会官详定是非，及封拜宜否以闻，不得回护姑息。"

给事中周延看不下去了，上疏说：王守仁在刘瑾构乱时就直言进谏；他倡道东南，八方士子前往学习；总制四省军务，平定思恩、八寨之乱。陛下因为小错误就否定他的一生，这不是国家之大体，不足以昭示公论。

嘉靖皇帝大怒："王守仁是非功罪，朝廷自有定论，周延朋党勾结，妄加议论，本应究治，考虑到正是求直言进谏之际，姑且同级平调外任官。"因此，周延被贬为太仓州判官。

通过这件事，大家明白了皇帝的心思。吏部集合朝廷大臣经过一番讨论，向嘉靖皇帝上疏：王守仁事不师古，言不称师，想标新立异，就说朱熹格物致知学说错误；一看众人不服，又写了《朱子晚年定论》。他号召门徒，互相吹捧，有才华的人喜欢他的学问随心所欲，流于清谈；庸俗鄙陋之人则借着他的虚名，肆意妄为。《传习录》

---

① 《明世宗实录》卷九十七（一），"中央研究院"历史语言研究所校，北京大学图书馆藏本，第2262页。

更是以讹传讹，悖论谬误。他的门人甚至吹嘘他"杖之不死，投之江不死"来亵渎天听。至于他剿灭畲贼，擒除逆濠，就事论功，也不能否认。所以，陛下登极之初，就拜其为伯爵，这虽然出于杨廷和的私心，当年也确有平叛封侯的圣旨。功过不相抵，应该夺去爵位以彰显国家大义，重申禁伪学之令以正人心。

嘉靖皇帝说："你们意见正确。王守仁放言自肆，诋毁先儒，号召门徒，声附虚和，用诈任情，坏人心术。近年来，士子们传习邪说都是因为他的倡导。至于宸濠之变，他与伍文定仗义讨贼，擒获元凶，固然有功，但是兵马没有节制，奏捷夸大其词。近日他掩袭八寨夷民，恩威倒施，所封伯爵本应追夺，但考虑到这是先朝的信令，姑且给予终身，不再世袭。殁后恤典都不准给。都察院要布告天下，有敢再追随其邪说，诽谤圣人者，重治不饶。"

阳明先生以身殉国，最后竟然得到了这样的结局。后世都猜测，为何嘉靖皇帝对阳明先生如此无情？

阳明先生与黄绾亦师亦友，黄绾时任南京礼部右侍郎。他上疏为阳明先生辩护，矛头直指吏部尚书、内阁大学士桂萼。

在《阳明先生行状》中，黄绾详细地描述了桂萼等人为何诋毁阳明先生：

嘉靖六年，黄绾曾经上疏推荐阳明先生担任辅臣。嘉靖皇帝非常高兴，让内阁讨论。杨一清不愿意阳明先生入阁，就与张璁上揭帖："王守仁才固可用，但好服古衣冠，喜谈新学，人颇以此异之。不宜入阁，但可用为兵部尚书。"桂萼知道这件事后，则把黄绾大骂一通，并写密揭诋毁阳明先生，这件事就此作罢。

到了嘉靖六年十二月，杨一清与桂萼商量，如果阳明先生平叛回京，皇帝可能留用，于是推荐阳明先生兼任两广巡抚。这样阳明先生被地方事务缠身，就不能返京了。

阳明先生在两广平叛剿匪，深得首辅张璁的认可，张璁说："我今日方知王公之不可及！"他准备推荐阳明先生担任辅臣。这引起了大学士桂萼、杨一清的不满，他们唆使锦衣卫都指挥聂能诬陷阳明先生托黄绾送金银给张璁，才谋求到两广的职务。嘉靖皇帝说"黄绾学行才识，众所共知。王守仁功高望隆，与论推重"，认定聂能诬陷，将聂能下诏狱廷杖而死。

桂萼、杨一清为了对付阳明先生，将黄绾升南京礼部右侍郎，赶出北京。第二年春，嘉靖皇帝出郊，桂萼再上密揭诋毁阳明先生。黄绾没有说密揭是什么内容。

有传言说密揭涉及武宗驾崩前，阳明先生因储君问题上的密疏。①这种话题当然让嘉靖皇帝不能容忍。其实，阳明先生无论以所处职位还是与正德皇帝的关系密切度，都不大可能上密疏涉及储君问题。但不排除桂萼这样诬陷。

阳明先生去世前，在十月初十日曾经再次上疏乞骸骨就医养病，推荐林富代替自己。阳明先生去世的消息传到北京后，桂萼故意将这封奏疏藏起来，在嘉靖皇帝面前诋毁阳明先生，才引起皇帝的震怒。

确实，在《王阳明全集》中我们是找不到这封奏疏的。《王阳明全集》中标注十月初十日的《乞恩暂容回籍就医养病疏》，其实是七月初十日的。

证据有二：

第一，阳明先生在七月初十日《八寨断藤峡捷音疏》中，有"已

---

① 叶权《贤博编》载："先师柴后愚公，阳明先生弟子也。尝言……武宗大渐，先生密疏，预言世及之事，疏寝不报。嘉靖初，桂大学士与先生有隙，微发其奏，幸先生卒，止削爵，不尔，且有奇祸。"参见中国社会科学院历史研究所明史研究室编：《明史资料丛刊》第一辑，江苏出版社，1981，第174页，转引自肖金《王阳明与嘉靖帝关系研究》，硕士学位论文，东北师范大学中国古代史系，2010，第24页。

具本告回养病，乞赐俯允"之语，明确说有病疏一并上奏。

第二，《乞恩暂容回籍就医养病疏》中说"今已舆至南宁，移卧舟次，将遂自梧道广，待命于韶、雄之间"，说明此时阳明先生还在南宁。按照阳明先生行止，先生七月尚在南宁，十月已经到达广州。故而，《乞恩暂容回籍就医养病疏》应为七月初十日的奏疏，十月初十日的奏疏确实不见了。

黄绾在《阳明先生行状》的最后说明了写这篇文章的目的："为次其世行功爵，及所以致谤者，乞铭于宗工。幸怜而属笔焉，以备他日太史氏之择。"①

这就是说，黄绾写《阳明先生行状》有两个目的：第一，将阳明先生的功绩记录清楚；第二，将阳明先生被诽谤的原因说清楚，目的是让后来的史官能够了解阳明先生所受的不白之冤。应该说，黄绾的叙述可能掺杂个人意见，但大体还是可信的。

桂萼等人为何如此诋毁阳明先生呢？这应该与黄绾、张璁以及其他朝臣多次上疏推荐阳明先生入阁有关。阳明先生无论忠义、功勋还是学识都在众阁臣之上，如果真入阁，必然不会甘为傀儡，就要严重分化桂萼等阁臣手中的权力。

如何阻止阳明先生入阁？最好的方式就是攻击阳明先生的学说，也就是"上纲上线"。这也是从杨廷和到桂萼排挤阳明先生一直奉行的基本原则。

嘉靖皇帝为何对阳明先生如此薄情？前人多有讨论，且颇有见地，在此不赘述。笔者想从另一个角度来理解这个问题。

嘉靖皇帝十五岁登极，到嘉靖七年才二十二岁，从开始受到杨廷和的压制，连父母都要被迫更换，到后来看到朝臣之间的斗争，也看

---

① 王守仁：《王阳明全集》，第1182页。

清了这群满口仁义道德的读书人的嘴脸。"大礼议"中派系之间无情的斗争，也让嘉靖皇帝深恶痛绝。故而，嘉靖皇帝最讨厌专擅、结党和道貌岸然的臣子。

桂萼揣摩出嘉靖皇帝的心理，将阳明先生临终前的奏疏藏起来，然后攻击阳明先生不经批复离任，也就是所谓"专擅"，这是嘉靖皇帝所不能容忍的。于是，阳明先生所有的功劳都一并被否定。

大概年轻的嘉靖皇帝把对朝臣道貌岸然的刻板印象转移到了阳明先生身上。而阳明先生讲学，门人动辄千人，更有结党嫌疑。这些都是嘉靖皇帝的逆鳞。

所以，阳明先生身后受攻击的都是学术，那不是真正的学术批评，真正的原因还是政治的钩心斗角。好在朝廷可以决定是否给阳明先生高规格的葬礼封恤，却没有权力决定历史的评价。

嘉靖八年十一月十一日，阳明先生葬于洪溪。这是阳明先生生前亲自选的墓地。出殡日，会葬者数千人。即便朝廷不给封号恤典，明确表示对阳明先生的不满，参加葬礼的浙江官员仍有数百人。参加葬礼的王学门人更有千人之众，他们披麻戴孝，扶着灵柩送阳明先生最后一程。

虽然朝廷宣布王学为伪学，但是王学的传播一刻都没有停止。阳明先生下葬后，许多弟子滞留在绍兴，相互讲学，三年后才逐渐散去。钱德洪、王畿在阳明先生墓前修草庐，为先生守心丧三年。

钱德洪《阳明先生年谱》附录载：

> 嘉靖九年庚寅五月，门人薛侃建精舍于天真山，祀先生。
> 十一年壬辰正月，门人方献夫合同志会于京师。
> 十二年癸巳，门人欧阳德合同志会于南畿。
> 十三年甲午正月，门人邹守益建复古书院于安福，祀先生。

三月，门人李遂建讲舍于衢麓，祀先生。

五月，巡按贵州监察御史王杏建王公祠于贵阳。

十四年乙未，刻先生《文录》于姑苏。

巡按直隶监察御史曹煜建仰止祠于九华山，祀先生。

…………

四十三年甲子，少师徐阶撰《先生像记》。巡按江西监察御史成守节重修洪都王公仰止祠。大学士李春芳作《碑记》。

四十五年丙寅，刻先生《文录续编》成。

今上皇帝隆庆元年丁卯五月，诏赠新建侯，谥文成。①

从嘉靖九年五月薛侃修筑天真精舍祭祀阳明先生起，到嘉靖四十五年，据《阳明先生年谱》记载，共修建、改建祭祀阳明先生的祠堂、书院三十四处，遍及浙江、江苏、江西、贵州等地。

这些都是一些士人学子为纪念阳明先生以及同志共学而建。民间百姓出于朴素的情感自发修建的祠堂没有被收录其中。

毛奇龄《王文成传本》载：

据初，公丧归时，世宗不谕祭，而民间私祀者遍天下。及穆宗赐祀，而前私祀者悉改官祭，凡祠祀书院合不下数百所，亦綦（qí）盛矣。②

嘉靖皇帝驾崩后，隆庆元年，隆庆皇帝下诏为阳明先生平反，诏赠新建侯，追谥文成，后世亦尊称阳明先生为"王文成公"。

隆庆二年，朝廷恢复阳明先生的爵位世袭，阳明先生的嗣子王正

---

① 王守仁：《王阳明全集》，第 1467 ～ 1495 页。

② 毛奇龄：《王文成传本》卷二，收入《西河合集·文集》，第 16 页。

亿袭伯爵。

万历十二年，万历帝诏阳明先生从祀文庙。

从朝廷统治者的角度，恢复阳明先生爵位是必要的，赏功罚过是最基本的治理手段。但是，对于阳明先生而言，封爵也罢，罢斥也罢，都无关紧要。而在百姓心中，阳明先生的丰碑早就矗立在那里。

在阳明先生生前，南赣百姓为感激先生剿匪安民，就为他立过生祠。阳明先生离世后，他们世世代代祭祀阳明先生，今天我们在赣州仍然能看到阳明先生的牌位。

这就是百姓心中的阳明先生。